权威机构 · 品牌图书 · 每年新版

盘点年度资讯　预测时代前程

农村经济绿皮书

GREEN BOOK OF CHINA'S RURAL ECONOMY

2006~2007年：中国农村经济形势分析与预测

ANALYSIS AND FORECAST ON CHINA'S RURAL ECONOMY (2006~2007)

中国社会科学院农村发展研究所
国家统计局农村社会经济调查司 / 著

社会科学文献出版社
SOCIAL SCIENCES ACADEMIC PRESS (CHINA)

图书在版编目(CIP)数据

2006～2007年：中国农村经济形势分析与预测/中国社会科学院农村发展研究所，国家统计局农村社会经济调查司著．－北京：社会科学文献出版社，2007.4
（农村经济绿皮书）
ISBN 978－7－80230－558－8

Ⅰ.2… Ⅱ.①中… ②国… Ⅲ.①农村经济－分析－中国－2006 ②农村经济－经济预测－中国－2007 Ⅳ.F32

中国版本图书馆CIP数据核字(2007)第049175号

法律声明

本书作者

第 一 章　李国祥
第 二 章　党国英
第 三 章　张元红
第 四 章　柏先红
第 五 章　张明梅
第 六 章　李永强　汪传敬
第 七 章　翁　鸣
第 八 章　唐　平
第 九 章　盛来运　王　冉
第 十 章　范小玉　马治鑫
第十一章　侯　锐　柏先红
第十二章　包晓斌
专 题 一　孙梅君
专 题 二　朱守银　闫　辉
专 题 三　张立承　董瑞芳
专 题 四　张立承　董瑞芳
专 题 五　谭秋成

课题主持人

张晓山　中国社会科学院农村发展研究所所长
张淑英　国家统计局农村社会经济调查司司长
李　周　中国社会科学院农村发展研究所副所长
盛来运　国家统计局农村社会经济调查司副司长

全书由李周、朱钢统稿

目 录
CONTENTS

CONTENTS

前　言

本书是中国社会科学院农村发展研究所和国家统计局农村社会经济调查司合作完成的第 15 本农村经济绿皮书。本书客观、系统地回顾了 2006 年中国农业和农村经济运行情况和农村社会发展状况，预测了 2007 年中国农业和农村经济发展的趋势，并提出了一些相应的政策建议。本书还就正在进行的农村综合改革试点问题进行了专题讨论。作为每年一卷的系列研究报告，本书保持了统计数据和经济分析方法的连续性。

一

2006 年，农业生产和农村发展的多项指标明显好于预期，新农村建设稳步推进。

第一，在自然灾害相对较重，农作物受灾面积和绝收面积分别上升 5.9%、17.7% 的情形下，依靠农业基础设施的改善、粮食播种面积和粮食单产的增加，粮食产量实现了 1985 年以来的首次连续 3 年增产，粮食单产连续3年创历史最好水平。

第二，农民人均纯收入实际年增长率自1997年以来首次超过7%。农村贫困人口和低收入人口继续减少。按年人均纯收入低于693元的农村绝对贫困标准测算，农村贫困人口下降9.2%；按年人均纯收入694～958元的农村低收入标准测算，农村低收入人口下降12.7%。农村居民收入分配的基尼系数下降了0.0014。由于形成了较好的收入预期，全国农村居民人均生活消费支出增长率高于人均纯收入增长率1.7个百分点。农村居民的恩格尔系数下降了2.5个百分点，下降幅度比城镇居民多1.6个百分点。

第三，各级财政、特别是中央财政继续加大对农业、农村的支持，广大农民普遍得到实惠。

第四，农村改革进一步深化。新型农村合作医疗制度取得成效，1451个县开展了新农合试点，参合农民已达4.1亿人。2133个县初步建立了农村最低生活保障制度，1509万农村居民得到政府最低生活保障。西部农村义务教育阶段学生免除学杂费、贫困家庭学生免除课本费和补助寄宿生生活费的政策，以及发展远程教育，完善城乡教师交流制度的政策，解决了农村孩子上学难的问题，提高了农村教育的质量。农村金融体制改革取得实质性进展。政府鼓励在县域内设立多种所有制的社区金融机构，并允许私有资本、外资等参股，引导自然人、企业法人、社团法人成立小额贷款组织，引导农户成立资金互助组织，建立担保基金或担保机构。农业政策性保险的试验也在推进。

二

中国的改革已经取得了举世瞩目的成绩，但中国的改革还远远没有完成。下一步要进行的与农村发展相关的改革包括以下几方面。

第一，建立用好财政转移支付的机制。一是借助于旨在发挥农民决策、监督作用的参与式方法和旨在公平、公正、公开的公示制度，有效制止财政转移支付资金的漏出；二是构筑部门协商的平台和探索资金整合使用的途径，实现财政支农资金的统筹安排；三是用以奖代补、以物抵资等方式改进财政资金的扶持方式，提高政府资金的利用效率。

第二，缩小不同人群之间的收入差距。改革以来，中国在城乡二元经济结构转型尚未完成之前，实现了农民收入稳定增长，生活水平稳步提高，农村饮水、电力、交通、通信等条件显著改善的目标。然而，不同人群间的收入差距持续扩大也是不争的事实。解决这个问题，既要确保农民收入的稳定增长，又要抑制那些掌握垄断权和公权的人群收入的过快增长。不把过快的收入增长压下来，而将原本不慢的收入增长变快，这种帕累托改进方式的应用肯定会得人心，但不利于中国加快二元经济结构转型。

第三，降低城市化、非农化的代价。在城乡二元经济结构转型尚未完成之前，部分耕地被占用是必须面对的问题。为了减少城市化、非农化的土地占用，一是设计一套能最大限度地降低城市化、非农化对土地的压力的激励机制和管制政策，这是把最严格的耕地保护制度落到实处的关键所在。二是切实保障农民的合法权益，给予农民合理的补偿。同时要认识到，如果以市场价格作为补偿价格或给失地农民一个铁饭碗，就将无法抑制耕地非农化的冲动，就有可能好心办错事。三是实行最严格的被征土地收益差价（政策带来的级差地租，即被征土地的市场价格与土地的补偿价格之差）使用制度，充分发挥这笔资金在促进农民、农业和农村发展方面的作用，这是当前最急需完成的制度创新。

第四，推进农村人口迁徙。改革开放以来，中国非农化进程很快，目前已有2亿多农民实际上脱离了农业，但是，农户的平均土地经营规模和农产品国际竞争力并没有发生显著变化。如果2.5亿农户仍然不得不选择既有人外出打工又有人在家务农的劳动力配置方式，并考虑到占总量1/3的超过40岁的农业劳动力大多不外出的实际情况，中国农业劳动力转移、农户土地经营规模扩大和农产品竞争力提升的后劲都将随着时间推移越来越弱。我们不能只看到单纯农业劳动力流动有利于稳定城乡现有格局的一面，而看不到它妨碍农业、农村和农民发展的一面。当务之急是尽快出台鼓励农村人口迁移的政策，并把它作为实现农村人口迁徙、现代农业发展与新农村建设有机结合的切入点。

三

目前，农业仍是产业体系中最薄弱的环节。为了协调好三次产业的关系，确保国民经济又好又快的发展，国家在发展现代农业方面已做出了一系列安排。

1. 培养新型农民，造就现代农业建设队伍

具体举措是：普遍开展农业生产技能培训，提高农户的市场意识、生产技能和经营能力。按照农民获得非农就业机会和非农产业发展的需求，充实培训内容，创新培训方式，完善培训机制，加大支持力度，减免农林类教育和培训接受者的支出，促进高等农林类教育、农村职业技术教育和农村成人教育。扩大新型农村合作医疗制度的受益面并提高农民享用该制度的便利性。建立与农民生产生活直接提供服务的有关人员的培训制度，并引导城市教师、医生、科技人员和文化工作者到农村传帮带，鼓励大中专院校毕业生到农村工作。这些措施的落实，必将为进一步提高农民素质，造就现代农业的建设队伍提供有力保障。

2. 完善农业政策体系，提高农业竞争力

在农业生产经营方面：对农民群众建设公益设施实行奖励补助制度，对农户投资投劳兴建直接受益的生产生活设施给予适当补助；综合运用税收、补助、参股、贴息、担保等手段，诱导社会力量投资现代农业；在相当长一段时期，县以上财政对农业总投入的增长率高于其财政经常性收入的增长率，财政支农投入的增量、国家固定资产投资用于农村的增量和土地出让收入用于农村建设的增量都要高于上年，建设用地税费提高后的新增收入主要用于“三农”；形成农民积极筹资投劳、社会力量广泛参与和政府加大财政转移支付力度的多元化投入机制。加快农村金融改革进程，形成商业金融、合作金融、政策性金融和小额贷款组织互为补充的农村金融体系和多种形式的担保机制。通过粮食直补、良种补贴、农机补贴和农资补贴，形成目标清晰、受益直接、类型多样、操作简便的农业补贴制度。按照政府引导、市场运作、农民自愿和支持龙头企业、中介组织参与的原则，形成农业保险体系、再保险体系和农业巨灾风险转移分摊机制。

在农业发展保障方面：强化和落实耕地保护责任制，促进农村节约、集约用地，加快高标准农田建设、土地复垦和整理。支持农民自愿筹资筹劳开展农田水利工程等农村小型基础设施建设，推广农民用水户参与灌溉管理。发展新型农用工业，提高现代农业的设施装备水平。增加农业科研投入，推进农业科技创新和科技服务创新，上端形成国家基地、区域性农业科研中心、大专院校、涉农企业为一体的技术创新体系和国家、省、市、县四级农业信息网络体系；下端形成以技术员为纽带，以示范户为核心，连接广大农户的技术传播网络。开发农业多种功能，促进农业结构优化升级。推进粮食等大宗农产品优势产业带建设，积极发展种养专业大户、农民专业合作组织、龙头企业等适应现代农业发展要求的经营主体。发展现代流通方式和新型流通业态，培育多元化、多层次的市场流通主体，形成开放统一、竞争有序的市场体系。

3. 加快改革步伐，建设现代农业体制的机制保障

具体举措是：改进农村行政管理体制和工作机制，提高农村公共服务水平。建立健全财力与事权相匹配的县乡财政管理体制，完善财政转移支付制度，增强基层政府提供公共产品和服务的能力。完善农民安全饮水、农村电网和公路的筹资建设和管护机制。加快解决农民工的子女上学、工伤、医疗和养老保障等问题，切实提高农民工的生活质量和社会地位。在贫困地区先行发育农村多种所有制金融组织。稳定渔民的水域滩涂养殖使用权，推进林权、水权制度改革。努力化解乡村债务，优先化解农村义务教育、基础设施建设和社会公益事业等方面的债务。发展农民专业合作组织。拓宽农村社情民意表达渠道，建立健全矛盾纠纷的排查调处机制，引导农民以理性合法的方式表达利益诉求。

4. 推动农业和农村可持续发展，提高食品健康水平

具体举措是：积极发展新型肥料、低毒高效农药、可降解农膜等农业投入品，引导农民使用绿肥、施用农家肥和秸秆还田，发展生态农业、有机农业，减少污染，提高农业发展的可持续性。加强饲料安全管理，加大动物疫病防控力度，健全重大动物疫情监测和应急处置机制。推广水产养殖优良品种，加强水产养殖品种病害防治，提高健康养殖水平。严格执行转基因食品、液态奶等农产品标识制度，增强对农业生产资料和农产品质量安全的监管。加强生物质产业技术研发、示范、储备和推广，制定生物质产业发展的扶持政策，促进生物质产业的发展。继续推进生态保护工程，启动坡耕地水土流失综合整治工程，完善生态补偿基金制度。积极发展大中型沼气、秸秆气化和太阳能、风能和水电等可再生的清洁能源。

本年度绿皮书的撰写工作由张晓山所长、张淑英司长、李周副所长、盛来运副司长共同主持，组织与协调工作由朱钢研究员、侯锐处长承担。

本书的顺利出版得到了中国社会科学院社会科学文献出版社的大力支持与帮助，在此表示我们衷心的感谢。

李 周

2007 年 3 月 15 日

提　要

1. 本提要概括了本书所描述的2006年中国农业农村经济发展的一些主要指标和变化，以及对2007年中国农业农村经济形势的一些展望和预测。

2. 2006年，中国国内生产总值（以现价计）中，农村各部门创造的比重为45.9%，比2005年下降0.5个百分点。其中，第一产业所占比重为11.8%，下降0.7个百分点；农村第二产业所占比重为22.2%，上升0.5个百分点；农村第三产业比重为11.9%，下降0.3个百分点。

3. 2006年，国内生产总值增长10.7%。在国内生产总值增长中，农村部门贡献了4.52个百分点，贡献份额为42.2%，比2005年下降2个百分点。在农村部门中，第一产业贡献了0.55个百分点，贡献份额为5.1%，比2005年下降0.7个百分点；农村第二产业贡献了3.15个百分点，贡献份额为29.4%，比2005年提高0.5个百分点；农村第三产业贡献了0.82个百分点，贡献份额为7.7%，比2005年下降1.8个百分点。

4. 2006年，第一产业增加值达到24700亿元（包括农林牧渔服务业增加值），比2005年实际增长5%。在第一产业增加值中，农业比重为56.1%，比2005年提高0.8个百分点；林业比重为4.5%，提高0.3个百分点；畜牧业比重为26.8%，下降1.4个百分点；渔业比重为10.2%，提高0.1个百分点。

5. 2006年，乡镇企业增加值57500亿元，比2005年增长13.2%。其中，工业增加值40800亿元，第三产业增加值12700亿元。2006年，乡镇企业营业收入245000亿元，增长13.2%；利润总额14500亿元，增长13.5%；上缴税金6000亿元，增长13.8%。

6. 2006年，以增加值计算的农村产业结构中，第一产业比重为29.6%，比2005年下降3个百分点；第二产业比重为54.8%，提高2.2个百分点；第三产业比重为15.6%，提高0.8个百分点。

7. 2006年，县及县以下地区消费品零售总额为24867亿元，比2006年增长12.6%；占全社会消费品零售总额的比重为32.5%，比2005年下降0.4个百分点。

8. 2006年，粮食种植面积10538万公顷，比2005年增加110万公顷；棉花种植面积540万公顷，增加34万公顷；油料种植面积1380万公顷，减少52万公顷；糖料种植面积178万公顷，增加22万公顷；蔬菜种植面积1818万公顷，增加46万公顷。

9. 2006年，粮食总产量49746万吨，比2005年增长2.8%；棉花产量673万吨，增长17.8%；油料产量3062万吨，减少0.5%；蔬菜总产量58233万吨，增长3.2%；水果总产量17050万吨，增长5.8%；糖料产量10987万吨，增长16.2%。

10. 2006年，肉类总产量8100万吨，比2005年增长4.6%，其中猪、牛、羊肉分别增长4.3%、5.3%和7.8%。2006年水产品产量 5250 万吨，增长 2.8%。

11. 2006 年，农产品生产价格比 2005 年上涨 1.2%，其中种植业、林业和渔业产品价格分别上涨 4.5%、12.8% 和 3.9%，畜牧业产品价格下降 5.7%。粮食生产价格上涨 2%，油料价格上涨 4.8%，糖料价格上涨 21.1%，蔬菜价格上涨 9.3%，水果价格上涨 12.3%，棉花价格下降 2.9%，生猪出栏价格下降 9.4%，奶产品价格上涨 2.9%，家禽和蛋类价格分别下降 2.8% 和 4%。

12. 2006 年，农业生产资料价格比 2005 年上涨 1.5%。

13. 2006 年，农户人均生产投入 1382 元。农户用于农业的生产投入人均 1094 元，比 2005 年增加 35 元，增长 3.3%。其中：种植业投入人均 599 元，增加 58 元，增长 10.7%；林业投入人均 10 元，增加 3 元，增长 36.4%；牧业投入人均 448 元，减少 30 元，下降 6.2%；渔业投入人均 37 元，增加 4 元，增长 11.8%。

14. 2006 年，农户固定资产投资总额 4436 亿元，比上年增加 496 亿元，增长 12.6%。其中，第一产业 1001 亿元，下降 0.3%；第二产业 322 亿元，增长 74%；第三产业 3113 亿元，增长 13.2%。

15. 2006 年，按播种面积计算的单位面积产量，粮食达到 4721 公斤/公顷，比 2005 年提高 79 公斤，增长 1.7%；棉花 1246 公斤/公顷，提高 117 公斤，增长 10.4%；油料 2219 公斤/公顷，提高 70 公斤，增长 3.3%；糖料 61725 公斤/公顷，提高 1306 公斤，增长 2.2%。

16. 2006 年，农村劳动力中，第一产业占 57.3%，比 2005 年下降 2.2 个百分点；第二产业占 20.5%，提高 1.3 个百分点；第三产业占 22.2%，提高 0.9 个百分点。

17. 2006 年，农村外出务工劳动力 13212 万人，比 2005 年增加

634万人，增长5%。

18. 2006年，农产品进出口贸易总额630.2亿美元，比2005年增长12.9%；其中，农产品出口额310.3亿美元，比2005年增长14.2%；农产品进口额319.9亿美元，比2005年增长11.7%；农产品进出口贸易逆差由2005年的14.7亿美元减少至9.6亿美元。

19. 2006年，农民人均纯收入3587元，比2005年增加332元，实际增长7.4%，增速比2005年提高1.2个百分点。农民人均纯收入中，家庭经营收入1931元，比2005年增加88元，增长4.8%，其中第一产业生产经营人均纯收入1521元，增加53元，增长3.6%。工资性收入人均1375元，增加200元，增长17%；在工资性收入中，外出务工收入人均554元，增加86元，增长18.3%。财产性收入人均100元，增加11元，增长12.9%。转移性收入人均181元，增加33元，增长22.5%。2006年农民人均纯收入中，家庭经营收入占53.8%，工资性收入占38.3%，财产性收入占2.8%，转移性收入占5%。

20. 2006年，农民人均税费负担11元，比2005年减少2元，税费负担占当年农民人均纯收入的比重为0.3%。

21. 2006年，东、中、西部地区农民人均纯收入分别为4859元、3331元和2487元，分别比2005年增长10%、11.1%和8.1%。中部地区与东部地区农民收入差距缩小，西部地区与东、中部地区农民收入差距扩大。2006年，农村居民内部收入分配差距略为缩小，农民人均纯收入的基尼系数为0.3737，比2005年缩小0.0014。

22. 2006年，城乡居民收入差距略为扩大，收入差距比由2005年的3.22∶1扩大到3.28∶1。

23. 2006年，农村居民人均生活消费支出2829元，比2005年增加 274 元，实际增长 9. 1%。农村居民人均生活消费支出中，食品消费支出 1217 元，增长 4. 7%，恩格尔系数为 43%，比 2005 年下降 2. 5 个百分点；衣着支出 168 元，增长 13. 1%；居住支出 469 元，增长 26. 7%；家庭设备用品及服务支出 127 元，增长 13. 6%；交通及通讯支出 289 元，增长 17. 9%；文教娱乐支出 305 元，增长 3. 3%；医疗保健支出 191 元，增长 13. 9%。

24. 预计 2007 年第一产业增加值实际增长 4% 左右，占国内生产总值的比重为 11% 左右。

25. 预计 2007 年粮食总产量能达到 5 亿吨；油料总产量可能略有减少；糖料总产量达到 1 亿吨以上；水果总产量 1. 75 亿吨，增长 2% 以上。

26. 预计 2007 年肉类总产量达到 8380 万吨，增长 3. 5% 左右；水产品总产量达到 5400 万吨，增长 3% 左右。

27. 预计 2007 年农产品进出口总额将达到 700 亿美元以上，增长 12% 以上。农产品贸易逆差可能扩大。

28. 预计 2007 年农民人均纯收入实际增长率可能达到 6% 以上。

Summary

1. This summary outlines some major indexes and changes of China's agricultural and rural economic development in 2006, and makes some forecasts about the agricultural and rural economic development in 2007.

2. In 2006, rural sectors produced 45. 9 percent of China's GDP(in current price, the same below), 0. 5 point below that of the previous year. Of China's GDP, agriculture accounted for 11. 8 percent, 0. 7 point down; rural secondary industry for 22. 2 percent, 0. 5 point up; rural tertiary industry for 11. 9 percent, 0. 3 point down.

3. In 2006, China's GDP increased by 10. 7 percent in real term. Of the growth rate of GDP, rural sectors contributed to 4. 52 points and accounted for 42. 2 percent of the whole growth, 2 points down from that of the previous year. In rural sectors, agriculture contributed to 0. 55 point and accounted for 5. 1 percent of GDP growth, 0. 7 point down from the previous year; rural secondary industry contributed to 3. 15 points and accounted for 29. 4 percent, 0. 5 point up; rural tertiary industry

contributed to 0. 82 point and accounted for 7. 7 percent, 1. 8 points down.

4. In 2006, value added of agriculture reached 2470 billion yuan (value added of service from farming, forestry, animal husbandry, and fishery is included), increased by 5 percent in real term over 2005. Of the value added of agriculture, farming accounted for 56. 1 percent, 0. 8 point up from the previous year; forestry accounted for 4. 5 percent, 0. 3 point up; animal husbandry accounted for 26. 8 percent, 1. 4 points down; fishery accounted for 10. 2 percent, 0. 1 point up.

5. In 2006, value added of township and village enterprises (TVEs) reached 5750 billion yuan, increased by 13. 2 percent over 2005. Of value added of TVEs, the industry and tertiary industry was 4080 billion yuan and 1270 billion yuan respectively. In 2006, the business income of TVEs was 24500 billion yuan, increased by 13. 2 percent; the sum of profit was 1450 billion yuan, increased by 13. 5 percent; the sum of taxes was 600 billion yuan, increased by 13. 8 percent.

6. In 2006, of the value added of rural sectors, agriculture accounted for 29. 1 percent, a reduction of 3 points over 2005; the secondary industry accounted for 54. 8 percent, an increase of 2. 2 points; the tertiary industry accounted for 15. 6 percent, an increase of 0. 8 point.

7. In 2006, the retail sales of consumer goods at county level and below was 2486. 7 billion yuan, increased by 12. 6 percent from the previous year. It accounted for 32. 5 percent of the total retail sales of consumer goods in China, 0. 4 point down from the last year.

8. In 2006, the area sown to grain was 105. 38 million ha., increased

by 1. 1 million ha. from the previous year; the area sown to cotton was 5. 4 million ha. , increased by 0. 34 million ha. ; the area sown to oil-bearing crops was 13. 8 million ha. , decreased by 0. 52 million ha. ; the area sown to sugar crops was 1. 78 million ha. , increased by 0. 22 million ha. ; the area sown to vegetables was 18. 18 million ha. , increased by 0. 46 million ha. .

9. In 2006, output of grain was 497. 46 million tons, increased by 2. 8 percent over 2005; output of cotton was 6. 73 million tons, increased by 17. 8 percent; output of oil-bearing crops was 30. 62 million tons, decreased by 0. 5 percent; output of vegetables was 582. 33 million tons, increased by 3. 2 percent; output of fruits was 170. 5 million tons, increased by 5. 8 percent; output of sugar crops was 109. 87 million tons, increased by 16. 2 percent.

10. In 2006, total output of meat was 81 million tons, 4. 6 percent higher than that of the previous year. Of which, pork, beef, and mutton increased by 4. 3, 5. 3 and 7. 8 percent respectively. Output of aquatic products was 52. 5 million tons, increased by 2. 8 percent.

11. In 2006, average producer price of agricultural products went up by 1. 2 percent than that of the last year. Of which, average producer price of farming products, forest products, and fishery products went up by 4. 5, 12. 8 and 3. 9 percent respectively, average producer price of livestock products decreased by 5. 7 percent. The average producer price of grain went up by 2 percent from that of the previous year, the producer price of oil-bearing crops went up by 4. 8 percent, the producer price of sugar crops went up by 21. 1 percent, the producer price of vegetables went up by 9. 3

percent, the producer price of fruits went up by 12. 3 percent, the producer price of cotton went down by 2. 9 percent, the producer price of slaughtered fattened hogs went down by 9. 4 percent, the producer price of milk products went up by 2. 9 percent, the producer price of poultry and eggs went down by 2. 8 and 4 percent respectively.

12. In 2006, price of agricultural production means went up by 1. 5 percent than that of the previous year.

13. In 2006, per capita production input of farmer households was 1382 yuan. Per capita production input of farmer households in agriculture was 1094 yuan, increased by 35 yuan or 3. 3 percent from that of the last year. Of the input in agriculture, per capita input in farming was 599 yuan, increased by 58 yuan or 10. 7 percent; per capita input in forestry was 10 yuan, increased by 3 yuan or 36. 4 percent; per capita input in animal husbandry was 448 yuan, decreased by 30 yuan or 6. 2 percent; per capita input in fishery was 37 yuan, increased by 4 yuan or 11. 8 percent.

14. In 2006, total investment in fixed assets by farmer households reached 443. 6 billion yuan, increased by 49. 6 billion yuan or 12. 6 percent over 2005. Of which, investment in agriculture was 100. 1 billion yuan, decreased by 0. 3 percent; investment in secondary industry was 32. 2 billion yuan, increased by 74 percent; investment in tertiary industry was 311. 3 billion yuan, increased by 13. 2 percent.

15. In 2006, the yield per ha. of grain based on sown area reached 4721 kilo, increased by 79 kilo or 1. 7 percent from that of the previous year; yield of cotton was 1246 kilo per ha. , increased by 117 kilo or 10. 4 percent; yield of oil-bearing crops was 2219 kilo per ha. , increased by 70

kilo or 3. 3 percent; yield of sugar crops was 61725 kilo per ha. , increased by 1306 kilo or 2. 2 percent.

16. In 2006, of the rural laborers, agricultural laborers accounted for 57. 3 percent, 2. 2 points less than that of the last year; laborers engaged in secondary industry accounted for 20. 5 percent, 1. 3 points more, laborers engaged in tertiary industry accounted for 22. 2 percent, 0. 9 point more.

17. In 2006, rural laborers who worked outside of residence reached 132. 12 million, increased by 6. 34 million or 5 percent more than that of the previous year.

18. In 2006, the total value of imports and exports of agricultural products reached 63. 02 billion US dollar, increased by 12. 9 percent from that of the previous year. Of the total value of imports and exports of agricultural products, the value of exports of agricultural products was 31. 03 billion US dollar, increased by 14. 2 percent; the value of imports of agricultural products was 31. 99 billion US dollar, increased by 11. 7 percent. Adverse balance of agricultural products trade decreased from 1. 47 billion US dollar in the previous year to 960 million US dollar.

19. In 2006, farmers' net income per capita was 3587 yuan, increased by 332 yuan than that of the previous year or 7. 4 percent in real term. This growth rate went up 1. 2 points from that of the last year. Of the farmers' net income per capita, income from family business was 1931 yuan, increased by 88 yuan or 4. 8 percent. Of the family business income, income from agriculture was 1521 yuan, increased by 53 yuan or 3. 6 percent. Wage income per capita was 1375 yuan, increased by 200 yuan or 17 percent. Of the wage income, income from working outside of

residence was 554 yuan, increased by 86 yuan or 18. 3 percent. Property income per capita was 100 yuan, increased by 11 yuan or 12. 9 percent. Transfer income per capita was 181 yuan, increased by 33 yuan or 22. 5 percent. In 2006, income from family business accounted for 53. 8 percent of net income per capita, wage income accounted for 38. 3 percent, property income accounted for 2. 8 percent, transfer income accounted for 5 percent.

20. In 2006, farmers' burden of taxes and fees per capita was 11 yuan, reduced by 2 yuan from that of the previous year. The burden of taxes and fees accounted for 0. 3 percent of farmers' net income per capita in this year.

21. In 2006, farmers' net income per capita in the eastern, central and western region was 4859 yuan, 3331 yuan and 2487 yuan, increased by 10 percent, 11. 1 percent and 8. 1 percent respectively. Income gap between the eastern and central region was narrowed, the gap between western and eastern, between western and central region was enlarged. In 2006, income difference among farmers was narrowed. The Gini Coefficient of farmers'income was 0. 3737, 0. 0014 down from that of the previous year.

22. In 2006, the gap between urban residents' disposable income per capita and farmers' net income per capita was enlarged slightly, from 3. 22: 1 in the previous year to 3. 28: 1.

23. In 2006, farmers' living expenses per capita was 2829 yuan, increased by 274 yuan or 9. 1 percent in real term from the previous year. Out of the total, expenses of food was 1217 yuan, increased by 4. 7 percent, and the Engle coefficient was 43 percent, 2. 5 points down from

the previous year; expense of housing was 469 yuan, increased by 26. 7 percent; expenses of household appliances, goods and services was 127 yuan, increased by 13. 6 percent; expenses of transportation and communication was 289 yuan, increased by 17. 9 percent; expenses of culture, education and recreation was 305 yuan, increased by 3. 3 percent; expenses of medicines and medical services was 191 yuan, increased by 13. 9 percent.

24. It is estimated the growth rate of value added of agriculture will be about 4 percent in real term in 2007, and the proportion of the value added of agriculture in GDP will be about 11 percent.

25. It is estimated the total output of grain will reach 500 million tons in 2007; the total output of oil-bearing crops will reduce slightly more than 31 million tons, increase by about 3. 6 percent; the total output of sugar crops will be more than 100 million tons; the total output of fruits will be 175 million tons, increase by above 2 percent.

26. It is estimated the total output of meat will be 83. 8 million tons in 2007, increase by about 3. 5 percent over 2006; the total output of aquatic products will be 54 million tons, increase by about 3 percent.

27. It is estimated the total value of imports and exports of agricultural products will be more than 70 billion US dollar, increase by above 12 percent over 2006. The adverse balance of agricultural products trade will enlarge.

28. It is estimated the growth rate of farmers' net income per capita will increase by more than 6 percent in real term in 2007.

第一章 2006年农村经济形势与2007年展望及预测

2006年既是实施“十一五”规划的开局之年，也是推进社会主义新农村建设的起步之年。农业农村经济发展多项指标明显好于预期。粮食生产连续3年增产、农民收入实际增长连续3年超过6%。经济社会趋于全面协调发展。展望2007年，在国家支农惠农力度进一步强化等积极因素作用下，农业结构调整将进一步深化，多数农产品将保持增产，农业生产资料市场会基本稳定，农民收入能继续较快增长，农产品消费市场将更加活跃，新农村建设将迈出更加坚实的步伐，现代农业建设将为国民经济又好又快发展奠定牢固基础。但是，农业基础仍然薄弱，粮食稳定增产和农民持续增收难度加大，仍然是国民经济运行的突出矛盾，农村经济运行和发展中的不确定性因素增多，这些都需要引起注意。

一 2006年农村经济的主要状况

2006年，农村经济继续保持良好态势。粮食生产实现了1985年以来的首次连续3年增产，粮食总产超过4.9亿吨，粮食单产连续3年创历史最高水平，供求关系维持紧平衡，粮价在波动中恢复性上升。农村各业实现平稳协调发展。农民收入增长速度为10年来最快的一年。长期滞后的农村消费和投资趋于活跃。

（一）第一产业稳定增长

2006年，第一产业增加值2.47万亿元，比上年实际增长5.0%，增速继续小幅度回落。与国内生产总值增长速度加快相比，第一产业增加值的增长正处于新一轮的回落阶段，在国民经济中的地位继续下降。按照上年可比价格计算，2006年第一产业增加值对国内生产总值增量的贡献率为5.9%，对国内生产总值增速的拉动率（即直接源于第一产业）为0.6%，均低于2005年（见表1－1）。

表1－1　第一产业增加值及其在国民经济中地位变化情况

类别 \ 年份	2000	2003	2004	2005	2006
绝对额（亿元）	14716	17068	20956	23070	24700
较上年实际增长率（%）	2.4	2.5	6.3	5.2	5.0
对GDP增量的贡献率（%）	4.8	3.5	7.9	6.7	5.9
对GDP增长率的拉动率（%）	0.4	0.4	0.8	0.7	0.6
占GDP比重（%）	14.8	12.6	13.1	12.5	11.8

说明：第一产业对GDP增量的贡献率和增速拉动率按上年可比价格计算。

资料来源：《中国统计年鉴》（2001年、2004～2006年），《中华人民共和国2007年国民经济和社会发展统计公报》。

受工业化、城镇化加速，以及农业循环等规律的影响，虽然第一产业对国民经济的直接贡献总体上趋于下降，但整个农村经济对国民经济仍然发挥着重要作用。2006 年，按照当年价格计算，第一产业增加值在 GDP 中所占比重下降到 11.80%，较上年降低了 0.7 个百分点。但是，农村非农产业增长速度明显快于第一产业，如果考虑到乡镇企业，第一产业和乡镇企业增加值两项合计初步估计占 GDP 的比重为 39.25%，比上年上升了 1.29 个百分点。

近年来，乡镇企业面临外部环境的变化，充分利用国家推进农业产业化时机，着力调整产业结构，加快发展农产品加工业，龙头企业带动能力不断增强，各地具有特色和区域竞争优势的产业集群正在形成。乡镇企业正向又好又快发展转变。农产品加工业成为乡镇企业发展新阶段的增长点。外贸出口保持稳定增长。据农业部资料，2006 年乡镇企业实现增加值 5.75 万亿元，比上年增长 13.2%。规模以上农产品加工业完成增加值 8300 亿元，比上年增长 16.5%；完成出口交货值 2.4 万亿元，比上年增长 16.2%。

（二）农村消费和投资滞后的状况有所改变，农产品对外贸易继续发展

启动农村消费市场是扩大内需的基本政策。近年来，国家采取了一系列政策措施，在农村建设“千镇连锁超市”和“万户放心店”等工程，促进了农村居民购物环境的改善，促进了农民消费。尤其是农民收入连续 3 年实现较快增长，为提高农民消费能力和扩大农村消费奠定了物质基础。

2006 年农村（指县及县以下）消费品零售额 24867 亿元，增速比上年提升 1.1 个百分点，达到 12.6%，是近几年来增速最快的（见表 1－2）。全国农村居民人均生活消费支出 2829 元，比上年增加 274 元，名义增长 10.7%，扣除价格因素影响，实际增长 9.1%。农

民消费名义增长率虽然比上年回落了约6个百分点，但实际增长快于人均纯收入增长1.7个百分点。按纯收入计算，农民平均生活消费倾向为0.79（农民人均生活消费支出与人均纯收入之比率），较2005年略有提高；农民边际生活消费倾向为0.82，仍然比较高。

表1－2 农村消费、投资和进出口及其地位情况

年份	县及县以下消费品零售			农村固定资产投资			农产品进出口		
	总额（亿元）	增长（%）	占全社会（%）	总额（亿元）	增长（%）	占全社会（%）	总额（亿美元）	增长（%）	占全部（%）
2000	14550.5	15.4	37.2	6695.9	9.4	20.3	268.5	23.4	5.7
2003	17908.0	6.9	34.1	9754.9	21.8	17.6	401.5	31.9	4.7
2004	19805.3	10.6	33.3	11449.3	17.4	16.2	512.2	27.6	4.4
2005	22082.3	11.5	32.9	13518.9	18.0	15.3	558.3	9.0	3.9
2006	24867.0	12.6	32.5	16397.0	21.3	14.9	629.9	12.8	3.6

资料来源：《中国统计年鉴》（2001年，2004～2006年），《中华人民共和国2007年国民经济和社会发展统计公报》，农产品进出口数据来源于相应年份的《中国农产品进出口月度统计报告（商务部）》。

2006年农村固定资产投资额16397亿元，比上年增长21.3%，在全社会固定资产投资中所占比重下降到14.9%（见表1－2）。尽管农村固定资产投资增速相对低于城镇，所占比重进一步下降，但国家宏观调控使2006年全社会固定资产投资增速比上年回落了1.7个百分点，而农村固定资产投资增速则提高了3.3个百分点。尤其是第一产业固定资产投资增速明显高于其他产业。全年第一产业固定资产投资完成额达1101.7亿元，比上年增长30.7%，继续保持高速增长。尽管第一产业在三大产业固定资产投资中只占1%，但是2006年第一产业固定资产投资增速比第二产业高出近5个百分点，比第三产业高出约7个百分点。

2006年，农产品进出口总额达到629.9亿美元，[①] 比上年增长12.8%，在全部进出口贸易总额中所占比重进一步下降到3.6%（见表1-2）。2006年农产品出口额310亿美元，增长14.1%，在全部出口贸易总额中的比重下降到3.2%；农产品进口额319.9亿美元，增长11.7%，在全部进口贸易总额中的比重下降到4.0%。农产品贸易逆差减少到9.9亿美元，降幅达32.7%。

（三）主要农产品普遍增产

2006年，除个别产品外，主要农产品普遍增产（见表1-3）。

表1-3　主要农产品总产量及其增长情况

类别 \ 年份		2000	2003	2004	2005	2006
粮食	总产量（万吨）	46217.5	43069.5	46949.9	48402.2	49746
	比上年增长（%）	-9.1	-5.8	9.0	3.1	2.8
油料	总产量（万吨）	2954.8	2811.0	3065.9	3077.1	3062
	比上年增长（%）	13.6	-3.0	9.1	0.4	-0.5
棉花	总产量（万吨）	441.7	486.0	632.4	571.4	673
	比上年增长（%）	15.4	-1.1	30.1	-9.6	17.8
糖料	总产量（万吨）	7635.3	9641.6	9528.0	9451.9	10987
	比上年增长（%）	-8.4	-6.3	-1.2	-0.8	16.2
肉类	总产量（万吨）	6125.4	6932.9	7244.8	7743.1	8100
	比上年增长（%）	3.0	5.3	4.5	6.9	4.6
水产品	总产量（万吨）	4278.5	4704.6	4901.8	5107.6	5250
	比上年增长（%）	3.8	3.1	4.2	4.2	2.8

资料来源：《中国统计年鉴》（2001年，2004~2006年），《中国农村统计年鉴》（2001年，2004~2006年），《中华人民共和国2006年国民经济和社会发展统计公报》。

① 由于统计资料来源的不同，本章农产品进出口总额、出口额、农产品贸易逆差以及农产品进出口数量等与第七章略有不同，但不影响总体分析结果。

粮食实现连续3年增产，2006年总产量达到49746万吨，较上年增长2.8%。比较不同季节粮食增产情况，夏粮增产7.0%，对全年新增粮食产量的贡献率为55%；秋粮增产1.7%，对全年新增粮食产量的贡献率为45%；早稻受到播种面积减少和自然灾害等不利因素影响，产量与上年基本持平。比较播种面积和粮食单产两个因素，贡献比较大的是单产因素。全年粮食播种面积10538万公顷，较上年增长1.1%，对新增粮食产量的贡献率为38.4%；粮食单产为4720.6公斤/公顷，增长1.7%，对新增粮食产量的贡献率为61.6%。

主要经济作物除油料小幅度减产外，棉花和糖料大幅度增产。2006年，油料小幅度减产，全年产量3062万吨，较上年减少15万吨。油料减产主要是种植面积减少。全年油料种植面积1380万公顷，下降3.7%。从品种来看，油料减产主要是油菜籽产量较上年减产2.7%。2006年，棉花产量达到673万吨，比上年增产17.8%。棉花新增产量主要来自于棉花单产水平的提高。棉花单产水平达到每公顷1246.3公斤，比上年增长10.4%，对棉花增产的贡献率为58.3%。棉花种植面积540万公顷，增长6.7%，对棉花增产的贡献率为37.8%。棉花单产水平提高和种植面积扩大交互作用的贡献率为3.9%。糖料产量创历史最高水平，达到10987万吨，比上年增长16.2%。糖料新增产量主要来自于种植面积的扩大。糖料种植面积178万公顷，增长14.1%，对糖料增产的贡献率高达86.8%。蔬菜和水果稳定增产。蔬菜产量58233万吨，增长3.2%。水果产量17050万吨，增长5.8%。

养殖业全面发展。畜牧业克服疫情等的不利影响继续保持增长。2006年肉类总产量8100万吨，比上年增长4.6%。其中，猪肉产量5230万吨，增长4.3%；牛肉产量750万吨，增长5.3%；羊肉产量

470 万吨，增长 7.8%；禽肉产量 1260 万吨，增长 4.2%。奶类产量 3250 万吨，增长 18%。全年水产品产量 5250 万吨，增长 2.8%。

（四）主要农产品进出口格局基本不变

中国农产品出口尽管种类繁多，但主要集中在少数品种上。据商务部提供的《2006 年 12 月中国农产品进出口月度统计报告》，2006 年谷物、蔬菜、果品和水产品及其制品的出口金额为 196.4 亿美元，占全年农产品出口额的 63.3%。

近几年国际国内谷物市场供求变化无常，谷物出口大起大落极其明显，波动剧烈。2006 年谷物及谷物粉出口 605 万吨，比上年下降 40.3%。谷物出口大幅度减少，主要是国内玉米需求强劲，出口下降 64.1%，减少到 310 万吨。随着水稻连续多年增产，国内市场供应充裕，全年稻谷和大米出口达到 125 万吨，增长 82.7%。

2006 年蔬菜出口继续呈现出稳定增长的态势，全年出口达到 568 万吨，比上年增长 9.2%。鲜、干水果及坚果出口小幅度下降，全年出口 198 万吨，比上年减少 1.2%。

畜类产品出口稳定增长，全年出口金额 22.4 亿美元，比上年增长 6.3%。禽类产品受禽流感等在全球疫情的影响，出口继续下降，全年出口金额 13.3 亿美元，比上年下降 2.2%。水海产品国际市场形势转好，出口 194 万吨，增长 10.3%。

2006 年主要农产品出口情况见表 1－4。

2006 年，谷物及谷物粉进口大幅度减少，全年进口 359 万吨，比上年下降 42.7%。其中，小麦进口 61 万吨，比上年减少 293 万吨，下降 82.7%。大豆和食用植物油进口继续增加，全年进口大豆 2827 万吨，增长 6.3%；食用植物油 671 万吨，增长 8.1%。棉花进口大幅度增加，全年进口棉花364万吨，比上年净增加107万吨，增长41.6%。食糖进口137万吨，与上年基本持平。

2006年主要农产品进口情况见表1-5。

表1-4　主要农产品出口数量及其增长情况

类别＼年份		2002	2003	2004	2005	2006
谷物及谷物粉	数量(万吨)	1482.0	2195.0	473.0	1014.0	605
	增长率(%)	69.2	48.1	-78.5	114.4	-40.3
蔬　　菜	数量(万吨)	360.0	432.0	470.0	520.0	568
	增长率(%)	20.8	20.0	8.8	10.7	9.2
各类果品	数量(万吨)	113.0	146.0	175.0	200.0	198
	增长率(%)	39.5	29.2	19.9	14.5	-1.2
水海产品	数量(万吨)	163.0	158.0	177.0	176.0	194
	增长率(%)	5.8	-3.1	12.0	-0.6	10.3

资料来源：《中国农村统计年鉴》（2003～2006年），《中国统计月报》（2006年12月）。

表1-5　主要农产品进口数量及其增长情况

类别＼年份		2002	2003	2004	2005	2006
谷物及谷物粉	数量(万吨)	285	208	975	627	359
	增长率(%)	-17.2	-27	368.8	-35.7	-42.7
大　豆	数量(万吨)	1131	2074	2023	2659	2827
	增长率(%)	-18.9	83.4	-2.5	31.4	6.3
棉　花	数量(万吨)	18	87	191	257	364
	增长率(%)	200	383.3	119.5	34.6	41.6
食用植物油	数量(万吨)	319	541	676	621	671
	增长率(%)	93.3	69.6	25	-8.1	8.1
食　糖	数量(万吨)	118.3	78	121	139	137
	增长率(%)	-1.4	-34.1	55.1	14.9	-1.4

资料来源：《中国农村统计年鉴》（2003～2006年），《中国统计月报》（2006年12月）。

畜禽产品进口继续增加。全年畜类产品进口总额 39 亿美元，增长 5.6%。禽类产品进口额 5.8 亿美元，增长 27.6%。

综合农产品出口和进口，谷物继续保持净出口态势，但较上年大幅度下降。全年谷物及谷物粉净出口 246 万吨，同比减少 36.4%。食用植物油继续保持净进口的态势，全年净进口 631 万吨，较上年增长 5.4%。畜类产品为净进口，全年净进口额为 16.6 亿美元，较上年增长 4.7%。

（五）农产品和主要食品价格季节性波动明显

2006 年，多数农产品稳定增产，供求关系基本维持在平衡区间内。在这种状况下，农产品市场价格的变化主要受外界因素影响。国家通过积极稳妥实施粮食最低收购价格政策，尤其是年末时通过粮食库存吞吐调节和拍卖手段，有效地避免了粮食市场价格的波动。总体上，农产品生产价格比较稳定，比上年上涨 1.2%，涨幅比上年回落 0.2 个百分点。

从不同季节来看，一些农产品价格波动剧烈。不同种类的农产品价格涨落也出现了分化。种植业产品生产价格上涨了 4.5%，而畜牧业产品生产价格则下降了 5.7%，林业产品生产价格上涨幅度最大，达 12.8%，渔业产品生产价格波动幅度最小，上涨 3.9%（见表 1-6）。

从粮食供求关系和价格变化来看，粮食市场基本上按照预期方向运行。估计 2006 年中国粮食消费总量大约 5 亿吨，粮食年度国内产需仍然存在缺口。但是，考虑到粮食总产量和谷物、大豆的进出口情况，全年新增粮食供给总量大约为 5.2 亿吨。国内粮食供求总量基本维持在平衡的水平，粮食市场价格存在稳定的基础。下半年，受国际

表1－6　农产品生产价格指数变化（上年＝100）

年　份	农产品生产价格总指数	种植业产品	林业产品	畜牧业产品	渔业产品
2002	99.6	100.0	98.3	100.2	95.9
2003	104.4	107.4	107.0	101.8	100.3
2004	113.1	115.9	104.6	111.1	110.2
2005	101.4	101.5	104.8	100.5	104.7
2006	101.2	104.5	112.8	94.3	103.9

资料来源：《中国农村统计年鉴》（2003～2006年），《中国统计月报》2006年12月。

市场价格波动影响，国内粮食流通体制改革造成的粮食加工商对市场价格预期过度反应等因素的影响，部分地区、一些品种粮食出现了异常波动。2006年，上半年粮食生产价格下跌0.6%。下半年，随着最低收购价格等政策的有效实施，粮食生产价格止跌回升。第三、第四季度粮食生产价格分别上涨了3.1%和4.2%，全年粮食生产价格上涨2%。近年来，以玉米为原料的加工业迅速扩张，需求强劲。2006年下半年玉米生产价格明显上涨，涨幅达7.5%以上。

从棉花供求关系和价格波动来看，年内出现了明显的转折。随着中国纺织业的快速发展，国内棉花需求不断扩大，估计2006年棉花需求总量大约为1000万吨。全年棉花生产量和进口量两项合计达到1037万吨，首次突破千万吨。年度棉花供给量超过需求量，棉花收购价格在收获新季开始下跌，前三季度棉花生产价格较上年同期上涨12.8%，而第四季度则下跌了4%。

受油料减产过度预期和国际油料市场波动的影响，2006年油料收购价格年内呈现出由下跌到上涨的转折，第一、第二季度生产价格较上年同期分别下跌了6.9%和0.7%，而第三、第四季度则比上年同期分别上涨了5.7%和11.2%。尽管食糖新增供给量明显增加，但受食品加工需求增长的强劲影响，糖料价格已经连续第3年大幅度上涨，全年生产价格上涨了21.1%，上半年涨幅超过了30%。

随着蔬菜和水果等进一步增产，生产价格涨幅年内基本上趋于回落。2006年第一季度蔬菜和水果的生产价格分别上涨了14.2%和18.1%，而第四季度则分别上涨2.6%和8.3%，涨幅皆回落了约10个百分点。由于蔬菜和水果等的生产和需求具有鲜明的季节性特点，年内不同时期的市场价格波动剧烈。2006年，城乡居民鲜菜消费价格比上年同月最高上涨率达34.9%，最低跌幅为5.7%；鲜果最高上涨率达49.2%，最低上涨率只有0.7%。

受动物疫情、居民畜产品消费结构变化等因素影响，2006年，部分畜产品供求关系在一个年度内出现了两种不同情形的变化，销售价格经历了极其异常性波动。生猪上半年供求比较宽松，下半年趋紧，在市场上呈现为第二季度的生产价格同比下降23.4%，第四季度却上涨7.1%。禽类产品价格也出现了类似的波动。禽蛋生产价格第二季度下跌12.6%，第四季度却上涨5.5%。

水产养殖持续发展，供求关系稳定，淡水鱼类生产价格年度内波动在1%之内。受出口需求增长和国内消费增加等因素影响，海水鱼类产品价格基本保持上涨态势，全年同比上涨了9.7%。

2006年部分农产品品种生产价格指数见表1-7。

2006年，城乡居民粮食消费价格上涨2.7%。但是，在农产品生产价格涨幅回落的影响下，食品消费价格涨幅总体上也呈现回落态势。城乡居民食品消费价格上涨2.3%，比上年回落0.6个百分点。城乡居民消费价格总体水平上涨1.5%，比上年回落0.3个百分点（见表1-8）。

表1－7　部分农产品品种生产价格指数变化（上年＝100）

类别＼年份	2000	2003	2004	2005	2006
谷　　物	95.8	102.3	128.1	99.2	102.1
豆　　类	98.9	120.6	120.3	95.7	99.3
棉　　花	103.4	135.3	79.5	111.8	97.1
油　　料	104.8	119.4	116.6	91.3	104.8
糖　　料	86.0	90.5	104.9	111.6	121.1
蔬　　菜	95.1	110.4	105.2	107.2	109.3
水　　果	109.9	102.0	97.4	107.4	111.4
猪（毛重）	98.0	102.9	112.8	97.6	90.6
禽　　蛋	102.8	101.1	112.6	106.4	96.0
奶　　类	99.7	103.7	103.7	99.6	102.9
海水鱼类	104.9	104.0	109.2	104.2	109.7
淡水鱼类	93.1	98.7	111.5	106.2	99.9

资料来源：《中国农村统计年鉴》（2003～2006年），《中国统计月报》（2006年12月）。

表1－8　粮食、食品和居民消费价格以及城乡居民家庭恩格尔系数情况

单位：%

年　份	城乡居民消费价格比上年上涨率			城乡居民家庭恩格尔系数	
	总水平	食　品	粮　食	城　镇	农　村
2002	－0.8	－0.6	－1.7	37.7	46.2
2003	1.2	3.4	2.3	37.1	45.6
2004	3.9	9.9	26.4	37.7	47.2
2005	1.8	2.9	1.4	36.7	45.5
2006	1.5	2.3	2.7	35.8	43.0

资料来源：《中国统计年鉴》（2003～2006年），《中华人民共和国2006年国民经济和社会发展统计公报》。

比较城乡居民食品消费支出和收入增长，前者明显低于后者，城乡居民家庭恩格尔系数进一步下降。2006年，城镇居民家庭恩格尔系数下降到35.8%，农村居民家庭恩格尔系数下降到43.0%。城乡居民恩格尔系数的下降，意味着食品消费支出负担再度减轻，促进了城乡居民生活质量的进一步提高。

（六）农民收入实现了10年来最快增长

2006年农民人均纯收入较上年实际增长率自1997年以来首次超过7%。农民人均纯收入水平达到3587元，比上年增加332元，名义增长10.2%，扣除价格因素的影响，实际增长7.4%。农民人均纯收入较上年名义增长速度虽然回落了0.7个百分点，但实际增长速度却提高了1.2个百分点。农民收入增长高于年初预期。

2006年，农民增收的部分主要来源于工资性收入。按当年价格计算，人均工资性收入1375元，比上年增加200元，对农民人均纯收入增量的贡献率为60.2%，在农民人均纯收入中的比重进一步上升到38.3%。工资性收入的增加主要来源于外出务工人员数量的增加和工资标准的提高。2006年，在乡镇企业就业和外出务工的农民超过2亿人，农村常住户中外出务工人数达到10568万人，比上年增加530万人。农民工月工资水平比上年增长9.9%。

2006年农户家庭经营人均纯收入1931元，较上年增加88元，对农民人均纯收入增量的贡献率为26.5%，在农民人均纯收入中的比重进一步下降到53.8%。在农户家庭经营收入中，虽然第一产业的人均纯收入达到1521元，比上年增加了53元，但来源于牧业的人均纯收入减少了18元，下降到266元。

尽管农民人均纯收入实现了较快增长，但是，2006年城乡居民收入差距进一步拉大。农民人均纯收入名义增长和实际增长速度都低于城镇居民人均可支配收入。全年农民人均纯收入比城镇居民人均可支配收入名义增长率低1.9个百分点，实际增长率低3个百分点，城乡居民收入的比率由上年的3.22∶1上升到3.28∶1。

2006年，尽管城乡居民收入差距扩大加快，但是，农村贫困人口和低收入人口继续减少，农村居民内部收入分配的非均等化程度有所缩小。按年人均纯收入低于693元的农村绝对贫困标准测算，年末农村贫困人口为2148万人，比上年下降9.2%；按年人均纯收入694～958元的农村低收入标准测算，年末农村低收入人口3550万人，比上年下降12.7%。农村居民收入分配差距有所缩小，基尼系数为0.3737，下降0.0014（见表1－9）。

表1－9　城乡居民收入比较和农村居民收入分配情况

指标 \ 年份		1997	2003	2004	2005	2006
城镇居民人均可支配收入	绝对额（元）	5160	8472	9422	10493	11759
	比上年实际增长（%）	3.4	9.0	7.7	9.6	10.4
农村居民人均纯收入	绝对额（元）	2090	2622	2936	3255	3587
	比上年实际增长（%）	4.6	4.3	6.8	6.2	7.4
城乡居民收入比率（以农民人均纯收入为1）		2.47	3.23	3.21	3.22	3.28
农村居民收入分配基尼系数		0.3285	0.3680	0.3692	0.3751	0.3737

资料来源：《中国统计年鉴》（1998年，2004～2006年），《中国农村住户调查年鉴》（1998年，2004～2006年），《中华人民共和国2006年国民经济和社会发展统计公报》，国家统计局农村社会经济调查司资料。

二　影响农村经济形势的主要因素

2007年，影响农业农村经济的积极因素仍然较多。国民经济将继续保持又好又快发展。国家继续将解决“三农”问题摆在更加突出的位置，财政支农政策会让农民得到更多的实惠。农业生产资料价格能够保持稳定。这些因素都有助于保护和调动农业生产者的积极性。2007年中央一号文件已经将发展现代农业作为新农村建设的首要任务，预期农业生产条件将会进一步改善，农业科技的贡献进一步增强。

（一）宏观经济形势及其政策

2006年，中国经济实现了又好又快的发展。国内生产总值突破20万亿元，比上年增长10.7%。在经济快速增长的同时，价格涨幅继续回落，全年居民消费价格比上年又回落了0.3个百分点。根据《关于2006年中央和地方预算执行情况与2007年中央和地方预算草案的报告（摘要）》，2006年全国财政收入39343.6亿元，增长24.3%，比预算超收3920.2亿元。国家财力的增强，为加强“三农”工作奠定了物质基础。

国民经济增长对农民收入，尤其是来源于工资性收入的影响十分明显。在国民经济扩张阶段，农民工资性收入增加的速度一般都会超过GDP增长。据测算，如果2007年GDP保持8%的增长，预期可使农民工资性收入实际增长率达到9.7%。预期2007年中国经济将保持高速增长。这将给农村富余劳动力转移提供更多的就业机会，促进外出务工劳动力工资率的上升。

2007年，国家将进一步加强和改善宏观调控，着力调整经济结构和转变增长方式，这仍将有助于增强国家对“三农”的支持力度。落实科学发展观，促进国民经济又好又快发展，构建和谐社会的执政理念，会使农村得到更多的投资，促进农村发展滞后状况的改变。

（二）财政支农惠农政策

2006年，中央财政对“三农”投入达到3397亿元，比上年增加422亿元。其中，安排各项农业补贴资金310.5亿元。据财政部估算，全国约有7.3亿农民从中受益。投入农业综合开发资金112.5亿元，其中预算内安排资金105亿元。中央财政还安排了235亿元“三奖一补”资金，比上年增加85亿元。各地实践表明，中央财政的投入调动了贫困地区加快发展经济和促进粮食主产县发展粮食生产的积极性，缓解了产粮大县财政困难。

2006年，全国粮食直补资金达到142亿元，比上年增加10亿元。13个粮食主产区达到125亿元，直补资金占本省粮食风险基金的50%以上。中央财政安排40.7亿元良种补贴资金。通过对种粮农民的补贴，有效地促进了粮食稳定增产。据农业部初步统计，水稻、小麦、玉米、大豆四大粮食品种优质率分别达到69.1%、55.2%、42%和65.7%，综合优质率比上年提高5个百分点。中央财政安排农机购置补贴资金6亿元，比上年增加3亿元。农机购置补贴有所调整，重点向粮食主产区、农业大省倾斜，向种粮大户倾斜。据财政部资料，通过实施农机购置补贴政策，各级财政共投入17亿元，拉动农民投入45亿元，补贴购置各类农机具30多万台（套），有40多万农户受益。为完善粮食最低收购价政策，2006年中央财政拨付补贴资金59亿元，对避免粮食收购价格下滑发挥了重要作用。

2006年，中央财政还安排了奶牛良种补贴资金1亿元，共对178个县的347万头奶牛给予良种补贴，促进了奶牛良种率、牛奶质量、品质的提高，以及农牧民养殖收益的增加。中央财政还新增补贴资金125亿元对种粮农民柴油、化肥等农业生产资料增支实行农资综合直补。

直接向粮食生产者发放补贴，是保护和调动粮食生产积极性的有效政策工具之一。据初步测算，2006年因中央增加向粮食生产者发放各类补贴一项就产生约20万公顷的新增播种面积，对全年新增粮食播种面积的贡献率近20%。2006年，农民人均纯收入中来源于粮食直补、良种补贴和购置大型农机具补贴等政策性收入达到29元，较上年增长58.3%，对新增农民人均转移性收入的贡献率为33.3%。

2006年，中央财政用于农村义务教育经费保障机制改革的经费投入150亿元。西部地区和中部部分试点地区约5200万名农村义务教育阶段学生免除了学杂费。免除学杂费政策实施后，西部地区平均每个小学生减负140元，初中生减负180元；中部12个试点县平均每个小学生减负170元，初中生减负232元。2006年中央财政对中西部地区参加新型合作医疗农民的补助标准由每人每年10元提高到20元，中央财政对地方试点补助资金达到42.7亿元，是2005年的7.9倍。截至2006年底，全国开展新型农村合作医疗试点的县（市、区）达到1451个，比2005年增加了近一倍。参合农民4.1亿人，占全国农业人口的46%。免除农村中小学学杂费，扩大新型农村合作医疗试点，有助于降低农村居民未来支出预期。

财政支农力度的增强，对农民补贴规模的进一步扩大，将成为促进农业发展和农民增收的重要积极因素。2007年，中央财政支农总支出将达到3917亿元，比2006年增加520亿元。大约1.5亿农民子女免费享受九年义务教育，80%以上的农民能够参加新型农村合作医疗。这对于减少农民生活支出，扩大农民消费，提高农民生活水平都有积极意义。

2006年，已经有1509万农村居民得到政府最低生活保障补助，比上年增加684万人。从2007年开始，国家将更加有意识地在全国农村推行最低生活保障制度，这项制度对于促进农民增收和解决农村收入分配不公等将产生深远影响。3000多万农民将享受到低保待遇。最低生活保障制度的建立，有助于增加农民人均纯收入中来源于转移性收入的份额，缩小农村居民内部收入分配的非均等化程度。这对于农村贫困人口的减少和防止农民居民收入分配的基尼系数上升具有一定的促进作用。

（三）国际农产品市场

综合2006年12月份联合国粮农组织发布的《食物展望》和2007年2月份美国农业部发布的《世界农产品供求估计》等资料，2006年，世界一些粮食品种减产，国际市场价格不断走高。油料和棉花等增产。世界农产品市场的变化，为中国农产品进出口调控和促进国内市场供求平衡提供新的机会。

2006年度世界水稻总产量和总消耗量大约都在4.2亿吨，供求基本稳定。2006年世界小麦总产量5.92亿吨，较上年减产5.2%，国际贸易量和世界总消耗量基本稳定。预计2007年度小麦期末库存将减少到1.5亿吨，较上年下降16%。2006年全球玉米总产量估计为6.9亿吨，较上年减产2.2%。受生产能源开发对玉米原料需求增长较多影响，玉米消耗总量达到7.2亿吨，较上年增长1.9%。2007年度期末世界玉米库存将下降到1.1亿吨，较上年减少20%。国际市场小麦、玉米等粮食品种供给量的减少，国际市场价格普遍上涨，这既可能为中国小麦出口提供机遇，也可能对中国粮食安全构成挑战。如果国内粮食生产不能稳定，出现滑坡，势必增加国际粮食市场供求的紧张关系。国际市场粮食价格的波动传导到国内市场，可能会产生放大效应。

2006 年度世界油料作物（包括大豆）总产量为 4 亿吨，较上年增长 2.4%。估计 2007 年全球油料作物总产量基本稳定，但国际贸易量将达到 0.83 亿吨，增长 5.5%。预计 2006～2007 年度世界大豆总产量 2.3 亿吨，增产 4.8%；消耗总量 2.2 亿吨，增长 4.4%；全球贸易量 6921 万吨，增长 8%；总供给量大于需求量，期末大豆库存将达到 5743 万吨，增长 10%。2006 年中国油料略有减产，但供求缺口并不大，再考虑到世界油料增产和国际市场可供量增加等因素，2007 年中国进口油料应充分利用国际市场的有利条件，做好调控，降低对国际市场价格的冲击及其对国内市场的波及程度。

2006～2007 年度，估计世界棉花总供给量达到 3720 万吨，较上年度增长 1.7%，其中总产量 2538 万吨，增产 2.1%；贸易量 870 万吨，下降 10%；总消耗量 2642 万吨，增长 4.8%；期末库存将下降到 1152 万吨，减少 0.3%。国际市场棉花供给仍然比较充足，为中国棉花进出口调控提供了空间。

2006 年世界主要农产品生产国普遍遭受了干旱等气象灾害，粮油等农产品减产，国际农产品价格出现异常波动。这将影响到 2007 年世界农产品供给的稳定。新的一年，世界农业气象灾害能否减轻，将直接影响到国内农产品市场，尤其是大豆等油料、棉花和糖料等进口依赖程度比较高的农产品市场的波动，以及蔬菜、家禽和水产品等出口需求的稳定增长。

（四）农业生产资料

农业生产资料供应直接影响农业生产成本和农业效益。2006 年，尽管石油价格不断上涨，农用柴油等价格受影响较大，但农业生产资料总体上供应充足，价格稳定。全年国内生产农用化肥5593万吨，较上年增长8.0%。由于化肥需求稳定，国内产需缺口大幅度减少，当年进口化肥1129万吨，比上年下降了19.2%（见表1-10）。全年化学农药产量达到130万吨，增长20.2%。农用薄膜86.1万吨，增长9.6%。配混合饲料7440.7万吨，增长13.1%。农业生产资料新增供给量大幅度增加，有效地改善了农业生产资料市场的供求关系，使农业生产资料价格上涨幅度比2005年回落了约7个百分点。2006年，国家进一步完善了对农业生产资料市场的监控。这些积极因素都有效地保护了农业生产者的利益。

表1-10　农业生产资料价格指数和化肥国内生产量、进口量情况

年份	农业生产资料价格指数(上年=100)	国内化肥生产量		化肥进口量	
		万吨	较上年增长%	万吨	较上年增长%
2002	100.5	3791	12.1	1682	54.0
2003	101.4	3881	2.4	1213	-27.9
2004	110.6	4805	23.8	1240	2.2
2005	108.3	5178	7.8	1397	12.7
2006	101.5	5593	8.0	1129	-19.2

资料来源：《中国统计年鉴》（2003~2006年），《中国统计月报》（2006年12月），《中华人民共和国2006年国民经济和社会发展统计公报》。

据测算，农业生产资料价格指数每上涨1个百分点，农民人均纯收入实际增长率就会下降0.3个百分点。2007年，估计农业生产资料市场供求平衡仍然能够维持，国家会继续加大对农业生产资料市场的监控力度，估计农业生产资料价格总体上将保持稳定，这将有助于促进农业增效和农民增收。

（五）农业生产条件和自然灾害

节约集约用地，保持一定数量的耕地是农业生产的重要保障。国务院总理温家宝在十届全国人大五次会议上的政府工作报告中明确提出了一定要守住全国耕地不少于18亿亩这条红线。2006年，全国净减少耕地仍然达30.6万公顷。其中，实际建设占用耕地16.7万公顷，查出往年建设未变更上报的建设占用耕地9.1万公顷，生态退耕33.9万公顷，因农业结构调整减少耕地4万公顷，灾毁耕地3.6万公顷。近年来，国家加大了土地整理力度。2006年，土地整理复垦开发补充耕地36.7万公顷。最严格地保护耕地，有助于农业生产稳定发展，提高国家粮食安全保障水平。

改善农业生产条件和生态环境始终是抵御自然灾害、降低农业风险的重要手段。2006年，全国新增有效灌溉面积108万公顷，比上年增加6万公顷。新增节水灌溉面积128万公顷，增加5万公顷。新增综合治理水土流失面积4.2万平方公里，新增实施水土流失地区封育保护面积6.2万平方公里。

但是，在自然灾害频发的国家，农业基础仍然比较脆弱。2006年，自然灾害相对较重。全年农作物受灾面积4109万公顷，比上年增加5.9%。其中，绝收541万公顷，增加17.7%。气象灾害对农业生产，尤其是粮食稳定增产具有重要影响。中国农业靠天吃饭的状况还没有根本性的改变。2006年，全国有效灌溉面积为5611万公顷。如果按照18亿亩耕地底线计算，有效灌溉面积占耕地面积的46.8%。

2007年，发生更加严重的气象灾害的可能性上升，对农业造成损失的不确定性增加。2006年入冬后，全国普遍出现了暖冬天气，降雨量少，病虫害和干旱可能比较重。如果2007年气象灾害趋于严重，势必对农业生产和农民增收产生不利影响。

三 2007年农村经济展望与预测

中国农林牧渔业已经连续3年较快增长。估计2007年农林牧渔业增速将进一步放缓，总产值和第一产业增加值的实际增长速度都可能下降到5%以下。受农民收入连续3年较快增长和农民对2007年收入预期仍然较高的影响，农村消费市场将更加活跃。在农业生产资料价格基本稳定的情况下，农业的宏观效益将会改善。粮食生产基本稳定，粮食供求总量紧平衡的状况不会改变。其他主要农产品受到上一个生产周期供求关系不同的影响，增长速度会存在明显差异，但供求严重失衡的可能性较小。经济作物、畜牧业等市场需求比较大的农牧产品生产发展相对较快，农业结构战略性调整将会进一步提高优势特色农产品、劳动密集型农产品等的比重，农业区域化、优质化和专业化更加明显，现代农业将迈出更加坚实的步伐。预期2007年农民人均纯收入水平有可能超过3800元。受到农产品需求增长的刺激，农民家庭经营中第一产业收入仍将保持稳定增加，但增速可能进一步放慢。2007年农民工资性收入继续高速增长，预计实际增长率将会保持在10%以上。

（一）第一产业增长及其在国民经济中地位变化

根据第一产业增加值自身运行规律，并按照第一产业增加值及其对GDP增量贡献率和增速拉动率的二阶自回归，预期2007年第一产业增加值按上年可比价格计算实际增长4%左右，农林牧渔业将保持

适度增长。第一产业增加值增幅及其对 GDP 增量的贡献率和对 GDP 增速的拉动率较 2006 年进一步下降。

考虑到国民经济继续保持较快增长，以及中国正处于工业化和城镇化加速期，第一产业增加值在 GDP 中比重继续呈下降趋势，预期 2007 年这一比重将下降到 11%左右。

（二）农村消费、投资和农产品进出口

受 2006 年农民收入增长较快和农村消费市场价格相对稳定和消费环境治理趋好等积极因素影响，2007 年农村消费市场会继续较旺，增速可能进一步加快。这对于扩大国内需求，促进国民经济健康运行具有重要意义。

扩大农村居民消费的积极因素估计在 2007 年仍然能够发挥重要作用。根据收入消费支出变化规律建立多元回归模型，通过选择显著影响农民生活消费因素进行预测，估计 2007 年农村社会消费品零售额将达到 27850 亿元，同比增长 12%。估计 2007 年农民人均生产消费支出将可能首次超过 3000 元。考虑到 2007 年农民人均纯收入增长速度可能有所回落，预期农民人均生活消费的边际倾向将下降到 0.79。由于边际消费倾向下降不明显，估计平均消费倾向基本稳定在 0.79 的水平。

2007 年农村固定资产投资将继续保持较快增长，预期全年完成投资大约 2 万亿元。但是，农村固定资产投资增长可能仍然低于城镇。因此，预期农村固定资产投资在全社会固定资产投资中的比重将进一步下降到 14%左右。

2007 年，中国农产品国际贸易虽然面临国际农产品市场供求关系紧张，价格高等有利于出口的一些因素。但是，农产品出口也面临

绿色壁垒加强的困难。考虑到中国农产品进出口贸易增长的趋势，一些农产品进口不可逆转，同时，影响中国农产品国际贸易最明显的因素是国内农产品供求关系的变化。假设国内农产品生产价格上涨2%，预期2007年中国农产品进出口总额将增加到700亿美元以上，增长12%以上；农产品出口为330亿美元以上，增长8%以上；农产品进口为370亿美元以上，增长17%。农产品贸易逆差可能再度转为扩大，预期全年农产品贸易逆差为37亿美元。农产品进出口在全部进出口贸易中的地位进一步下降，估计农产品出口占全部出口贸易的比重将下降到3%以下，农产品进口占全部进口贸易额的比重将下降到4%以下。

（三）主要农产品产量和价格

粮食总产量连续3年增产，主要原因是粮食比较效益相对较高且能够稳定。这与国家不断强化粮食安全政策直接相关。受政策激励、粮食市场价位相对较高以及农业生产资料市场价格总体上继续保持稳定等积极因素影响，预计2007年粮食生产将高位趋稳。

根据影响粮食生产的不同因素建立多元回归模型。考虑到2006年稻谷生产价格处于高位，2004年以来国家对农业科技投入力度相对较大，粮食已经连续3年增产，以及2006年稻谷和玉米等单产水平较高的粮食品种价格下半年出现反弹，即使气象灾害程度有所上升（假设受灾面积占农作物播种面积的比重上升到28%），估计2007年的粮食总产量预期水平能达到5亿吨，当然这是比较理想的状况。

假设粮食生产价格受市场供求周期性波动和粮食总产量以及进出口等因素影响，据此建立多元回归模型。预测时考虑到粮食生产价格在2006年上半年相对较低，尽管2007年上半年月度间总体上保持稳定，并且随着新的收获季节的到来，市场可供量增加，下半年粮食市场总体上呈现回落的趋势。

虽然 2006 年油料减产，下半年市场价格已经止跌恢复性上涨，但由于油料作物的比较效益相对较低，估计 2007 年油料总产量可能略有减少。预期全年油料市场价格将保持上升势头。

受 2006 年棉花增产和进口大幅度增加，供给充足，棉花收购价格下跌以及可能出现的灾害性天气增多等因素影响，2007 年棉花总产量存在减少的危险。如果棉花进口继续维持 2006 年的规模，2007 年棉花供求关系将得到改善，新收购季节棉花市场价格能够止跌回升。如果进一步地避免人为非常规性干预，预期全年棉花生产价格较 2006 年小幅回升。

自 2003 年以来，糖料生产价格已经连续 3 年上涨，价位高，比较效益理想。估计 2007 年糖料继续保持小幅度增长态势，预期全年糖料总产量将突破 1 亿吨，增长速度有所回落。供求关系进一步改善，全年市场价格涨幅继续回落，新收获季节存在下跌的可能，但是，综合考虑全年糖料价格的波动性变化，预期全年生产价格仍然上升 13% 左右。

受水果生产者价格连续 2 年明显上涨的影响，2007 年水果生产将继续保持适度增长，预期水果总产量达到 1.75 亿吨，增长 2% 以上。2006 年蔬菜价格涨幅虽然明显减小，一些蔬菜价格入冬后明显下跌，但总体上仍然保持了连续 4 年的增长态势，预期全年总产量将突破 6 亿吨，增长 3.8% 左右。

尽管 2006 年畜牧业产品价格在波动中下降，但受需求增长的拉动，以及下半年多数畜产品价格止跌回升的影响，2007 年主要畜产品生产将继续增长，肉类增长相对平稳，预期肉类总产量达到 8380

万吨，增长3.5%左右，奶类保持高速增长态势，增速达到2位数。

自2003年以来，渔业产品价格持续上涨，尤其是海水产品涨势明显，2006年末淡水鱼类的生产价格已经止跌回升。考虑居民食品消费升级和中国水产品出口继续增加等有利因素，估计2007年水产品保持稳定增长，预期全年总产量达到5400万吨，增长3%左右。

在多数农产品处于供求平衡状态下，外部不确定因素对农产品价格的影响作用大，市场波动使从事农业生产的风险明显增加。农产品价格波动难以把握。多数农产品处于基本平衡状态，少部分农产品存在过剩，极少数农产品存在不足，农产品市场波动可能比较大。

部分农产品卖难问题可能更加突出。多数农产品，尤其是粮食等主要农产品，经过连续3年以上的增长，供求基本实现了平衡；部分农产品，如蔬菜、水果和生猪，由于多年较快增长，甚至出现了季节性过剩，在2006年市场上呈现为季节性剧烈波动，价格反复无常，局部地区个别农产品卖难现象比较突出。2006年，中国棉花大幅度增产，考虑到棉花大量进口的刚性，棉花新增供给量可能超过900万吨，出现供过于求的问题。

（四）农民收入

综合考虑农民收入增长的长期趋势，以及所面临的不确定因素，预期2007年农民人均纯收入增速可能较2006年有所回落。根据农民人均纯收入实际增长率和重要影响因素的多元回归，假设第一产业增加值实际增长3%，农产品生产价格上涨2%，农业生产资料价格上涨1%，预期2007年农民人均纯收入实际增长率可能突破6%，但这里充满变数。

考虑到国民经济将保持又好又快发展，国家更加重视农民工权益保护，以及城镇部分居民工资水平提高等积极因素的影响，预期 2007 年农民人均工资性收入将可能超过 1500 元。

农户家庭经营第一产业人均纯收入增长形势将更加严峻。在主要农产品供求基本平衡的状况下，农户家庭经营第一产业人均纯收入的增长，主要不取决于农林牧渔业的实际产出，而与农业效益关系密切。回归结果表明，农户家庭经营第一产业人均纯收入与第一产业增加值较上年的名义增长率高度相关。假设 2007 年第一产业增加值实际增长 3%，农户家庭经营第一产业人均纯收入预计较上年只能增加 50 元，增长率将下降到 2% 左右。

根据城乡居民收入差距与经济发展阶段变化的规律，同时考虑到国民经济高速增长的情形，2007 年城乡居民收入差距将进一步扩大，预期城镇居民人均可支配收入与农村居民人均纯收入的比将突破 3.3∶1。

农村居民内部收入差距目前正处于扩大的阶段。一般来说，每当农民人均纯收入增速相对较快时，农村居民内部收入差距的扩大趋势会有所缓和。按照农民人均纯收入实际增长 6.8% 的假定，预期 2007 年农村居民收入分配的基尼系数为 0.3806，比 2006 年增加 0.0069。

综合来看，国民经济整体经济形势、国家政策和农村改革有助于农业农村经济好形势的巩固，2007 年农村经济形势继续保持良好态势的可能性比较大。但是，影响农村经济走势的不确定性因素明显增加，农产品市场价格季节性波动可能比较明显，从事农业的风险损失可能增大，城乡居民收入差距扩大的势头难以扭转。如果农村经济形势所面临的不确定因素能够减少，国家采取有效措施克服不利因素，2007 年仍将是一个丰收年，主要农产品增产、农业增效、农民增收。这样，必将促进国民经济又好又快发展。

第二章
农村改革、政策回顾与展望

2006 年农村工作的核心是全面推动社会主义新农村建设，2005 年中共十六届五中全会提出的工作任务开始得到全面部署。本章试图对 2006 年农村政策的变化作一扼要述评，并提出未来农村政策调整的若干讨论意见。

一 2006 年的农村政策调整

总揽 2006 年的农村改革与发展，围绕社会主义新农村建设这一根本任务，从中央到地方表现出空前高涨的工作积极性。中央政府进一步加大了公共财政支持农村发展的力度，政策制定与实施的一些难点得到克服；新农村建设中的一些偏差受到中央政府关注，并引起了政策导向的调整。中央高度重视新农村建设方针的具体落实，全国 4000 多名县委书记和县长在一年内在中央几所干部学校被集中培训。各地方政府明显感受到中央政府的压力，新农村建设工作在地方也已经不是一个单纯的政治口号。许多地方在新农村建设中积极探索，在落实中央政策时有所创新。

（一）农村综合改革

针对农村税费改革实施以后出现的主要问题，中央政府从2005年开始部署了农村综合改革，主要任务是推进乡镇机构改革、农村义务教育体制改革和县乡财政管理体制改革。2006年9月国务院在北京召开全国农村综合改革工作会议，总结了以往改革的经验，部署了新的改革工作。

1. 乡镇机构改革

乡镇机构改革的总要求是：转变政府职能，精简机构人员，提高行政效率，建立行为规范、运转协调、公正透明、廉洁高效的基层行政体制和运行机制。中央要求，各地要积极稳妥地合理调整乡镇政府机构，改革和整合乡镇事业站所，精简富余人员。中央提出5年内乡镇机构编制和财政供养人数只减不增是必须坚守的一条底线。

2. 农村义务教育体制改革

农村义务教育体制改革的重点是理顺各级政府在农村义务教育中的责任，确保农村义务教育经费来源，减轻学生负担。改革的主要内容有4项：①全部免除农村义务教育阶段学生学杂费，对贫困家庭学生免费提供教科书并补助寄宿生生活费。课本费中西部地区由中央全额承担。学杂费和农村义务教育阶段中小学公用经费都由中央和地方按比例分担，西部地区为8∶2，中部地区为6∶4。对贫困家庭学生补助寄宿生生活费，由地方承担。②提高农村义务教育阶段中小学公用经费保障水平。③建立农村义务教育阶段中小学校舍维修改造投入长效机制。农村义务教育阶段中小学校舍维修改造资金由中央和地方按5∶5 的比例共同承担。④巩固和完善农村中小学教师工资经费保障机制。

农村义务教育经费保障机制的改革从 2006 年春季开学起分步骤实施。2006 年，西部地区农村义务教育阶段中小学生全部免除学杂费；2007 年，中部和东部地区农村义务教育阶段中小学生全部免除学杂费；2008 年，各地农村义务教育阶段中小学生均公用经费全部达到该省（区、市）2005 年秋季学期开学前颁布的生均公用经费基本标准；2009 年，国家将出台农村义务教育阶段中小学公用经费基准定额，2010 年农村义务教育阶段的中小学公用经费基准定额将全部落实到位。

中央政府加大对农村义务教育的投入为地方减轻负担、提高农村义务教育水平发挥了重要作用。但是，受国家以高考为导向的教育体制的影响，农村居民子女的教育与农村经济发展和农村劳动力转移的关联程度还很低。在大规模并村的背景下，一些地方的学校已经被废弃，形成了教育资源的巨大浪费。有的学校虽然没有废弃，但学生数量急剧减少。

3. 县乡财政管理体制改革

县乡财政管理体制改革的主要任务是建立健全与事权相匹配的省以下财政管理体制，明确界定县乡政府支出责任，加大对县乡政府的转移支付规模，不断增加对农业和农村的投入，进一步完善转移支付制度，增加一般性转移支付，规范专项补助。继续推进“省直管县”财政管理体制和“乡财县管乡用”财政管理方式改革试点。

对于全社会高度关注的乡村债务问题，中央在 2006 年部署了化解债务的试点工作。2007 年中央一号文件提出了解决乡村债务的基

本方案。中央决定，要全面清理核实乡村债务，摸清底数，锁定旧债，制止发生新债，积极探索化解债务的措施和办法，优先化解农村义务教育、基础设施建设和社会公益事业发展等方面的债务。在严格把握政策和加强审核的前提下，减免或豁免农业税尾欠，并拟定由中央和省级财政安排一定奖励资金，鼓励地方主动化解乡村债务，这是解决乡村债务难题的两项政策突破。

（二）财政支农政策

2006 年，中央确定的财政支农工作的基本要求是，国家财政支农资金的增量要高于上年，国债和预算内建设资金用于农村建设的比重要高于上年，其中直接用于改善农村生产、生活条件的资金总量要高于上年。基础产业和公共服务部门要把掌握的资源更多地投向农村，把基础设施建设的重点转向农村。年中，中央还决定逐步加大土地出让金（2005 年全国约 5000 亿元左右）投入农村基础设施建设的比重。

中央财政支农政策在 2006 年得到有力贯彻。2006 年，中央财政支农总投入达到 3397 亿元，比上年增加了 422 亿元。国家投入农业综合生产能力建设 120 亿元，种子工程、商品粮基地建设、优质粮产业基地建设、灌区节水改造、大型泵站建设、水库加固、小型水利建设、动物防疫等方面不同程度增加了投入。农村“水、气、路、电”建设投入大幅度增加，仅改水建设就投入 64 亿元；沼气池建设投入 25 亿元；18 万公里乡村公路建设安排 190 亿元，比上年增加 100 多亿元；农网改造和电力建设安排 12 亿元。农村社会事业发展投入大规模增加，2006 年投入农村义务教育比上年增长 130 多亿元，合作医疗的资金要比上年增加 60 多亿元。

2006年中央和地方财政对农民种粮的直接补贴为142亿元，良种补贴40.7亿元，购买农机具补贴6亿元，均比上年有所增加。2006年又新出台一项补贴政策即农业综合补贴，由中央财政安排125亿元，主要用于补贴农民因农业生产资料价格上涨而发生的成本增加部分。

（三）农村土地政策

总体上看，2006年国家仍然没有在农村土地改革方面有重要举措，有关政策文件仍然强调继续坚持农村“双层经营体制”。但这一年在土地管理方面也有一些政策微调。

2006年土地管理政策变化的一个亮点，是给地方对土地整理中节约出来的土地的灵活利用开了口子。这一年国土资源部发布了《关于坚持依法依规管理节约集约用地支持社会主义新农村建设的通知》，该《通知》规定，各地在加强建设用地总量控制的基础上，对符合土地利用总体规划和年度计划的新农村建设用地，特别是安排的重点生产、生活公共基础设施等急需的基础工程建设用地，要及时予以保障，进一步提高审查报批效率和服务水平。该《通知》明确指出，国家将稳步推进城镇建设用地增加和农村建设用地减少相挂钩试点、集体非农建设用地使用权流转试点，不断总结试点经验，及时加以规范完善。坚持建新拆旧，积极推进废弃地和宅基地复垦整理。村庄复垦整理节省出来的土地，按照因地制宜的原则，宜耕则耕、宜建则建，优先用于农村经济社会发展。从我们的一些调查看，地方政府对土地整理中节约出来的土地通常会安排到经济建设方面。另从已经掌握的资料看，全国村庄整治所产生的土地节约总规模，完全可以满足未来较长时期里国家非农经济建设对土地的需要。村庄整治通常可以节约出土地30%以上，有的地方在50%以上。

2006年，国家继续加大建设用地监管力度。国务院发布了《关于加强土地调控有关问题的通知》，强调了以往的基本政策，提出了加强监管的新的具体措施。一是改进了用地指标管理办法，决定以实际耕地保有量和新增建设用地面积，作为土地利用年度计划考核、土地管理和耕地保护责任目标考核的依据；实际用地超过计划的，扣减下一年度相应的计划指标。二是规定了土地出让费的使用顺序和土地有偿使用费的支出顺序，体现了土地征用和转让收入用于安排农民生活和支持农业发展的原则。三是决定建立工业用地出让最低价标准统一公布制度，以制止地方政府廉价出让工业建设用地的错误做法。该《通知》明确指出，工业用地出让最低价标准不得低于土地取得成本、土地前期开发成本和按规定收取的相关费用之和。工业用地必须采用招标拍卖挂牌方式出让，其出让价格不得低于公布的最低价标准。低于最低价标准出让土地，或以各种形式给予补贴或返还的，属非法低价出让国有土地使用权的行为，要依法追究有关人员的法律责任。国土资源部为落实这一政策出台了一些具体规定。2006年国家还成立了“国家土地督察机构”，以加大对土地违法违纪案件的处理力度。

2006年农村土地管理领域的一个微妙地方，是国务院《关于加强土地调控有关问题的通知》中“农民集体所有建设用地使用权流转，必须符合规划并严格限定在依法取得的建设用地范围内”这一条。2005年广东省地方立法允许农村集体非农建设用地上市流转，越过了农地转移于非农建设用途时必须收归国有的“政策”限制（实际上这个政策限制相当模糊），曾经引起研究者的关注。国务院的这个《通知》事实上默认了广东省的做法。

（四）农村金融政策

2006 年国家在农村金融政策调整方面迈出了重要步伐。年初中央一号文件提出的“金融机构要不断改善服务，加强对‘三农’的支持”的意见得到有力贯彻。

2006 年国务院银监会发布《关于调整放宽农村地区银行业金融机构准入政策，更好支持社会主义新农村建设的若干意见》，降低了农村金融准入门槛。

《意见》的主要内容是，在有效监管、防范风险的前提下，适度放开农村金融机构的市场准入标准，鼓励各类资本到农村创业，引导各类机构到农村增设网点，解决目前城乡金融发展不平衡的问题。

《意见》要求银行业金融机构在成本可算、风险可控的情况下，积极创新符合当地客户合理需求的金融创新产品和服务，完善金融服务价格形成机制，逐步将目前在城市地区开发、开办的标准化的保险、代理、租赁、保管、担保、个人理财、信息咨询、银行卡等业务推广到广大的农村，充分利用商业化网络销售政策性金融产品，满足农村多元化金融服务的需求。

依照新的政策，今后可以有更多的金融机构进入农村；在农村除了现在的农村信用社，还会有村镇银行、社区性银行、贷款公司等。民营资本也可以进入银行金融业。这些规定不仅打破了农村金融发展僵局，对全国金融发展也具有积极意义。

银监会的改革意见尽管向前迈了很大一步，但农村金融是否能就此面貌一新，还很令人怀疑。制约因素有两个方面，一是农村金融赖以发展的经济基础还不成熟，二是改革政策的配套问题仍然没有完全解决。因为中国农村经济仍以分散的小农户经营为基础，农村信用社与小额信贷组织面临的困难，也继续会是未来农村新型金融组织的困难。新的政策要求大型商业银行参股建立农村商业银行，可是决定它们退出农村金融服务领域的原因并没有消除，这些原因仍然会影响它们介入农村服务的积极性。如果强行要求大型商业银行必须介入农村金融服务，则国家必须出台《社区投资法》等相关法规，对它们的经营领域做出某种强制。

（五）劳动力转移政策

2006年年初国务院常务会议审议并原则通过的《国务院关于解决农民工问题的若干意见》是近年来少有的一项系统性的促进农村劳动力向城市转移的政策文件。《意见》的主要内容包括：①抓紧解决农民工工资偏低和拖欠问题。《意见》要求，要严格规范用人单位工资支付行为，建立工资支付监控制度和工资保证金制度，确保农民工工资按时足额发放。严格执行最低工资制度，制定和推行小时最低工资标准。目前，一些省（市）已经宣布提高农民工最低工资，有的省（市）提高幅度达30%。②依法规范农民工劳动管理。《意见》重申了《劳动法》的有关内容。③搞好农民工就业服务和职业技能培训。《意见》要求进一步清理和取消各种针对农民工进城就业的歧视性规定和不合理限制。2006年颁布的国家“十一五”规划纲要提出，要支持新型农民科技培训，提高农民务农技能和科技素质。国家将大规模实施农村劳动力转移培训工程，增强农村劳动力的就业能力；实施农村实用人才培训工程，培养造就一大批生产能手、能工巧匠、经营能人和科技人员。④积极稳妥地解决农民工社会保障问题。《意见》要求，依法将农民工纳入工伤保险范围，抓紧解决农民工大病医疗保障，探索适合农民工特点的养老保险办法。但2006年在这方面尚没有具体政策出台。

《意见》还提出要切实为农民工提供相关公共服务，保障农民工子女平等接受义务教育，搞好计划生育管理和服务，多渠道改善农民工居住条件；健全维护农民工权益的保障机制，保障农民工依法享有的民主政治权利，保护农民工土地承包权益；大力发展乡镇企业和县域经济，促进农村劳动力就地就近转移。

《意见》出台以后，不少地方采取措施予以积极贯彻。深圳市在全国率先探索建立了“低缴费、广覆盖、保基本”的劳务工医疗保险制度，即企业交 8 元，劳务工交 4 元，既保门诊，又保住院。截至 2006 年底，深圳市参保人数达到 343 万人，受到企业和劳务工的普遍欢迎。深圳市的这项工作从试点到全面推开仅用了不到一年半的时间。深圳市还启动了“零欠薪”工程，2006 年市、区两级部门先后刑拘恶意逃薪的企业主 52 名，公开通报拖欠员工工资的企业 42 家。全年共检查用人单位 3.5 万多家次，涉及劳动者 680 多万人次，查处违法用人单位 7400 多家次，追付劳动者工资等待遇 2.5 亿多元，追缴社会保险费 5500 多万元，共垫付企业欠薪 28 宗，涉及员工 2300 多人，垫付金额 558 万元。目前深圳全市养老保险参保 422.5 万人，其中农民工占总参保人数的 66%。①

（六）农村医疗和社会保障事业发展

1. 农村新型合作医疗发展速度加快

从 2006 年起，中央和地方财政较大幅度提高了新型合作医疗的补助标准，大部分试点地区的农民自己交纳 10 元，地方政府和中央

① 《深圳海纳百川善待农民工》，深圳新闻网，2007 年 2 月 6 日。

政府分别补贴 20 元，一些地方的补助标准超过了国家规定。

中央要求，2007 年新型合作医疗的覆盖范围要达到 80%，到 2008 年在全国农村基本普及新型农村合作医疗制度。

从新型合作医疗的实践看，这项工作具有明显的医疗救助性质，农民看病难的局面还没有根本改观。目前的主要问题是：以大病为主的医疗补偿机制有待完善；基金筹集困难，运行管理费用过高；医疗保险没有照顾到日益庞大的流动人口。

2. 农村“五保户”供养政策调整

2006 年国家发布了新修订的《农村五保供养工作条例》。新的条例重点修改了有关农村五保供养资金渠道的规定，明确今后五保供养资金在地方政府预算中安排，中央财政对财政困难地区的农村五保供养给予补助。这一规定将农村一部分有特殊困难的群众纳入了公共财政的保障范围，实现了五保供养从农民集体内部的互助共济体制，向国家财政供养为主的现代社会保障体制的历史性转变。

从以往的实践看，农村五保供养制度的落实尚不尽如人意。最大的问题是农村五保供养制度的资金来源没有充分保障。按照过去的规定，农村五保供养所需经费从乡镇统筹费中列支；在有集体经营项目的地方，可以从集体经营收入、集体企业上交的利润中列支。在一些经济落后的地方，需要列入五保供养范围的农户比较多，但乡镇政府筹集资金的能力却很弱，村集体经济力量更是薄弱，农村五保户的保障水平就不可能很高。在农村税费改革以及农业税取消后，农村五保供养制度运行的经费落实问题就突出起来了。在这种背景下，农村五保供养的经费就只能列入政府财政预算了。

另外中央决定从 2007 年开始在全国范围里建立农村最低生活保障制度。

3. 农村社会保障的其他问题

2006年在农村养老保障方面没有出台新的政策。总体上看，国家已经确定以渐进方式解决农村养老保障问题是正确的。养老不能靠国家财政，农村养老也不能指望国家财政。农村养老保障的社会化只能随经济发展逐步推进。

农村各项社会保障和社会救助政策的相互衔接是一个值得认真研究的问题。目前中国农村有多种社会保障和社会救助形式，其中，低保政策、五保供养政策和特困户救助政策是专门针对农村低收入或无收入人群的。一些农村地区因为地方财力不支，尚没有实行低保政策。在一些已经实行这些制度的地方，存在着制度之间相互衔接的问题。现行政策规定，在没有实行农村养老制度的农村地区，如果两个老人丧失了劳动能力，其孩子如果有赡养能力，则不能被确认为五保户，相反则可以是五保户。这个规定意在鼓励子女赡养老人，但从长期趋势看，子女赡养老人的义务将会淡出历史舞台，否则我们也没有必要逐步推广农村养老制度了。由此可以看出，农村养老制度与五保供养制度存在潜在的摩擦。

能不能逐步用农村社会化养老制度和低保制度替代现行的其他农村救助制度？我们认为是可行的，并且应该把它看作一个趋势。如果认定这种趋势，就应该在设计各种具体制度时注意彼此间的相互协调。

（七）农民专业合作社法出台

难产的《农民专业合作社法》终于在2006年经全国人大常委会表决通过。这项法律的颁布将对中国农村发生长远的积极影响。据了解，一些省（市）已经在紧锣密鼓地抓紧实施这项法律，有望在

2007 年出现一个推动农村合作社发展的热潮。

此项法律的出台解决了长期困扰人们的农民合作社法人地位问题，有利于农民合作组织深入从事农业服务活动。合作社法的其他内容也与国际惯例基本接轨。此法的一个显著亮点是明确了农民退出合作社时财务处理办法，规定合作社在农民退社时要“退还记载在该成员账户内的出资额和公积金份额”；合作社每年要将提取的公积金按照章程规定量化为每个成员的份额。

《农民专业合作社法》出台后，有论者希望用新的合作社来替代现有集体经济体，借此使目前的“统分结合的双层经营体制”的实质内涵发生变化。此论用意很好，但恐怕难以实行。农民专业合作社的活动主要集中在服务领域，家庭耕作不适合用合作社替代，从而土地关系的变更也不是合作社能够介入的。现有集体经济受人诟病的正是土地财产关系方面的弊端，新的农民专业合作社不能名正言顺地解决这个问题。

二　关于当前农村政策若干问题的讨论

（一）农村改革正在触及深层经济体制

2007 年的中央一号文件在重申推动农业进步的基本政策的同时，也在一些方面突破了人们关心的政策难点，提出了深化改革的一些新思路。值得我们注意的一些方面是：①国家将安排资金奖励和补助那些积极改革的地方政府，采取更灵活、更有效率的支农资金使用方式。②积极鼓励地方政府采取措施化解乡村债务，国家将对财政困难地区给予补助。③充实农村工作综合机构，解决农村工作部门的人员编制紧张问题。④国家决定在 2007 年全面推进农民最低生活保障工作，由此可能整合目前农村推行的部分社会保障项目。⑤中央决定积极探索从优秀村干部中考录乡镇公务员、选任乡镇领导干部的有效途径，合理提高村干部的待遇和保障水平。这项措施有利于鼓舞农村基层干部的工作热情，增强干部的创新动力。⑥中央将大幅度增加农业科研投入，并要求充分发挥大专院校在农业科技研究中的作用。这可能是改变中国农业科研落后局面的关键性措施。⑦国家将改变过去只重视粮食市场、忽视其他市场的倾向，全面开拓农村市场，增加市场建设投资。⑧今后企业捐款和投资建设农村公益设施，可以按规定享受相应的税收优惠政策。这项政策有利于拓宽支农资金渠道。

上述内容是人们通常关心的中央文件的所谓“亮点”，但 2007 年一号文件的核心内容是确定中国未来农业现代化的方向。选择正确的农业发展道路，既是为农民利益着想，同时也是为全体人民利益着想。丢了后一句话不行。如果丢了，就可能走上日本的农业发展道路。日本的模式有成功之处，更有失败之处。高成本、高补贴、低效率不是我们要选择的农业发展模式。未来农村政策的调整方向应使中国农业走上一条在国际市场上有充分竞争力，能为全体人民提供丰富、优质、低价的食品，保障农民收入较快增长的现代化道路。

中国以往的农村改革走的是一条渐进改革道路，这种选择有利于减少改革的摩擦和阻力。但是，渐进改革也往往把一些难点放在改革序列的后面。第一阶段的农村改革是建立家庭承包经营制度，而产权改革被回避了。我们曾希望赋予土地承包权“长期化和市场化”的性质，但事实上这样的性质在实践中没有形成。所以，我们认为承包制改革是“半截子”产权改革。第二阶段农村改革的核心是取消广义的农业税，也是渐进改革。农业税对国家财政已经不再有多大意义，取消它属于水到渠成。第三阶段的改革以“综合改革”为核心，也包括了农村医疗改革和农村社会保障体制改革。目前的改革仍然是渐进式改革，例如，新型合作医疗制度和最低生活保障制度在全国范围里推开有重大意义，但仍然属于“扶危济困”的性质。毫无疑问，这种渐进改革的思路是不可替代的；在中国不可能实行激进的改革方案。但是，渐进改革的做法的确把难题留在后面了。

目前中国农村发展所呈现的基本事实有以下几方面。

第一，中国农业获得了进步，但是中国农业的竞争力不强。随着人民币汇率调整到位，中国农产品在国际市场上相对竞争地位还会下降。

第二，广义的农民收入在增加，但城乡收入差距在扩大，真正种粮的农民的收入增长缓慢。农业产业化的推进提高了农民单位时间的收入，但同时因为节约了农民的劳动时间，农民在农业领域的收入很难提高，除非农户的种植规模有一定程度的增加。

第三，农民大量进入城市务工，极大改变了中国经济结构，给中国经济增长带来了所谓“人口红利”，但同时城乡二元结构没有根本改变。农村青壮年劳动力大量离开农业以后，粮食基本没有减产，说明农村“劳动力无限供应”的理论判断仍然有效。

第四，中国粮食产量基本满足了国内需要，但农业生产消耗资源程度比较高，环境压力日益增加。

改变上述四方面情况，必然触及深层次经济体制，具体包括劳动管理体制（涉及劳资关系的处理），社会管理体制（涉及户籍制度等），土地产权制度和粮食安全体制。改变这些体制有相当的难度。总体上看，中国农业发展取得了很大进步，但同时也面临更大的挑战。

（二）国家要不要实行更积极的城市化政策

中国农村大约有 320 万个自然村，60 多万个行政村，常住人口大约是 7.45 亿，占中国总人口的 57%。这是中国社会的大头。中国银监会官员披露的资料表明，到 2020 年，社会主义新农村建设需要新增资金 15 万亿～20 万亿元人民币。而实际支农资金按照 8% 的增长率计算，只能提供 10 万亿元左右。[①] 这些资金即使投下去，由此产生的固定资产的维护更新成本，国家和农民都支付不起。

仅仅靠农业生产的进步，并不能创造新农村建设的条件。农业生产越是进步，例如农业产业化水平的提高，农业对农民的排挤速度就越快。我们不能想象通过农业的进步使得农村人口占总人口的比例反而比现在更高。事实上，农业产业化的重要后果是让农民节约了总的生产时间，而不是提高农民的农业收入。在农业高度“产业化”的条件下，服务农业的“龙头企业”从事更专业化的流通和技术指导工作，农民在一定程度上退出了农产品的流通领域和生产资料的购买领域，甚至连地头上的工作时间也减少了。因为专业化的生产，某些短缺农产品常常会迅速增加供应，而农产品的需求收入弹性又很小，价格便可能下跌，如果农民的经营面积不变化，农民的农业收入也会下降。

如果要提高农民收入，一个办法是让农民耕作更多的土地，另一个办法则是让农民去兼做别的非农产业工作。其实，不论什么办法，都要求农民能够找到非农就业机会。如果找不到非农就业机会，谁愿

---

① 《银监会高官预测中国建设新农村需 15 到 20 万亿元》，中新社北京 2006 年 7 月 29 日电讯稿。

意放弃土地，将自己的土地转给别人耕种呢？所以说，大力发展城市经济，给农民创造非农就业机会，农业产业化所带来的好处才会变为现实。

假设采取积极的城市化政策，种植业农户以每年2.5%的速度减少（目前的速度已经是1.6%左右），且每个农户有一个劳动力常年有务工兼业收入，并按5%的速度增长，而且享受国家补贴的数量为种植业收入的10%，同时考虑了现有农村人口规模和耕地规模，则中国农村经济会有如表2－1所反映的变化（以2005年价格水平估计）。

表2－1 更积极的城市化的后果

年　　份	2004	2010	2015	2020	2025	2030
粮食种植业农户数量（万户）	11000	9449	8326	7336	6463	5695
户均经营规模（亩）	11.82	13.76	15.61	17.72	20.11	22.83
户均粮食种植纯收入（元）	4727	5503	6245	7088	8046	9131
城市化率估计（%）	42	51	58	64	69	73
户均农民总收入估计（元）	12200	15434	18842	23077	28352	34934
粮食价格上升2%时的户均总收入（元）	12200	16948.7	21415.9	25980.9	32907.4	41715.3

如果与台湾地区的发展历程相比，对中国大陆农村发展的这种积极的估计是有道理的。户均耕作面积超过1公顷，城市化率超过70%，农民收入构成的变化会十分显著；农民问题的性质将发生变化。中国东部地区因为城市化速度比较快，农民状况已经有了显著变化，未来一个时期的关键是加快中部地区的城市化进程，而西部边远地区要重视通过移民方式加快城市化的步伐。

加快城市化发展目标的关键，一是深化社会管理体制改革，创建城乡统一的户籍管理制度。二是改革劳动管理体制，调节劳资关系，增加城市就业机会。三是改革土地管理制度和土地产权制度，探索用“以土地换住房”和“以地租换保障”等多种途径解决农民进城的“门槛”问题。四是改革区域行政管理体制，祛除僵化的“设市标准”控制。

这里先扼要讨论劳动管理体制改革的基本问题。我们估算，如果能严格执行《劳动法》，下决心解决劳动者加班报酬问题、城市居民兼业问题和童工问题，全国就业岗位有可能增加4000万左右。[①] 如果再能够加强居民收入调节和监管，努力打破就业的部门垄断，就业岗位还可以增加。从宏观经济数据看，中国GDP连年高速增长，远远超过了就业增长的速度。这种差距不可能完全用技术进步因素来解释。基本情况是：一方面已就业的劳动者超时超负荷工作；另一方面却有大量农村隐蔽失业人口存在。

我们不赞成用农民素质低来解释农民失业人口大量存在的原因。事实上，在一些城市现代经济部门，农民能够从事很多工作。在电脑装配流水线上，经过短期培训的农民工完全可以胜任工作，这已经有事实可以证明。劳动市场的不完全性，才是农民工就业难主要制约因素。

我们也不赞成否定“劳动力无限供应”假说。我们观察不到中国农业存在因为农业劳动力减少而发生粮食减产的现象。前几年的粮

① 此项计算的依据，见《北京人每天加班近1小时》，2005年9月14日《北京青年报》。此报道介绍了北京市统计局对北京市劳动时间的详细调查资料。另据甘肃省农村调查总队的调查，甘肃省农民工平均每周工作日6.59天，平均每天工作时间9.52小时，每周超过国家法定工作22.73小时，多出57%（刘杰：《甘肃农民工问题调查报告》，《调查与研究》2007年第1期）。

食减产可能与粮食价格有关，而与农业劳动力减少无关，这正是“劳动力无限供应”假说的基础。如果这个假说能够成立，农村劳动力转移的任务还远未完成。

（三）要不要再造财政支农的基础制度结构

财政支农的基础制度结构包括三个方面：一是财政支农系统中的资金的承接者，主要指农民、农民组织和农村基层政府；二是财政支农系统中的资金注入者，主要包括中央政府和省级政府；三是与财政支农系统有密切关系的其他组织，包括银行系统和保险系统。提高财政支农的效益大抵与这三个方面的组织结构有关。这三个方面每一方面出了问题都会降低资金投入的效益。

过去我们在谈到支农效益时往往有一个偏差，就是强调支农系统本身的运作缺陷，强调资金的转移过程中的“漏出”问题。实际上，资金的承接者出了问题，也影响资金的利用效益；相关辅助系统的组织不健全，财政支农就如同单腿跳跃，其效益的发挥必然降低。所以，提高财政支农的效益应该是一个系统性的工作。

农民、农民专业经济合作组织、村民委员会（或代表集体经济的管理机构）以及乡镇政府是财政支农系统中的资金接受者，也应该是农村建设的主体。这方面的问题如果能解决好，不仅可以提高财政资金的利用效益，还可以使这些农民家庭和组织也成为积极的农村建设的投入者。

仅仅关注资金的注入者和承接者还不够，还需要考虑财政支农的辅助系统。仅仅靠财政支农是“单腿跳”，政府将不堪承受。要加强农村金融体系建设和保险系统建设，形成三足鼎立的农业支持系统。

1. 完善财政支农承接系统的基础结构

（1）要完善村民自治制度，并为这一制度向乡镇推进创造条件。没有自治，就无法形成非货币化的公共产品交易的社区合作。在村级社区走向衰落的背景下，乡镇一级社区将是农民进行公共产品交易的基本平台，如果自治停留在村一级，其意义会大打折扣。有人提出要取消乡镇一级政府的观点是值得商榷的。公共权威机构的派出制已经被世界政治经验所否定。从政治学规律看，除非某项公共职能具有高度的专业化性质，否则实行派出制会产生严重的官僚主义弊端。① 如果一个社区需要综合的权威机构，那么，这个机构就必须通过民主的方式来产生。不少地方已经进行了乡镇一级民主选举，产生了积极结果。在一个相当长的时期里，乡镇一级自治政府的行政经费要由上级政府通过转移支付解决。

（2）大力推动乡村民间组织的发展，开拓农村公共事务方面志愿者活动的空间。大量的公共事务在民间组织那里也可以处理。民间组织不需要农民纳税，其领导职位常常能吸引志愿者充任。民间组织活动越是广泛深入，政府活动的成本就越是减少。②

（3）要压缩乃至取消现有的传统集体经济这个层次，代之以农民自愿组成的各种专业合作社。为此，首先要下决心改革土地制度，让土地管理纳入法制化的轨道，剥夺村、乡两级干部对土地的控制。这个办法将大大缩小乡村干部的事权范围，有利于精简公务人员的数

---

① 举一个例子，如果在乡间有一个大学城，聚集了 1 万 ~2 万人口，或者设立了一个特殊企业，有数千人口，对这样的社区，许多公共事务通过大学或企业就可以处理，只有少量的公共事务需要大学或企业之外的权威机构来处理，在这种情况下，也许需要上级政府派出一个机构来处理公共事务。

② 有许多案例调查证明，民间组织可以为乡村社区有效地提供公共产品。

量。同时，把农民的土地财产权归还农民，还将减少乡村干部岗位的“含金量”，有利于志愿者参与公务活动。其次还要逐步将现有集体经济通过改制转变为股份制经济或其他形式的私营经济，从根本上解决乡村干部集经济控制权和公共管理权于一身的弊端。

（4）广泛实行委托服务制，大量减少县级政府在乡镇一级所设立的垂直控制、上下对应的机构，把县政府服务农业的公共活动通过委托的办法交给乡镇政府和民间组织办理。例如，县计划生育委员会直接委托乡镇政府或民间机构（例如某医院）办理计划生育事务，同时将经费划拨给承办机构。[①] 现在的所谓“七站八所”的上级单位大多可以用这个办法实现自己的工作目标，而不必设立专门的机构。如果县级机构没有经费给农民服务，宁可撤销也不能在乡镇设立一个机构用收费的办法来养活自己。

（5）政府的某些公共服务职能也可以用市场交易形式实现。例如，政府的农业技术推广一类的经费可以转变为“专用支付券”发给农民，由农民在市场上用这种“准货币”购买服务，促成有关组织的竞争。接受“专用支付券”的组织可以向发行者（政府机构）兑换货币。

2. 整合、理顺支农资金的注入系统

国家支农资金的注入系统究竟是一个什么样子，很少有人能说得清楚。

初步估计，目前国家级各类机构设立的支农项目近百项，涉及农

① 山西省运城市一个自发形成的妇女组织成功地承担了大量公共事务，特别是有效地开展了社区计划生育工作。她们在经济活动领域也十分出色。2005 年，这个组织已经被民政部门注册为“农民协会”。这个案例说明，民间组织替代现行政府的部分功能是完全可以的。

村经济、社会和文化诸方面。直接涉及的中央部级（含副部级）工作部门包括中宣部、中央文明办、国家发改委、农业部、民政部、广电总局、国家扶贫办、水利部、建设部、交通部、教育部、科技部、司法部、国家税务总局、中国人民银行、国土资源部、财政部、商务部、林业局、文化部、卫生部、国家计生委、劳动与社会保障部、国家供销总社、国家环保总局和国家电力总公司、国家烟草专卖局等。这些项目或工程绝大部分与中央政府的真金白银联系起来，有的项目也有社会资金参与，更有地方政府的资金参与。单纯社会性的资金动员工程没有计入。

近百项工程是不完全记录，但也不会遗漏太多。工程分细的确便于专业化管理。农业部管修路，总不如交通部方便。可是有时候也的确容易发生扯皮事情，例如我们讲城乡统筹发展，为什么劳动与社会保障部就不能将农村医保管起来？

资金注入系统如何调整？按照资金的功能确立资金管理部门可能是一个好办法。项目资金可以分为一些类别，例如：

——农业生产支持资金。农业部的资金、科技部的部分资金、财政部的部分资金和发改委的部分资金都属于这一类。

——流通支持资金。商务部的资金以及良种补贴、农机补贴资金属于这一类。

——教育培训资金。教育部的资金和其他一些部门的培训资金属于这一类。

——社会保障资金。劳动与社会保障部的部分资金和卫生部的部分资金属于这一类。

——直接补贴资金。对农民的直接补贴属于这一类。

——意外灾害处置资金。

——农村体育文化补贴资金。文明办、文化部和中宣部的资金属于这一类。

按照上述资金类别，可以分别归口几个部来管理。

提高支农资金的运作效益还需要更深入的改革举措。关键的几项内容是：提高民主决策程度，逐步加强各级人民代表大会对本级财政预算的控制权；提高立项的透明度，以减少资金使用的交易成本；建立严格的资金申请、拨付和监督程序，在制度上防止资金的流失。

中央和省（市）的资金到了县级政府以后，已经非常细碎。现在已经开展的县级支农资金整合使用的试点取得了一些效果。江西省赣州市的办法是对各类涉农支农资金和项目统筹安排、集约投放。例如，在政策允许的范围内把老建扶贫、以工代赈以及农业、水利、交通、能源等专项资金相对集中捆绑使用。与此同时，各级财政设立了新农村建设专项资金，建立了财政投一点、涉农资金捆绑使用倾斜一点、包扶单位助一点、受益群众出一点、社会各界捐一点、政策优惠减一点的筹资机制。政府的资金起到了“四两拨千斤”的作用，有效激活了社会各方面资金投入。①

（四）要不要加快户籍制度改革的步伐

户籍制度改革讲了很多年了，但到现在也没有形成一个方案，更不用说形成一个法律文件。对于户籍制度改革步伐的蹒跚，其原因一方面的确是有难处，因为涉及的利益平衡问题比较复杂；另一方面可能是技术思路有些问题。能不能像有的改革一样，把户籍制度改革放

---

① 《江西赣州模式：值得全国借鉴的新农村建设样本》，浙江在线新闻网，2006年3月12日。

一放，到什么时候水到渠成，让它自然化解？我们看不能。有这个想法的人无非是说等经济发达到一定程度后来化解这个问题，但我们已经看到在经济发达地区并没有解决这个问题，反倒使这个问题更加复杂，例如，那里的户籍壁垒不仅发生在城乡之间，也发生在农村社会内部。

应该认识到：壁垒不见得总是坏东西，有的社会壁垒要消除，但有的社会壁垒就不可能消除，甚至还是社会发展的需要。一个社会会有各种各样的壁垒，有的壁垒不仅不会对社会有很大危害，反而可能会降低社会的运行成本，提高社会运转的效益。所以，要正确看待社会壁垒。但是，我们国家户籍制度从城乡分割的层面上看，可以说一无是处，有的历史上的“好处”，也是虚假的，现在对它进行改革是完全必要的。但户籍制度应该有一个渐进改革的方案，激进的改革可能又是一纸空文，不能得到实际落实。我们也不赞成城市不设立任何门槛，只是门槛要有某种公正性，特别不能以先天的家庭出身做门槛。此外，门槛也不是绝对的，在一定过渡期里门槛可以高一点，过渡期结束后就可以低一些；还有的门槛在过渡期结束后可以完全取消。

可以考虑的改革的基本技术性思路是通过控制住房来控制城市人口。一个城市政府连住房也控制不了，又怎么能控制人口？用这个办法的前提，就是要对住房情况掌握清楚；户籍登记机关要有一个社区住房清单。现代社会，即使不做户籍制度改革，一个社区政府也本来应该掌握住房情况。在计算机技术普及的情况下，做这项工作也不难。

我们依据一些资料估算，若通过住房控制实现对城市人口的控制，现有进城农民工的 20% 可以立即成为城市的户籍居民，他们有能力在城市租用或买到“标准住房”。经过一定发展阶段以后，农民工中除郊区兼业农民外都可以居住在城市的标准社区，并成为城市的户籍居民。那时，“农民工”问题将不再存在。

通过控制住房来控制城市人口，也会遇到一些城市管理的新问题，但这些技术性的问题有的不难解决，有的需要通过发展来逐步化解，对此，这里不再详细讨论。

（五）要不要深化土地制度改革

当前中国土地制度方面的几个基本事实是：第一，尽管实行了所谓世界上最严格的土地管理制度，但土地浪费仍然很严重，土地违法案件层出不穷。第二，因为土地征用而引起的农村“群体性事件”在数量上居各类“群体性事件”之首。失地农民越来越多，尽管不少地方对失地农民提供了社会保障，但农民还是不满意。农民有一种强烈的意识，国家拿了他的地，就应永久保养他们家人。第三，尽管法律允许农民之间转移土地承包权，但此类交易量不大；已经发生的交易常常不稳定。这种情况不利于推行农业规模经营。

人们对当前土地制度的缺陷已经有广泛共识，但对改革的方向却有明显分歧。除有人希望用农民专业合作社替代传统集体经济的办法解决问题之外，还有更多的人希望通过《物权法》的颁布，实现承包权的“物权化”。但从目前《物权法》初稿内容看，这种希望难免落空。

长期以来，学术界对土地制度改革有许多不同意见。一种有代表性的意见主张区别“古典私有制”和“现代私有制”，重新认识所有权的意义。这种意见认为，现代国家掌握了控制国民经济的丰富手段，土地所有制早已不能用自己的土地产权操纵国家命运；现代国家通常对土地私有产权给予很多制约，土地功能的公共性受国家权力的支配程度日益增强。

如果要用“承包权”的“物权化”实现土地产权改革，必须有配套措施。不妨宣布土地承包权一百年不变，用以表明国家强化土地承包权的政治态度。同时，土地征用制度和交易制度都应做出重大调整，调整的原则是国家征用土地的价格必须反映土地资源的稀缺性，市场交易必须有一定的竞争性。此外，这种改革还有一些技术性措施必须采用，但这里不再一一讨论。

（六）如何认识国家“环境安全”和“粮食安全”的关系

多年来，“粮食安全”在政策研究领域并不是一个清晰的概念。“安全”是出于对未来战争的考虑，还是对农民大规模失业的担忧？抑或是对两方面的同时考虑？过度开发荒地，发展灌溉农业会产生“农业开发性的环境安全”问题，事实上这方面的问题已经相当严重，如何认识“环境安全”和“粮食安全”的关系已经相当重要。

现代战争通常不会延长很久，粮食的正常储备可以满足战争的需要。长时间粮食禁运在现代国际关系中已经不是削弱敌国的有效手段。对粮食生产规模影响的因素应该是“就业安全”和“环境安全”这两个方面，在一定条件下，二者之间有负相关性；“就业安全”要求保持一定的农作物播种面积，而“环境安全”要求尽可能减少农作物播种面积。但这两个方面不是孤立因素。如果采取积极的城市化政策，就业压力会减小，“农业开发性的环境安全”的压力也会减小。

诚然，城市规模扩大也有环境问题，但这种环境问题相对过度农业开发不容易造成不可逆的环境损害。权衡各方面利弊，采用积极的城市化政策可能是我们解决“安全”问题的“他山之石”。

第三章

农业、农村经济与国民经济

2006 年，世界经济克服了国际市场高油价以及全球通货膨胀压力等种种不利因素后继续保持快速增长，世界银行预计全球经济增长率达到 3.9%。在世界经济增长中，以中国和印度为代表的发展中国家的经济增长更为强劲，成为全球经济增长的一大亮点和强大动力。①

根据国家统计局的最新统计公报，2006 年国内生产总值达到 209407 亿元，比上年增长 10.7%，增长率比上年提高 0.3 个百分点，经济增长速度已经连续 4 年稳定保持在 10% 以上。

在农业和农村方面，粮食生产出现了连续 3 年的丰收，除个别农产品减产，其他主要农产品均保持了持续增长的态势。2006 年农民人均纯收入实际增长 7.4%，增幅比上年提高 1.2 个百分点，是 1997 年以来最高的增长速度。不过由于城市居民收入增长幅度（10.4%）高于农村居民，城乡居民收入差距继续扩大。受此影响，农村消费的

① 新华网 www.news.cn，2006 年 12 月 19 日。

增长也落后于城市地区。①

2006 年，中国社会经济发展中仍存在一些矛盾和问题，主要表现为经济增长方式粗放，经济结构矛盾突出，农业基础仍然薄弱，粮食稳定增产和农民持续增收难度加大。近期，中国经济的投资消费关系不够合理，国际收支不平衡和银行体系资金流动性过剩问题比较突出，节能降耗和污染减排的任务仍十分艰巨。此外，受世界粮食减产、国际市场价格上扬等因素的影响，国内粮食价格自 2006 年 11 月份以来一度出现了比较明显的上涨，对总体物价的稳定带来一定压力。

2007 年初，中共中央、国务院发布了《关于积极发展现代农业扎实推进社会主义新农村建设的若干意见》。文件指出，发展现代农业是社会主义新农村建设的首要任务，要提高农业现代化水平、农业生产率和竞争力，进一步推进社会主义新农村建设，逐步缩小城乡之间的发展差距，让农民更多地享受改革开放和经济发展的成果，建设城乡统筹的和谐社会。

本章如以往一样将农村经济放到整个国民经济与社会发展中去考察。从生产、投资、消费以及城镇化等各个方面，分析农村各部门发展对国民经济的影响和作用。

一　农村产业对国内生产的贡献

（一）国内生产总值的城乡分解（生产法）

本章对国内生产总值进行城乡分解的基本方法，继续沿用以往绿

① 2006 年的数据来自《中华人民共和国 2006 年国民经济和社会发展统计公报》，www. stats. gov. cn，2007 年 2 月 28 日，下同。

皮书[1]的思路和框架，即用生产法将国内生产总值按三次产业分解为城市和农村两大块，包括城市第二、第三产业和农村第一、第二、第三产业 5 个部分。

2006 年，农业实现增加值 24700 亿元，按可比价格比上年增长 5%，增幅比上年回落了 0.2 个百分点。与上年相比，按现价计算的第一产业占国内生产总值的比重下降了 0.7 个百分点，为 11.8%。2006 年，第二产业实现增加值 102004 亿元，按可比价格比上年增长 12.5%，增长幅度比上年提高了 0.8 个百分点，在现价国内生产总值中所占的比重比上年提高了 1.2 个百分点，为 48.7%；第三产业实现增加值 82703 亿元，比上年增长 10.3%，增长速度比上年降低了 0.2 个百分点，在现价国内生产总值中所占的比重下降了 0.5 个百分点，为 39.5%。

按三次产业划分的国内生产总值城乡分解结构见表 3-1。

2006 年由农村部门创造的国内生产总值占整个国内生产总值的比重估计为 45.9%，比上年减少了 0.5 个百分点。其中，农业所占份额为 11.8%，比上年下降 0.7 个百分点；农村第二产业所占份额为 22.2%，比上年提高 0.5 个百分点；农村第三产业所占份额为 11.9%，比上年下降 0.3 个百分点。

改革开放以来，由于农业增产和农村非农产业的迅速发展，农村部门在全国国内生产总值中所占的比重曾经逐步提高，到 20 世纪 90 年代中期，农村地区所创造的国内生产总值曾经超过 50%。90 年代

① 中国社科院农村发展研究所、国家统计局农村社会经济调查司：《农村经济绿皮书》（1993~1997 年），中国社会科学出版社；《农村经济绿皮书》（1998~2006 年），社会科学文献出版社。

表3－1　国内生产总值三次产业的城乡结构分解
（生产法）（以全国GDP为100）

单位：%

年份	第一产业	第二产业			第三产业			乡村合计
	I	II	城市II	乡村II	III	城市III	乡村III	
1990	27.0	41.6	30.3	11.3	31.3	21.6	9.7	48.0
1992	21.8	43.9	27.2	16.7	34.3	23.5	10.8	49.3
1994	19.7	46.6	25.9	20.7	33.7	23.2	10.5	50.9
1996	19.5	47.5	27.3	20.2	33.0	22.8	10.2	49.9
1998	17.3	46.2	25.9	20.3	36.5	25.1	11.4	49.0
2000	14.8	45.9	24.8	21.1	39.3	27.1	12.2	48.1
2002	13.5	44.8	24.3	20.5	41.7	29.0	12.7	46.7
2004	13.1	46.2	25.1	21.1	40.7	28.3	12.4	46.6
2005	12.5	47.5	25.8	21.7	40.0	27.8	12.2	46.4
2006	11.8	48.7	26.5	22.2	39.5	27.6	11.9	45.9

说明：2005年以前的国内生产总值三次产业结构数源于国家统计局《中国统计年鉴2006》和国家统计局发布的根据全国经济普查调整的国内生产总值三次产业构成情况以及关于2005年GDP最终核实数据的公告（中国统计信息网，2007年1月23日）。2006年三次产业比重根据统计公报等有关数据计算。城乡分解方法同往年绿皮书。

中期以来，由于农业生产增长放慢，农民收入增长有限、农村消费乏力，农村部门在全国国内生产总值中所占的比重一直处于下降状态。近两年由于农业增长速度回升，加上农村第二产业的持续增长，农村部门在全国国内生产总值中所占比重快速下降的局面有所缓解。不过，由于农业增长幅度仍然大幅低于非农产业，加之人口和第二、第三产业逐步向城市集中，农村地区在国内生产总值中的地位仍会逐步下降（见图3－1、图3－2）。

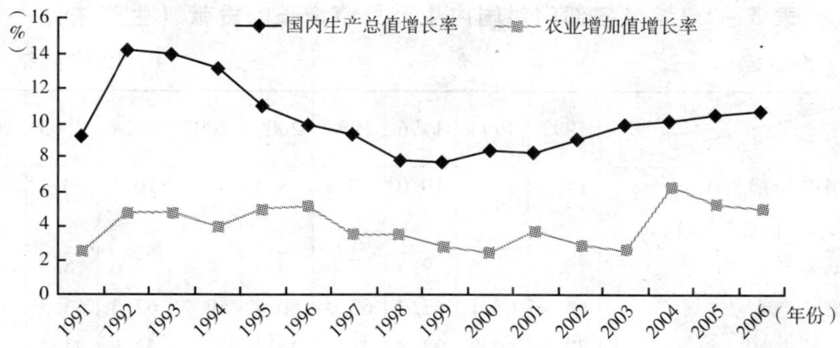

图 3－1 农业增长与国内生产总值增长变化

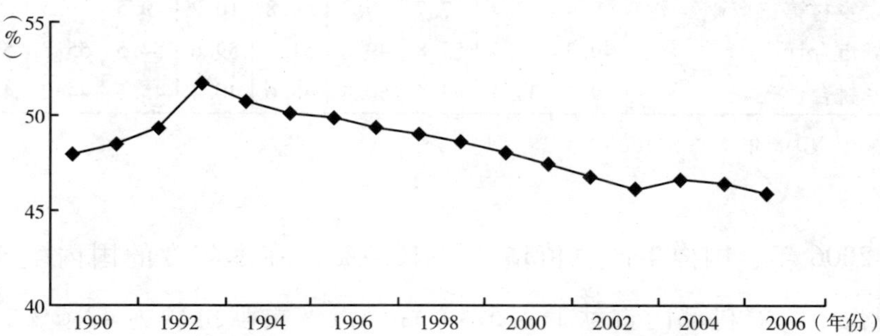

图 3－2 农村部门占国内生产总值比例变化

（二）经济增长的来源（生产法）

利用往年的不变价数据和各个产业的年度增长指数，可以将国内生产总值以及第一、第二、第三产业增加值数据折算为不变价数据，然后，利用上一节有关第二、第三产业的城乡分解比例对以不变价（1990 年不变价）计算的第二、第三产业增加值进行分解，衡量出城乡各部门的增长对国内生产总值增长的贡献份额（又称贡献率），计算结果见表 3－2。

表 3－2　城乡各部门对国内生产总值增长的贡献（生产法）

单位：%

类别＼年份	1992	1994	1996	1998	2000	2002	2004	2005	2006
GDP 年增长率	14.2	13.1	10.0	7.8	8.4	9.1	10.1	10.4	10.7
各部门贡献份额*									
第一产业	8.4	6.5	9.5	7.5	4.4	4.4	7.6	5.8	5.1
第二产业	64.4	68.1	62.9	60.9	60.7	59.2	62.3	63.3	65.7
城市第二产业	22.5	45.8	35.8	27.3	26.4	33.4	33.9	34.4	36.4
乡村第二产业	41.9	22.3	27.1	33.7	34.3	25.8	28.4	28.9	29.4
第三产业	27.2	25.4	27.6	31.5	34.9	36.4	30.1	30.9	29.2
城市第三产业	17.8	17.7	20.0	22.3	25.0	26.2	20.6	21.4	21.4
乡村第三产业	9.4	7.7	7.7	9.2	9.8	10.2	9.5	9.5	7.7
城市合计	40.3	63.5	55.8	49.6	51.4	59.6	54.5	55.8	57.8
乡村合计	59.7	36.5	44.2	50.4	48.6	40.4	45.5	44.2	42.2

* 以 GDP 年增长为 100。

2006 年，国内生产总值增长了 10.7%。在本年度的国内生产总值增长中，农村部门贡献了 4.52 个百分点，贡献份额为 42.2%，比上年减少 2 个百分点。在农村部门中，第一产业贡献了 0.55 个百分点，贡献份额为 5.1%，比上年有所下降；农村第二产业贡献了 3.15 个百分点，贡献份额为 29.4%，比上年有所提高；农村第三产业贡献了 0.82 个百分点，贡献份额为 7.7%，与上年相比有所下降。本年度农村部门贡献份额下降的主要原因是农村第一产业和第三产业的增长速度相对减慢，对国内生产总值增长的贡献有所下降（见图 3－3）。

从绝对量来看，在农村部门中，农村第二产业的贡献仍然是最主要的，占整个农村产业增长贡献总量的 70% 左右，这主要来源于乡镇企业特别是乡镇工业的较快增长。

1998～2002 年期间，农村第一产业对当年国内生产总值增长的

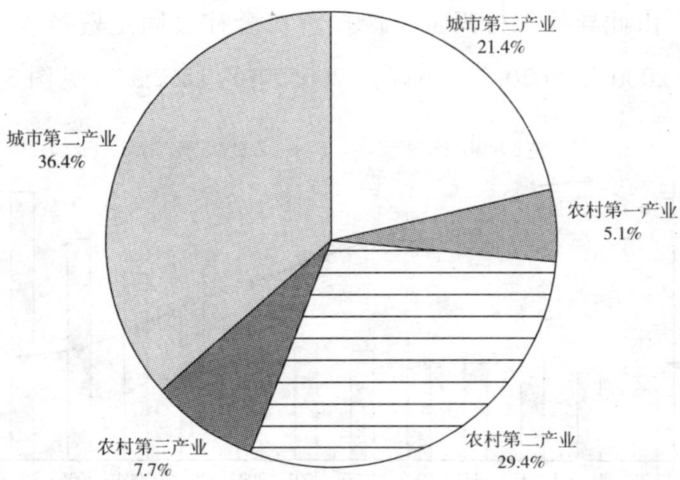

图 3-3 2006 年城乡各部门对 GDP 增长的贡献

贡献份额逐步下降，导致农村部门对整个国内生产总值增长的贡献份额持续下降。近 3 年，农业增长速度有所加快，农业与国民经济其他部门之间的增长差距有所缩小，由此提升了农村部门对整个国内生产总值增长的贡献份额。

二 农村投资与消费

（一）农村投资

“十五”期间，农村固定资产投资保持了快速增长势头。2005 年农村固定资产投资达到 13518.9 亿元，与 2000 年的 6695.9 亿元相比，增长了 101.9%。不过，与全社会固定资产投资和城镇固定资产投资的增长相比，农村固定资产投资的增长还是相对较低的。同期，全社会固定资产投资增长了 169.2%，城镇固定资产投资增长了

186.4%。由此导致农村固定资产投资在全社会固定资产投资中所占的比重由2000年的20.3%下降到2005年的15.2%（见图3－4）。

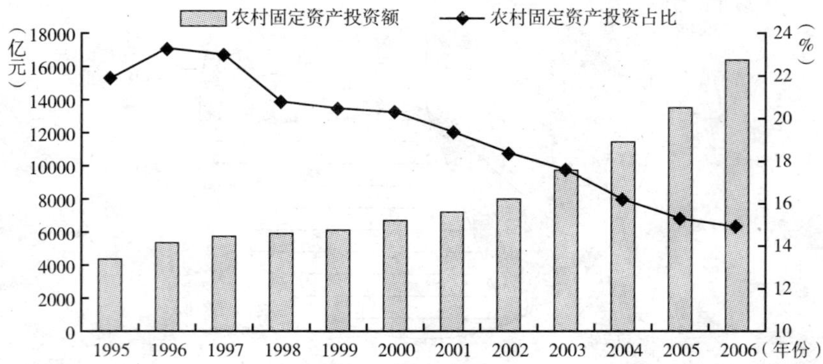

图3－4　农村固定资产投资及其占全社会固定资产投资的比重

2006年，全年全社会固定资产投资109870亿元，比上年增长24%。其中，城镇投资93472亿元，增长24.5%；农村投资16397亿元，增长21.3%。农村投资的增幅仍然低于城镇投资，农村投资在全社会固定资产投资中所占比重进一步下降到14.9%。

（二）农村消费

20世纪80年代中期以来，农村消费的增长一直慢于城市地区，在全国消费品零售市场中，农村地区的份额出现了持续的快速下降。

2006年，全社会消费品零售总额达到76410亿元，比上年增长13.7%。分城乡看，城市消费品零售额51543亿元，增长14.3%；县及县以下消费品零售额24867亿元，增长12.6%。农村地区消费增长低于城市地区1.7个百分点，县及县以下地区在全社会消费品零售总额中所占的比重进一步下降到32.5%（见图3－5），与上年相比，又下降了0.4个百分点（1985年时这一比重最高曾经达到56.5%）。

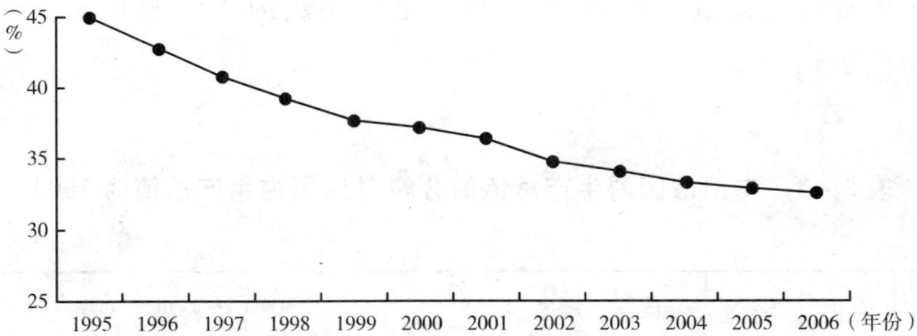

图 3-5　县及县以下地区在社会消费品零售总额中所占比重

(三) 支出法国内生产总值的分解及其增长来源

在支出法国内生产总值中，国家统计局提供了城乡居民的最终消费份额，如果我们用城乡固定资产投资比例对固定资本形成总额进行城乡分割，[①] 就可以将支出法国内生产总值的固定资本形成与居民最终消费部分分割成城乡两块。虽然余下的政府消费、存货增加和净出口部分无法进一步进行城乡分割，但这三部分在国内生产总值中所占的份额并不太大（2005 年为 20% 左右）。

从支出法国内生产总值的构成来看，农村居民消费占国内生产总值的份额持续下降，由 1995 年的 17.8% 下降到 2000 年的 15.3%，再下降到 2005 年的 10.2%；农村固定资本形成占国内生产总值的份额近两年也有缓慢下降趋势，2005 年仅占 6.3%。相比之下，城镇居民最终消费份额近两年虽也有所下降，但仍稳定在较高水平，2005 年城镇居民最终消费份额为 27.8%。值得指出的是，投资推动式的经济增长方式使得近年来城镇固定资本形成份额不断提升，

① 据统计资料，历年固定资产投资总额与固定资本形成总额之间差额不大而且比率关系较为稳定。

2005年城镇固定资本形成已经占到支出法国内生产总值的35.2%（见表3－3）。

表3－3 支出法国内生产总值的分解（以国内生产总值为100）

单位：%

年份	农村居民消费	城镇居民消费	农村固定资本形成	城镇固定资本形成	政府消费	存货增加	净出口	农村投资消费合计	城镇投资消费合计	其他
1995	17.8	27.0	7.2	25.8	13.3	7.3	1.6	25.1	52.9	22.1
1996	18.8	27.0	7.6	24.9	13.4	6.4	2.0	26.3	51.9	21.8
1997	17.8	27.4	7.3	24.5	13.7	4.9	4.3	25.2	51.8	23.0
1998	16.7	28.6	6.9	26.1	14.3	3.2	4.2	23.6	54.8	21.6
1999	16.0	30.1	6.9	26.7	15.1	2.7	2.6	22.9	56.7	20.4
2000	15.3	31.1	7.0	27.3	15.9	1.0	2.4	22.3	58.4	19.3
2001	14.5	30.7	6.7	27.9	16.2	1.8	2.1	21.2	58.6	20.2
2002	13.5	30.2	6.7	29.6	15.9	1.6	2.6	20.2	59.7	20.1
2003	12.0	29.7	6.9	32.3	15.1	1.8	2.2	18.8	62.0	19.1
2004	10.9	28.9	6.6	34.0	14.5	2.5	2.5	17.5	62.9	19.5
2005	10.2	27.8	6.3	35.2	13.9	1.1	5.5	16.5	63.0	20.5

说明：2006年数据国家统计局尚未发布。

从增长角度来看，2005年，农村固定资本形成增长对国内生产总值增长的贡献份额为4.7%，农村居民消费增长对国内生产总值增长的贡献份额为5.5%，远远低于城镇固定资本形成增长和城镇居民消费增长对国内生产总值增长的贡献率（分别为42.1%和21.2%）。与上年相比，农村固定资本形成增长和农村居民消费增长对国内生产总值增长的贡献没有明显变化（见表3－4、图3－6）。

表 3-4 支出法国内生产总值增长来源
（以当年国内生产总值增长为 100）

单位：%

年份	农村居民消费	城镇居民消费	农村固定资本形成	城镇固定资本形成	政府消费	存货增加	净出口	农村投资消费合计	城镇投资消费合计	其他
1996	24.1	27.0	9.6	19.3	14.5	1.4	4.2	33.6	46.3	20.1
1997	8.9	30.6	5.0	20.6	16.8	-9.8	27.9	13.9	51.3	34.9
1998	-2.1	49.5	-0.7	54.1	23.4	-25.8	1.6	-2.8	103.6	-0.8
1999	2.5	58.2	7.0	37.1	30.6	-7.2	-28.3	9.6	95.3	-4.9
2000	7.2	43.3	8.0	34.6	25.0	-18.3	0.2	15.2	77.9	6.9
2001	6.3	26.6	4.2	34.0	19.6	9.9	-0.6	10.5	60.6	28.9
2002	4.2	25.3	6.3	45.3	12.8	-0.7	6.8	10.5	70.6	18.8
2003	0.2	26.4	8.4	53.0	9.3	3.4	-0.7	8.7	79.3	12.0
2004	5.2	24.1	5.0	43.7	10.8	6.6	4.6	10.2	67.8	22.0
2005	5.5	21.2	4.7	42.1	10.6	-7.4	23.3	10.2	63.3	26.5

说明：2006 年数据国家统计局尚未发布。

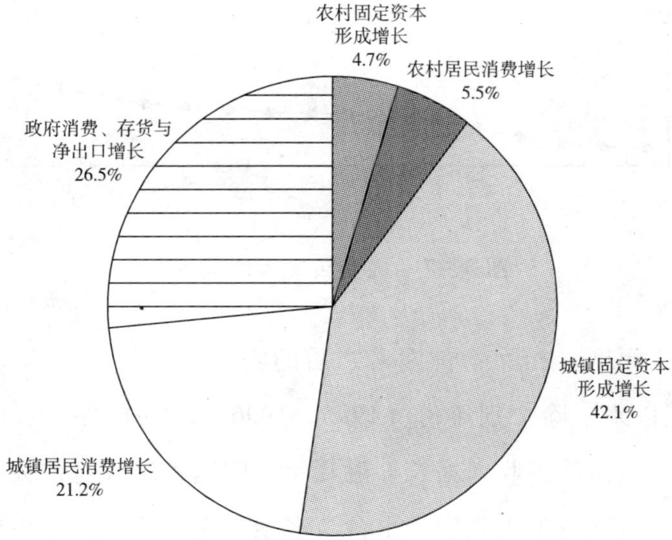

图 3-6 支出法国内生产总值增长来源（2005 年）

与生产法国内生产总值的城乡分解比例进行对比，可以发现，在支出法国内生产总值中农村地区的相应份额更低一些，这表明，在国民收入的分配和使用过程中，农村地区和农村居民处于更加不利的地位。

三　城乡居民的生活差距

中国城乡居民之间收入差距悬殊，20世纪90年代以来，这一差距一直在不断扩大。2006年农民人均纯收入3587元，当年城市居民人均可支配收入11759元，城乡居民人均收入比例高达3.28:1，收入差距进一步扩大（见图3－7）。

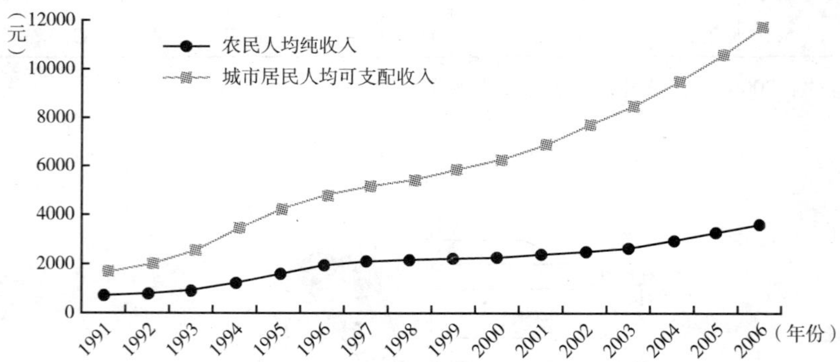

图3－7　城乡居民人均收入

从增长幅度（扣除物价因素之后的实际年增长率）来看，20世纪90年代以来，除个别年份（1995、1996、1997）外，农民收入增长一直低于城镇居民收入增长。近几年，中国各级政府加大了支农的工作力度，特别是中央政府，出台了多项支农政策。这些措施促进了粮食增产和农民增收。2006年，扣除物价因素，农民人均纯收入比上年实际增长 7.4%，创 1997 年以来最快增长速度。不过，当年城市居民人均可支配收入实际增长 10.4%。农民收入增长幅度仍然低于城镇居民收入增长幅度（见图 3-8）。

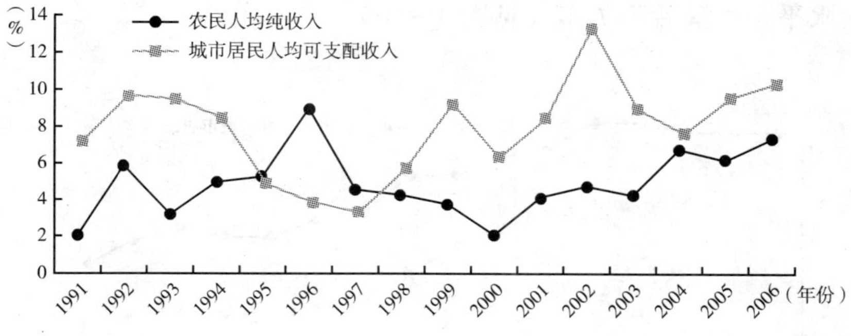

图 3-8 城乡居民人均收入年实际增长率对比

收入水平决定了生活消费水平。农村居民的消费水平一直大幅度低于城市居民。2006 年农村居民人均生活性消费支出为 2829 元，而城镇居民人均消费性支出为 8704 元（见图 3-9）。但是，最近几年来，城乡居民人均消费水平之间的差距在逐渐缩小，两者之间的比例关系由 2003 年的 3.35∶1 缩小到 2006 年的 3.08∶1。

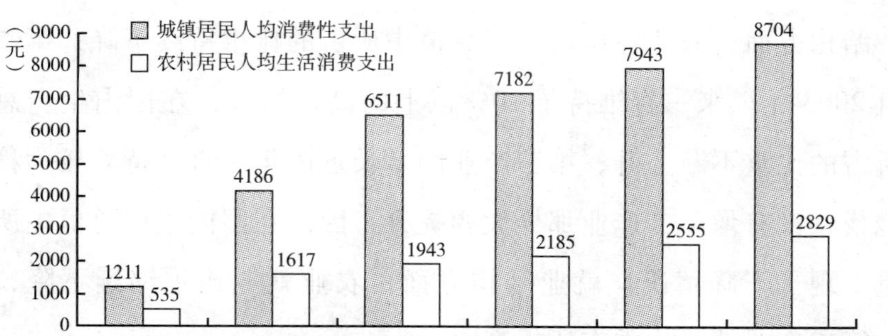

图 3-9 城乡居民人均生活消费水平对比

恩格尔系数可用来综合衡量城乡居民消费和生活水平之间的差距。2006年，农民家庭消费的恩格尔系数为43.0%，比上年下降了2.5个百分点，而城镇居民家庭消费的恩格尔系数为35.8%，比上年下降了0.9个百分点。从恩格尔系数来看，农民生活水平比城镇居民生活水平至少落后了7年（见图3－10）。

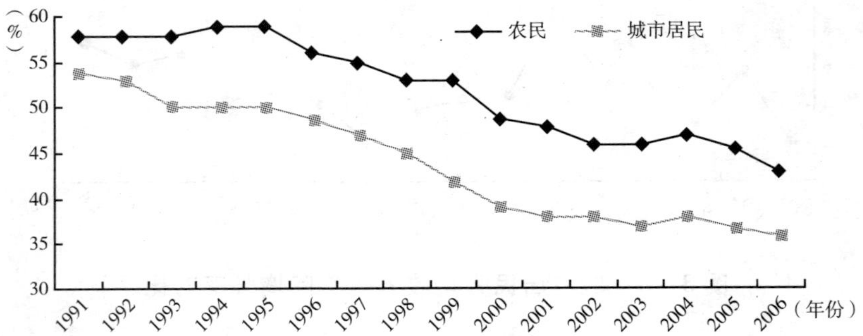

图3－10　城乡居民家庭消费的恩格尔系数对比

四　农村部门发展与中国社会经济结构转变

2006年，中国的经济结构变化仍然维持了近年来的基本态势。生产结构方面，农业在国内生产总值中所占的比重持续下降；第二产业自2003年以来一直维持了10%以上的高速增长，在国内生产总值中所占的比重不断上升；第三产业的增长近两年一直维持着较为稳定的步伐，没有像第二产业那样大幅提升，因而在国内生产总值中所占比重出现了下降情况。就业结构方面，农业就业比重继续下降，第二、第三产业就业比重有所提高。

表3－5反映了中国产业结构和就业结构的变化情况。

表 3-5　中国三次产业增加值及就业结构

单位：%

年　份	GDP 结构			就业结构		
	I	II	III	I	II	III
1990	27.0	41.6	31.3	60.1	21.4	18.5
1992	21.8	43.9	34.3	58.5	21.7	19.8
1994	19.7	46.6	33.7	54.3	22.7	23.0
1996	19.5	47.5	33.0	50.5	23.5	26.0
1998	17.3	46.2	36.5	49.8	23.5	26.7
2000	14.8	45.9	39.3	50.0	22.5	27.5
2002	13.5	44.8	41.7	50.0	21.4	28.6
2004	13.1	46.2	40.7	46.9	22.5	30.6
2005	12.5	47.5	40.0	44.8	23.8	31.4
2006	11.8	48.7	39.5	43.0	24.6	32.4

说明：2005 年以前数据源于《中国统计年鉴 2006》，GDP 结构数为当年价格。2006 年生产结构根据统计公报有关数据计算，就业结构为预测数。

同往年一样，我们仍然用霍利斯·钱纳里和莫尔塞斯·塞尔昆所提出的结构变化模型①为标准，衡量中国国内生产总值及就业结构与这一标准模式之间存在的偏差状况（见表 3-6）。

在估计 2006 年的结构偏差情况时，我们根据国内生产总值和人口变化情况，预计人均国内生产总值增长 8.9% 左右。另外，根据统计公报，2006 年的人口城市化比率为 43.9%（见图 3-11）。

与钱—塞标准结构相比，中国的第一产业容纳了更多的就业人员，但相应的产出份额却反而较低。造成这种状况的原因在于中国的

① 霍利斯·钱纳里、莫尔塞斯·塞尔昆：《发展的格局 1950～1970》，中国财政经济出版社，1989。

表 3－6　中国产业结构及城市化比率与钱—塞标准结构之间的偏差

单位：%

年　份	GDP 结构偏差			就业结构偏差			城市化比率偏差
	I	II	III	I	II	III	
1990	－20.9	95.4	－29.6	9.0	28.9	－34.4	－24.6
1992	－33.9	98.4	－23.6	9.8	23.3	－32.0	－25.3
1994	－36.9	99.8	－25.9	7.3	19.4	－24.2	－27.1
1996	－34.1	94.4	－28.2	4.8	15.7	－17.4	－26.3
1998	－38.3	81.2	－21.4	8.8	8.9	－18.1	－23.3
2000	－44.0	72.5	－16.3	15.5	－1.8	－18.6	－20.8
2002	－44.7	60.1	－12.4	24.2	－12.8	－18.8	－19.4
2004	－39.2	54.3	－16.1	30.7	－16.2	－17.8	－20.2
2005	－37.4	53.2	－18.4	33.8	－15.4	－18.2	－21.2
2006	－35.2	51.1	－20.4	39.7	－16.8	－18.3	－23.0

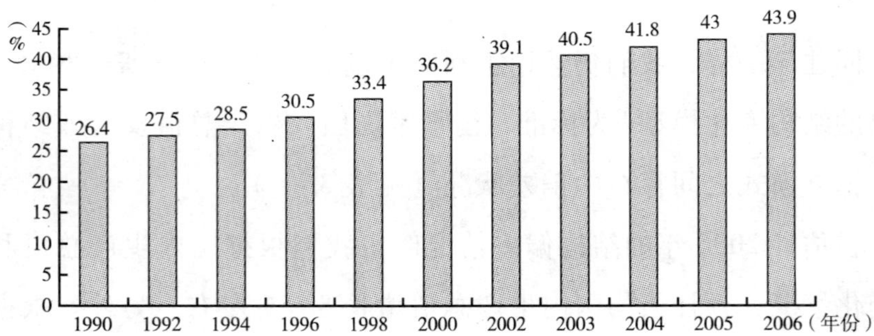

图 3－11　中国城市人口占全国人口比重

农业资源（人均）相对紧缺，农业生产扩大潜力有限，而城乡分割制度和农户小规模兼业生产方式又迫使农业部门容留了更多的劳动力资源。中国第二产业产出比重偏重的情况近年来有所缓解，但由于技术进步较快，采用了更多的资本密集技术，第二产业就业比重出现了偏低的状况。在第三产业方面，无论就业还是产出，中国的相应份额一直偏低，近两年这种情况不仅没有改善，反而进一步恶化。

在城镇化方面，20 世纪 90 年代中期以来，中国的城市化比率提高较快，目前城市化比率已达 43.9%。但是，与标准结构相比，中国的城市化比率仍然滞后于相应发展水平。考虑到中国产业结构偏差的一个重要方面是第三产业发展不足和农村第一产业容留了更多劳动就业，而城市是第三产业发展的主要依托，也是农业劳动力转移的主要场所，因此，进一步提高城市化比率将是改变中国产业结构偏差的基本途径。

五　发展现代农业，推进新农村建设，协调城乡关系

本章前面的分析表明，推进城乡经济和社会的协调发展，需要进一步加强农业发展，特别是提高农业生产率。2007 年初，中央发布了《关于积极发展现代农业扎实推进社会主义新农村建设的若干意见》。文件指出，发展现代农业是社会主义新农村建设的首要任务，是以科学发展观统领农村工作的必然要求。推进现代农业建设，顺应中国经济发展的客观趋势，符合当今世界农业发展的一般规律，是促进农民增加收入的基本途径，是提高农业综合生产能力的重要举措，是建设社会主义新农村的产业基础。

在新的形势下，中国农业和农村经济的增长对国民经济的意义已经不再是传统的农产品供给，而是更多地体现在提高农民收入、启动农村市场需求、广开就业门路、转移农业剩余劳动力等方面。另外，

发展也不单纯体现在经济增长方面，还反映在社会的公平、和谐和稳定方面，反映在环境保护以及人与自然的协调发展方面。在现代社会中，农业的多功能性已经体现在各个领域，比如食品保障、原料供给、就业创收、旅游休闲、生态涵养和文化传承等多个方面。因此，发展现代农业，提高农民收入，建设社会主义新农村，不只是简单的农业、农民和农村的问题，而是关乎国民经济和社会发展的全局问题。正如2007年中央一号文件所指出的那样，农业丰则基础强，农民富则国家盛，农村稳则社会安。加强"三农"工作，积极发展现代农业，扎实推进社会主义新农村建设，是全面落实科学发展观、构建社会主义和谐社会的必然要求，是加快社会主义现代化建设的重大任务。

当前，我们需要坚决实行工业反哺农业、城市支持农村的政策，对农村采取"多予、少取、放活"的方针，进一步巩固、完善和加强各项支农惠农政策，切实加大农业投入，强化农村公共服务，深化农村综合改革，巩固和发展目前粮食增产、农民增收、农村发展的良好局面。另外，我们还应根据比较优势原则，积极发展劳动密集产业，加快城市化建设，保护进城农民的各项利益，改革和完善城乡统一的教育、医疗和社会保障体系，促进城乡协调的和谐社会建设。

第四章
农业投入与产出

2006年，农业与农村经济克服自然灾害的不利影响平稳运行，农业基础得以加强，粮食实现了连续3年增产，农民人均纯收入实现了连续3年增长6%以上。

一 农业投入及特点

（一）财政投入稳步增长

2006年中央和地方继续贯彻“多予、少取、放活”方针。在“少取”方面，在全国彻底取消农业税，这是具有划时代意义的重大变革。农村税费改革不仅取消了原先336亿元的农业税赋，而且取消了700多亿元的“三提五统”和农村教育集资等，还取消了各种不合理收费，农民得到了很大的实惠。在“多予”方面，中央财政用于“三农”的支出达到3397亿元，比上年增加422亿元。中央和地方财政对农民粮食直补142亿元，比上年增加10亿元；良种补贴40.7亿元，增加3.7亿元；购置农机补贴6亿元，增加3亿元。另外，中央财政还新增125亿元的综合直补，对种粮农民因农业生产资料价格上涨而增加的支出进行补贴。国家继续对主要粮食品种实行保护价收购政策，2006年白小麦（三等，下同）最低收购价为每50公斤72元、红小麦69元；早籼稻、中晚籼稻和粳稻最低收购价分别为每50公斤70元、72元和75元。

（二）农业生产结构继续调整

2006年，政府继续加强对土地资源的管理，全年实际建设占用耕地16.7万公顷，灾毁耕地3.6万公顷，生态退耕33.9万公顷，因农业结构调整减少耕地4万公顷。土地整理复耕开发补充耕地36.7万公顷。2006年末全国耕地比上年净减少30.6万公顷。全年新增有效灌溉面积108万公顷，新增节水灌溉面积128万公顷。

种植业结构继续调整。在主要农作物中，除油料种植面积减少外，其他主要作物种植面积均呈增加态势。初步统计，2006年，农作物总播种面积为15684万公顷，比上年增加200万公顷左右。粮食播种面积继续扩大，粮食种植面积10538万公顷，比上年增加110万公顷；棉花种植面积540万公顷，增加34万公顷；油料种植面积1380万公顷，减少52万公顷；糖料种植面积178万公顷，增加22万公顷；蔬菜种植面积1818万公顷，增加46万公顷。

（三）农户生产投入增幅回落

据对全国31个省（区、市）6.8万个农村住户的抽样调查，

2006 年农户人均生产投入 1382 元，其中农户农业生产投入人均 1094 元，比上年增加 35 元，增长 3.3%，增幅比上年下降 24.3 个百分点。增幅回落主要是由于牧业生产投入减少。在 2006 年农户的农业生产投入中，牧业生产投入人均 448 元，比上年减少 30 元，增速由上年的增长 30.4% 转变为下降 6.2%；种植业生产投入人均 599 元，增加 58 元，增长 10.7%；林业生产投入人均 10 元，增加 3 元，增长 36.4%；渔业生产投入人均 37 元，增加 4 元，增长 11.8%。值得注意的是，粮食主产区农户生产投入增速下降幅度高于全国平均水平。粮食主产区农户生产投入人均 1493 元，比上年增加 47 元，增长 3.2%，增速比上年下降 24.6 个百分点，下降幅度比全国平均水平大 1.2 个百分点。

（四）农户固定资产投资保持增长

据对全国 31 个省（区、市）6.8 万个农村住户的抽样调查，2006 年农户固定资产投资完成总额为 4436 亿元，比上年增加 496 亿元，增长 12.6%。其中，第一产业 1001 亿元，比上年下降 0.3%；第二产业 322 亿元，增长 74%；第三产业 3113 亿元，增长 13.2%。从农户投资的来源看，农户自筹资金 4119 亿元，占农户固定资产投资总额的 92.9%；国内贷款 130 亿元，占 2.9%；其他投资来源 187 亿元，占 4.2%。

二　农业产出及特点

总的来看，2006 年农业生产表现为三大特点：粮食继续增产、农林牧渔产出平稳增长、农产品价格保持微幅上涨。

（一）农业经济稳定增长

初步统计，2006年全国农林牧渔业总产值42320亿元，按可比价格计算，比上年增长5.6%；农林牧渔业增加值24700亿元，增长5.0%。农林牧渔业总产值中，农业产值21460亿元，增长5.3%；畜牧业产值13640亿元，增长5.8%；渔业产值4400亿元，增长5.2%；林业产值1620亿元，增长6.3%。

（二）主要农产品产量保持增长格局

2006年农业生产的一个亮点是粮食继2004年以来连续三年增产。初步统计，全年粮食产量49746万吨，比上年增加1344万吨，增产2.8%（见图4－1）。2006年，棉花产量673万吨，增产17.8%；油料产量3062万吨，减产0.5%；糖料产量10987万吨，增产16.2%（见表4－1）。

2006年肉类总产量8100万吨，比上年增长4.6%。其中，猪、牛、羊肉分别增长4.3%、5.3%和7.8%。全年水产品产量5250万

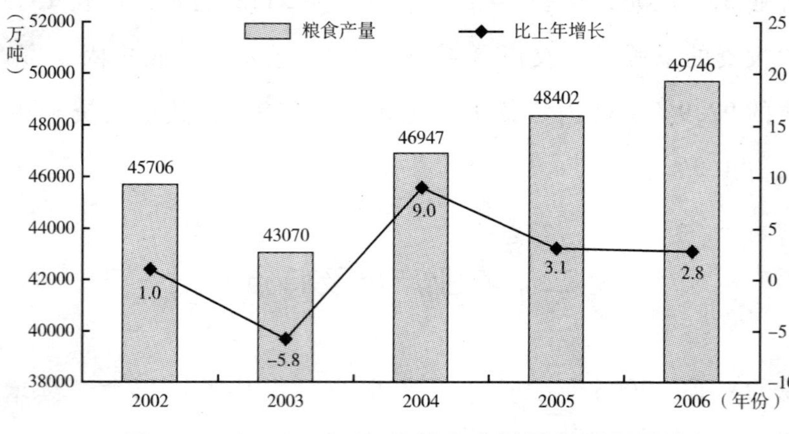

图4－1　2002～2006年粮食产量及其增长速度

表 4-1　2006 年主要农产品产量及其增长速度

单位：万吨，%

产品名称	产　量	比上年增长	产品名称	产　量	比上年增长
粮　食	49746	2.8	糖　料	10987	16.2
夏　粮	11381	7.0	甘　蔗	9925	14.6
早　稻	3187	0.0	甜　菜	1062	34.8
秋　粮	35178	1.7	烤　烟	247	1.3
油　料	3062	-0.5	茶　叶	102	9.0
花　生	1461	1.8	水　果	17050	5.8
油菜籽	1270	-2.7	蔬　菜	58233	3.2
棉　花	673	17.8			

吨，增长 2.8%。全年木材产量 7800 万立方米，比上年增长 40.3%。

（三）农产品价格微幅上涨

据抽样调查，2006 年全国农产品生产价格比上年上涨 1.2%，价格涨幅比上年回落 0.2 个百分点。其中种植业、林业和渔业产品价格分别上涨 4.5%、12.8% 和 3.9%，畜牧业产品价格下降 5.7%。2006 年农产品价格变化的主要特点是：①粮食生产价格上涨。2006 年粮食生产价格比上年上涨 2.0%。全年谷物价格比上年上涨 2.1%，小麦价格与上年基本持平，稻谷价格上涨 2.0%，玉米价格上涨 3.0%，豆类价格下降 0.7%，薯类价格上涨 9.7%。②主要经济作物价格上涨。其中油料价格上涨 4.8%，糖料价格上涨 21.1%，蔬菜价格上涨 9.3%，园林水果价格上涨 12.3%，但棉花生产价格下降 2.9%。③畜牧业产品生产价格涨跌互现。生猪出栏价格比上年下降 9.4%，肉牛生产价格基本持平，活羊价格上涨1.8%，奶产品价格上涨2.9%，家禽和蛋类生产价格下降2.8%和4.0%。

三　耕地生产率

2006年粮食、糖料、蔬菜和水果等农产品价格均有不同程度上涨，拉动种植业产品价格总体上涨，加上粮食、棉花和油料的单产水平都有不同程度提高，单位面积种植业产值比上年增加。初步统计，2006年，平均每公顷播种面积生产的农作物种植业产值达到13644元，比2005年增加1087元，增长8.6%。按播种面积计算的单位面积产量，粮食每公顷4721公斤，比上年提高79公斤，增长1.7%；棉花每公顷1246公斤，比上年提高117公斤，增长10.4%；油料每公顷2219公斤，比上年提高70公斤，增长3.3%；糖料每公顷61725公斤，比上年提高1306公斤，增长2.2%。

四　农业增长因素

2006年国家贯彻落实“城市支持农业，工业反哺农业”方针，各级财政及社会资金加大对“三农”的支持力度，推进农村体制改革和制度创新，农村经济平稳增长，农村面貌有比较明显的变化。以下对农业增长的因素和各因素的贡献率进行分析。

（一）2006年农业增长因素分析

2006年，影响农业总产出的有利因素主要有：一是各级财政投入继续增加；二是农民的生产积极性较高；三是农业生产条件的改善和科技进步提高了农业生产的效率。在对农业增长的影响因素进行量化分析时，我们着重分析农业投入和农业效率对农业产出的影响。在这里，我们将农业投入细分为耕地、劳动力、资金投入三个部分。影响农业效率的因素主要是农业科技进步和气候条件。政策对于农业生产影响较大，但政策的影响是间接的，它需要通过改变其他投入要素来影响农业产出，因此，耕地、劳动力、资金投入和农业效率四个方面基本概括了以上所提到的影响农业产出的各种因素。

在模型的选择上，我们选择在实际中得到广泛应用的修正的柯布—道格拉斯生产函数，并使用与上年《农村经济绿皮书》相同的历史数据进行参数估计，分析对比近两年促进农业增长的因素，并计算增长因素对农业产出增长的贡献。修正的柯布—道格拉斯农业生产函数模型形式如下：

$$Y = AL^{\alpha}K^{\beta}S^{\gamma} \tag{1}$$

式（1）中：Y 为农业总产值；L 为农业生产中的劳动力投入；K 为耕地的投入；S 为农业资金投入，主要包括国家财政用于农业的支出和农户的农业生产投入。α 为劳动力的产出弹性；β 为耕地的产出弹性；γ 为农业资金的产出弹性。

我们利用 1978 ~ 2004 年数据，对模型进行参数估计。估计结果显示，农业劳动力对农业总产值的影响不显著，没有通过 t 检验。其原因是目前中国农业劳动力过剩，劳动力数量的少量增减对农业产出无显著影响。将 L 剔除后，估计出的最终结果如下：

$$\begin{gathered} LNY = -16.795 + 1.67 \times LN(K) + 0.47 \times LN(S) \\ (-2.76) \qquad (3.111) \qquad (19.15) \\ R^2 = 0.961 \qquad D.W = 1.215 \end{gathered} \tag{2}$$

从式（2）中可以看出，农业资金的产出弹性达到0.47，农业资金投入对农业产出的增长有明显的促进作用。这说明财政支农支出和农民生产投入增加，对提高农业产出是有明显效果的。耕地投入对产出的弹性超过1，这是由于耕地投入增加，体现了政策支持及农民生产积极性变化等其他投入因素，使耕地的产出弹性较大。这也说明目前播种面积的增减对农业产出的影响很大，解释了近年来粮食保持增产格局的主要原因是粮食播种面积的增加。

（二）农业增长因素对产出增长的贡献

初步统计，2006年农业总产值比上年实际增长5.6%，其中农业资金投入对农业产值增长贡献了2.6%，农业效率提高贡献了3.4%，而耕地的贡献为－0.4%。

农业资金投入对农业产值增长贡献了2.6%。这里的农业资金投入是指新投入的资金，主要包括农户的农业生产投入和国家财政用于“三农”的投入，不包括固定资产存量。据测算，2006年新投入农业生产的农业资金比上年增长5.6%。将农业资本的产出弹性与增长率相乘，就得到资本对农业增长的贡献为2.6%。可见，农业资金对农业产出增长的影响很大。

农业劳动力对农业增长的影响不显著。由以上对农业产出模型的分析可知，在中国人均耕地少，农村劳动力过剩的条件下，农林牧渔劳动力的少量增减，对农业增长没有显著影响。

耕地对农业增长的贡献提高。2006年国家继续落实最严格的耕地保护制度，全年耕地净减少30.6万公顷。据此计算，2006年耕地减少0.24%，耕地对农业增长的贡献为－0.4%，比上年提高了0.1个百分点。由此可见，由于对耕地实行严格的保护，耕地下降幅度减缓，耕地数量下降对农业产出的负面影响比上年减少了。

农业生产效率对农业产出的贡献继续提高。农业效率提高对农业生产的贡献是农业总产值增长率扣除新增投入量产生的总产值增长率之后的余额，在这里，农业生产效率主要包括科技进步和气候条件对农业投入产出比的影响。2006 年农业效率对农业生产增长的贡献为 3.4%。近年来，良种、测土配肥和农作物栽培等新技术的推广提高了农业投入产出比，科技进步对农业增产、增效的贡献稳定提高，在 2006 年自然灾害比较严重的情况下，仍然对农业生产稳定增长做出了较大的贡献。

第五章 农村产业结构

2006年，农村产业结构内部，第一产业增加值的比重下降，非农产业比重上升；第一产业内部，农业、林业和渔业增加值比重提高，畜牧业比重下降。

一 农村产业结构的变化及主要特征

（一）农业结构的变化及主要特征

初步统计，2006年第一产业增加值达24700多亿元，[①] 按可比口径计算，比上年实际增长5.0%。

2006年，畜牧业在农林牧渔业增加值中的比重下降了1.4个百分点，农业、林业和渔业分别比上年提高0.8、0.3和0.1个百分点。农林牧渔业增加值构成见表5-1。

---

① 包括农林牧渔服务业增加值。

表 5－1　农林牧渔业增加值构成

单位：%

类别＼年份	1997	1999	2000	2001	2002	2003	2004	2005	2006
农　业	62.3	61.7	59.5	59.3	58.8	55.6	55.7	55.3	56.1
林　业	4.2	4.3	4.5	4.3	4.4	4.8	4.3	4.2	4.5
牧　业	23.9	23.5	24.9	25.6	25.9	26.8	28.1	28.2	26.8
渔　业	9.6	10.5	11.1	10.8	10.9	10.3	9.8	10.1	10.2

说明：从 2003 年起农林牧渔业增加值包括农林牧渔服务业增加值，本表的各业比例是按包括农林牧渔服务业增加值在内的所有第一产业增加值计算的。

2006 年，农业增加值达 13890 亿元，比上年实际增长 4.8%，增速比上年提高 1 个百分点。农业比重上升的主要原因是粮食产值的稳步增加和棉花的大幅增产。受多项支农政策的影响，2006 年全国粮食播种面积达 10538 万公顷，比上年增加 110 万公顷，增长 1.1%。由于 2005 年棉花价格高，种棉效益相对提高，农民主动增加棉花播种面积，棉花产量大幅提高。2006 年棉花产量为 673 万吨，比上年增长 17.8%。2006 年，油料种植面积减少 52 万公顷，下降 3.6%；糖料种植面积增长 13.8%。2006 年蔬菜、水果继续稳步发展，特别是南方部分地区，水果质量提高，区域布局更加合理，名特优新水果发展较快，已经成为促进农业结构调整、增加农民收入的一个重要增长点。2006 年蔬菜种植面积为 1818 万公顷，比上年增长 2.6%；蔬菜产量达 58233 万吨，比上年提高 3.2%。

2006 年上半年受畜产品价格大幅度下降、动物疫病等因素的影响，畜牧业增长速度下降，主要畜产品产量增长速度减缓，畜牧业经济效益大幅降低。特别是生猪生产进入周期谷底，生猪和家禽养殖效益严重滑坡。2006年全国肉产量比上年增长4.6%，畜牧业增加值6640亿元，比上年实际增长4.9%，拉动农林牧渔业增加值增长1.4个百分点，畜牧业增加值占农林牧渔业增加值比重为26.8%。2006年，生猪存栏经过多年较快增长后首次出现负增长，出栏增速回落明显，生猪产值增长2.5%，增速比上年下降约4.3个百分点；家禽生产受禽流感影响徘徊不前，家禽产值增长1.4%，增速比上年下降6个百分点。

2006年渔业增加值达2530亿元，比上年实际增长5.2%，拉动农林牧渔业增加值增长0.5个百分点，渔业增加值占农林牧渔业增加值比重为10.2%。2006年渔业增加值增速回落0.7个百分点，主要原因是远洋捕捞量减少，以及部分沿海城市为保护水域环境，限制水域周边的水产品养殖，海水产品养殖业增速趋缓。

2006年江西、福建等省进行林权改革，林农种植积极性提高，造林、幼林抚育和成林抚育面积增加，苗木培育和管理加强；另外2006年林产品市场需求增加，林产品价格上涨，竹木采伐量增加。初步统计，2006年林业增加值1100多亿元，比上年实际增长6.2%。

（二）非农产业结构变化及其特征

2006年乡镇企业完成增加值57500亿元，比上年增长13.2%，增幅比上年同期略有回落，但从2006年各月的经济运行轨迹看呈逐季上升的趋势。第一季度增加值同比增长12.1%，第二季度增长12.5%，第三季度增长12.6%，全年预计增长13.2%。

工业仍占主导地位。2006年全年累计完成工业增加值40800亿元，占乡镇企业增加值的71%；工业产销衔接良好，2006年累计完成工业总产值182000亿元，销售产值173600亿元，产销率达

95.4%。总体经济运行质量在稳步提高，2006 年累计实现营业收入 245000 亿元，同比增长 13.2%；利润总额 14500 亿元，增长 13.5%；上缴税金 6000 亿元，增长 13.8%，利润和税金等反映经济效益的指标增幅均快于生产指标。

第三产业比重略有提高。2006 年乡镇企业中第三产业累计实现增加值 12700 亿元，增长 13.5%，占乡镇企业增加值的比重为 22.1%，比上年提高 0.2 个百分点。社会主义新农村建设的稳步推进，带动了农村第三产业的发展，增加了农民收益。

农村非农产业增加值构成见表 5－2。

表 5－2　农村非农产业增加值构成

单位：%

<table>
<tr><th>年　份</th><th>工　业</th><th>建筑业</th><th>交通运输</th><th>商饮服务</th></tr>
<tr><td>1995</td><td>76.3</td><td>9.1</td><td>5.7</td><td>8.9</td></tr>
<tr><td>1997</td><td>78.4</td><td>8.1</td><td>3.7</td><td>9.8</td></tr>
<tr><td>1998</td><td>71.1</td><td>8.2</td><td>6.2</td><td>14.5</td></tr>
<tr><td>1999</td><td>68.9</td><td>8.2</td><td>6.4</td><td>16.5</td></tr>
<tr><td>2000</td><td>69.3</td><td>7.7</td><td>6.1</td><td>16.9</td></tr>
<tr><td>2001</td><td>67.6</td><td>7.9</td><td>6.3</td><td>18.2</td></tr>
<tr><td>2002</td><td>70.3</td><td>7.1</td><td>5.6</td><td>17.0</td></tr>
<tr><td>2003</td><td>70.9</td><td>7.2</td><td>5.5</td><td>16.4</td></tr>
<tr><td>2004</td><td>70.9</td><td>7.0</td><td colspan="2">22.1</td></tr>
<tr><td>2005</td><td>71.2</td><td>6.9</td><td colspan="2">21.9</td></tr>
<tr><td>2006</td><td>71.0</td><td>6.9</td><td colspan="2">22.1</td></tr>
</table>

说明：农村非农产业增加值数据为农业部统计乡镇企业增加值中扣除农业部分后得来的；2004 年、2005 年和 2006 年商饮服务业和交通运输业作为合计项计算。

农产品加工业成为乡镇企业发展新亮点。近年来，各地突出绿色品牌，建设了一批特色鲜明的农产品加工龙头企业，农产品加工业呈现快速增长势头，成为乡镇企业重要的优势和特色产业。预计2006年全国规模以上农产品加工业完成增加值8300亿元，比上年增长16.5%；其中食品工业（包括农副食品加工业、食品制造业和饮料制造业）增加值2400亿元，同比增长16.7%。农产品加工业增加值占规模工业的比重达到33.1%，成为乡镇工业的主要行业和重要增长点。

（三）农村产业结构变化及其特征

2006年，农业在农村经济中的比重与上年相比下降，第二、第三产业比重上升。2006年农村增加值中，第一产业的比重为29.6%，比2005年下降3个百分点；第二产业比重为54.8%，上升了2.2个百分点；第三产业比重为15.6%，提高0.8个百分点（见表5－3）。

表5－3　农村各业增加值构成

单位：%

年　份	第一产业	第二产业	第三产业
1997	48.5	44.5	7.0
1998	40.5	47.2	12.3
1999	37.0	49.6	13.4
2000	35.3	50.4	14.3
2001	32.8	51.9	15.3
2002	30.5	52.9	16.6
2003	28.3	54.9	16.8
2004	33.1	52.1	14.8
2005	32.6	52.6	14.8
2006	29.6	54.8	15.6

说明：为保持历史数据可比性，本表第一产业增加值未包括农业服务业。

规模工业对乡镇工业的支撑带动能力不断提高。全年规模以上工业（年销售收入500万元以上企业）累计实现增加值25000亿元，占工业增加值的比重达61.4%，增长16.2%，比规模以下工业增幅高近8个百分点。规模工业实现销售收入107000亿元，同比增长16.3%，产销率达95.6%；实现利润6900亿元，同比增长15.6%；上交税金2900亿元，同比增长16.7%；出口交货值18500亿元，同比增长17.9%，占全部乡镇企业出口的77.2%。规模工业各项指标的增速均高于乡镇企业平均增幅，占乡镇企业的比重不断提高，对乡镇工业的支撑带动能力不断提高。

二　农村产业结构与就业结构的偏差

2006年农村就业结构仍是第一产业比重稳步下降，第二、第三产业比重稳步提高的格局。农村劳动力就业结构与农村经济结构之间的偏差扩大。

（一）农村就业结构

2006年年初，国务院《关于解决农民工问题的若干意见》正式发布。农民工就业环境继续改善，农民工就业能力不断提高，农民工得到了更多的实惠。

2006年全国乡镇企业从业人员达14580万人左右，比上年增加400万人，增长2.7%，占全国农村劳动力的比重达到28%左右。仅2006年新建成投产企业新招收就业人员300多万人。全年新增就业超过10万人的有山东、江苏、浙江、河南、河北、辽宁、四川、湖南、江西等省，就业的总体情况比较稳定。农村第一产业劳动力继续向第二、第三产业转移。2006年，农村劳动力中从事农业的劳动力占57.3%，比2005年下降了2.2个百分点，从事非农产业的劳动力的比重为42.7%。在非农产业中，第二产业就业比重为20.5%，比上年增加了1.3个百分点；第三产业的就业比重为22.2%，比上年提高0.9个百分点（见表5－4）。

表5－4　农村三次产业劳动力构成

单位：%

类别＼年份	1990	1995	2000	2001	2002	2003	2004	2005	2006
第一产业	79.4	71.8	68.4	66.5	65.9	63.8	61.6	59.5	57.3
第二产业	14.1	17.0	17.3	18.2	15.4	16.6	17.7	19.2	20.5
第三产业	6.5	11.2	14.3	15.3	18.7	19.6	20.7	21.3	22.2

说明：计算劳动力结构时，外出的临时工、合同工按比例均摊于工建运商各业之中；2006年为预测数。

（二）农村产业结构与就业结构间的偏差

2006年农村三大产业增加值结构与就业结构之间的总偏差为68.6%，比2005年扩大1.8个百分点（见表5－5）。其原因主要是：虽然2006年国家继续加大对农业的支持力度，粮食、棉花、蔬菜、水果等主要农产品增产，但是畜牧业生产效益受到较大影响，农业劳动生产率提高有限。2006年第一产业的结构偏差为27.7%，比2005年扩大0.8个百分点。2006年第二产业劳动生产率依然居农村三大产业之首，结构偏差为34.3%，比2005年扩大0.9个百分点。第三产业的结构偏差为6.6%，比2005年扩大0.1个百分点。提高农村非农产业劳动生产率，加快非农企业技术水平提高，是中国农村产业结构调整的长期任务。

表 5－5 农村增加值与就业结构间的偏差

单位：%

年份	1999	2000	2001	2002	2003	2004	2005	2006
第一产业	－33.2	－33.1	－33.7	－34.6	－35.5	－28.5	－26.9	－27.7
第二产业	33.0	33.1	33.7	38.6	38.3	34.4	33.4	34.3
第三产业	0.2	0.0	0.0	－2.1	－2.8	－5.9	－6.5	－6.6
合计	66.4	66.2	67.4	75.3	76.6	68.8	66.8	68.6

三 农村产业结构影响因素及趋势

（一）非农产业发展影响因素及趋势

1. 2006 年非农产业发展影响因素

（1）“十一五”规划和宏观环境促进了非农产业发展。近两年，国家出台了一系列支持农村非农产业发展的政策措施，鼓励扩大就业和发展农产品加工业，鼓励支持个体私营经济等非公有制经济发展，加大西部大开发和振兴东北老工业基地建设的支持力度，实施中部崛起战略，加快环渤海经济圈和京津冀城市带的发展战略，促进“泛珠三角”区域经济合作等发展战略和措施。这些政策措施为各地经济结构调整和持续快速发展提供了强大的外部动力和有利的市场环境。各地结合社会主义新农村建设的基本要求，科学发展的意识和机遇竞争意识进一步增强，采取的各种积极有效措施促进了乡镇企业发展。

（2）固定资产投资和出口的持续增长拉动乡镇企业的发展。乡镇企业固定资产投资已连续两年突破 2 万亿元，两年间新增投资 50 万元以上企业有 50 多万个，这些企业的建成投产为乡镇企业注入了新的活力，增强了发展后劲。另外，15.4 万个出口企业的出口额已占工业总产值的 10% 以上，出口额每年保持近 20% 的增长速度，成为拉动乡镇企业发展的重要一翼。

（3）产业集群的不断壮大仍是带动乡镇企业总体水平提高的重要因素。近几年，乡镇企业在专业村、产业镇、工业园区的基础上，以特色产业为主体，以骨干企业为龙头，与延长产业链相配套的企业不断聚集，形成了一大批具有地方特色和区域竞争优势的产业集群。目前，全国乡镇企业各类园区有近 3 万个，入园企业 136.8 万家，园区实现增加值已占乡镇企业增加值的 20% 以上。在浙江省，目前有年产值超亿元的产业集群 601 个，其中 10 亿元以上的 285 个，100 亿元以上的 37 个，这些产业集群共涉及 28 个工业部门，已成为展示该省工业化水平的一张品牌。在山东省沿海的青岛、威海、烟台等城市，水产品加工、蔬菜和水果等农产品加工已具有相当规模，成为中国对日、韩等国农产品出口的基地。在河北省，年营业收入 5 亿元以上的特色产业集群就有 167 个，实现增加值 1500 亿元以上。乡镇企业产业集群化趋势已成为带动乡镇企业增长的骨干力量，为社会主义新农村建设和加快农村城镇化步伐起到了不可替代的作用，为乡镇企业持续健康发展找到了新的切入点。

（4）社会化服务体系的建立和不断完善推动了乡镇企业的发展。2006 年全国各地开展了以融资担保、科技对接、人才培训、创业辅导、行业协会、信息网络等为主要内容的服务体系建设，并取得了丰硕成果。北京市利用高校和科研院所多的优势，积极与企业展开科技对接，实施“彩虹工程”。4 年来，乡镇企业引进开发新产品，新增销售收入 105.6 亿元，新增利税 14.79 亿元。通过实施“彩虹工程”，促使企业经营者科技创新意识显著增强，提高了北京郊区经济发展质量。河北省已为企业搭建起创业辅导等 8 个服务平台，目前已建成创业辅导基地 100 个，安排就业 15.3 万人。

2. 2007 年非农产业发展趋势

2007 年，尽管乡镇企业的发展存在许多困难和挑战，但乡镇企业发展的宏观环境继续改善，农村非农产业仍会保持一个较快的增长速度。

（1）国际国内经济继续稳步发展，为乡镇企业发展提供有利的宏观环境。从国际上看，2006 年世界经济增长率继续高于历史平均水平，特别是日本、欧元区、东亚和太平洋地区经济发展速度高于 2005 年。从国内看，2006 年乡镇企业“十一五”规划的出台，为农村非农产业发展奠定了良好基础。2007 年非农产业将在平稳发展的基础上，产业结构、区域结构将进一步优化，技术水平、人员素质将进一步提高。

（2）国家仍然重视农村非农产业发展，仍将出台有利于乡镇企业发展的相关配套政策，乡镇企业的发展空间和领域进一步拓宽。随着建设社会主义新农村的实施，国家将更加重视“三农”问题，财政政策、金融政策将进一步向“三农”领域倾斜。乡镇企业作为解决“三农”问题的重要途径和农产品加工业的主体力量，仍将进一步受到各级政府的重视和社会各界的支持。

但是，农村非农产业发展也存在一些不利因素。

一是国际上，2006 年中国结束加入 WTO 的过渡期，多数商品的进出口关税与世界同步，加入 WTO 初期的优惠已不复存在，加剧了中国产品在国际市场的竞争压力。同时，随着中国经济的持续快速增长，对外贸易的顺差数额较大，与主要贸易伙伴的贸易摩擦增多。此外，人民币持续升值也直接影响出口企业的换汇收入和出口定价，使企业利润空间缩小，这对于以薄利多销为主要竞争手段的乡镇出口企业来说压力明显加大；二是非农企业内部，部分地区和行业用工紧张，员工素质普遍偏低和人才匮乏不适应技术创新型企业的发展要求。2006 年以来劳动力不足的矛盾比较严重，尤其是随着一批新项目竣工投产，纺织、服装、电子、机械制造等行业对熟练工人和技工的需求急增，缺口很大。乡镇企业人才问题主要表现在：从业人员整体受教育程度不高，导致了乡镇企业后续发展动力不足；缺乏优秀的管理人才、技术人才和高级技术工人；留住人才难。

（二）农业结构影响因素及趋势

农业内部，受 2006 年第四季度粮食价格提高的影响，粮食种植效益较好，加上 2007 年国家继续加大对农业的支持力度，这些将有利地保障粮农种粮积极性。但气候的不确定，使 2007 年粮食产量的增减也带来了不确定性。蔬菜、水果产业将继续向多样化、名特优方向发展，预计 2007 年蔬菜水果生产将继续保持稳定发展。

2006 年上半年生猪价格下降，生猪养殖效益下降，下半年价格提高，养殖户加快补栏，预计 2007 年第一季度生猪出栏将有所提高；2006 年下半年随着“禽流感”等疫情的逐步解除，家禽养殖逐步恢复，预计 2007 年家禽生产将呈恢复性增长。西部地区近两年大力发展畜牧生产，也将带动 2007 年畜牧业的发展。奶产品产量经过前几年的快速增长，近年增速将趋缓。预计 2007 年畜牧业增加值比 2006 年将略有提高。

2007 年，随着渔业生态环境保护意识的加强，一些沿海城市更加注重环境保护，提高旅游资源质量，海水养殖增长放缓，远洋捕捞量增加的空间不大，淡水养殖仍平稳增长，水产品加工业和休闲渔业将进一步增长，预计 2007 年渔业增加值仍将稳步增长。

第六章
农产品市场供求和价格走势

2006年，在自然灾害比较严重的情况下，除油料等个别品种产量有所下降外，多数农产品实现增产，新增农产品供给继续扩大。随着人口自然增长、居民收入水平持续增加和城市化进程快速推进，农产品需求继续刚性增长，城乡居民消费结构继续转化升级。2006年，主要大宗农产品供求基本平衡，农产品价格总水平比上年略涨。

一 总体情况

（一）农业生产继续保持较快发展速度

中国是农产品生产大国，同时也是农产品消费大国，实现农产品供需平衡的基本立足点是国内生产，农产品对外贸易只能作为调剂国内生产余缺的工具。近年来，除大豆和棉花因国内产需缺口较大，需要大量进口外，主要大宗农产品生产能够基本满足国内需求。

2006年农业生产继续保持较快发展速度，农林牧渔业增加值24700亿元，比2005年实际增长5%，增速虽比上年回落0.2个百分点，但仍属较高年份。其中种植业增长4.8%，林业增长6.2%，牧业增长4.9%，渔业增长5.2%。农业生产快速发展进一步扩大了农产品供给，是满足国内需求的根本保证。

（二）农产品需求刚性增长，居民消费结构升级

人口自然增长是农产品需求刚性增长的根本动力。因实行严格的人口控制政策，近年来中国人口自然增长率持续下降，由2000年的7.58‰下降到2006年的5.28‰，下降了2.3个千分点。但由于人口基数大，每年新增人口规模依然庞大，2000年以来年均新增人口800万人以上。人口增长导致大约同比例的农产品需求增长，在今后相当长的一段时期内，人口增长仍是导致中国农产品需求总量刚性增长的根本动力。

近年来城乡居民收入快速增长。收入的增加一方面导致食品需求增加，另一方面导致消费结构的升级。一般而言，包括食品在内的农产品收入弹性在低收入阶段时较高，在高收入阶段时较低。目前，中国人均收入仍处于较低水平，和高收入国家相比，相同的收入增加会带来较多的食品需求增加。就消费结构变化而言，随收入水平的提高，居民消费的食品质量也会提高，消费的重点从谷物等淀粉类食品逐渐转向畜、水产品等高蛋白食品。目前，虽然中国城市和农村居民消费结构仍有较大差异，但总体呈口粮消费逐渐下降，畜、水产品稳步增加的趋势。

（三）农产品供求基本平衡，价格略涨

2006 年中国主要大宗农产品增产，基本能够满足增加的需求，农产品供求基本平衡，生产价格总水平略涨。2006 年农产品生产价格比上年上涨 1.2%，涨幅比上年回落 0.2 个百分点。其中，种植业产品上涨 4.5%，林业产品上涨 12.8%，畜牧业产品下跌 5.7%，渔业产品上涨 3.9%。分季度来看，2006 年农产品价格总水平基本呈先抑后扬走势：第一季度生产价格与上年同比上涨 2.4%，第二季度下降 2.1%，第三季度上涨 0.8%，第四季度上涨 5.5%。

二　粮　　食

（一）粮食需求稳步增长

按消费用途分，粮食消费可分为口粮、饲料用粮、工业用粮和种子用粮四个部分。近年来中国粮食消费基本呈口粮和种子用粮稳中有降、饲料用粮和工业用粮快速增长，需求总量刚性增长趋势。据统计，“十五”期间城镇居民人均口粮消费年均下降 1.3%，农村人均口粮消费年均下降 3.1%，全国人均口粮消费年均下降 2.1%。受畜牧业和食品加工业快速发展的需求拉动，饲料用粮和工业用粮每年以超过 3% 的速度增长。随着科技进步，种子用粮总体呈减少趋势。粮食消费总量每年以 1% 左右的速度稳步增加。

预计 2006 年粮食消费总量大约为 5050 亿公斤，其中小麦大约为 1000 亿公斤，稻谷大约为 1840 亿公斤，玉米大约为 1390 亿公斤，大豆大约为 390 亿公斤。

（二）粮食供给增加

2006年粮食播种面积为10538万公顷，比上年增长1.1%；粮食单产为4721公斤/公顷，增长1.7%。2006年粮食总产量为4974.5亿公斤，比上年增长2.8%。其中，夏粮总产量达到1138亿公斤，比上年增加74亿公斤，增长7%；早稻总产量为318.5亿公斤，与上年基本持平；秋粮总产量3518亿公斤，比上年增加60.5亿公斤，增长1.7%。夏粮增收对粮食总产增长的贡献率为55%，秋粮为45%。

据调查，2006年夏粮播种面积达4亿亩以上，比上年扩大500多万亩，增长1.4%。据测算，因面积扩大增加产量14.5亿公斤，占夏粮增产总量的20%。2006年夏粮每亩产量达到284公斤，比上年增加14.9公斤，提高5.5%，亩产创历史最高水平。因单产提高增产59.5亿公斤，占夏粮增产总量的80%。优质高产良种小麦种植比重提高，对夏粮单产提高起到重要作用。近年来，为提高粮食综合生产能力，国家和地方财政安排了大量良种补贴资金，大大激发了农民种植高产优质小麦的积极性。据了解，2006年优质专用小麦种植覆盖面达54%，比上年提高6个百分点。在小麦补贴项目区中小麦平均亩产380多公斤，比全国小麦平均亩产高30%以上。

近年来中国粮食对外贸易快速增长，粮食进出口对调节国内市场粮食供求总量及结构平衡发挥着日益重要的作用。2006年中国粮食净进口253.5亿公斤，比上年增长13.9%。其中，谷物净出口25亿公斤，比上年下降35.8%；大豆净进口278.5亿公斤，比上年增长6.5%。

（三）粮食供求关系仍为紧平衡

近几年国家出台了一系列支农惠农政策，进一步加大对粮食生产的投入力度，粮食生产迅速恢复。2004 年粮食总产 4694.5 亿公斤，增产 387.5 亿公斤；2005 年总产 4840 亿公斤，增产 145.5 亿公斤；2006 年总产 4974.5 亿公斤，增产 134.5 亿公斤。与此同时，粮食需求也在逐年增长。全国粮食消费需求总量 2004 年 4909 亿公斤，2005 年 4977 亿公斤，2006 年 5050 亿公斤。这 3 年，粮食生产虽然获得了大丰收，但当年产量仍小于需求量，产需缺口分别是 214.5 亿公斤、137 亿公斤和 75.5 亿公斤。产需缺口虽然在逐年减少，但仍然存在，继续成为中国粮食供求平衡的压力。

为弥补当年粮食产需缺口，保持总量供求平衡，国家加大了粮食进口，减少了出口。2004 年粮食净进口 248.5 亿公斤、2005 年 222.5 亿公斤、2006 年 253.5 亿公斤，3 年粮食净进口 724.5 亿公斤，极大地缓和了国内供求矛盾。从总量上讲，粮食总供给大于总需求的格局没有改变，供求基本平衡。但这种平衡仍然是紧平衡，因为总供给大于总需求不多。

（四）粮食价格先抑后扬

从生产价格来看，2006 年粮食生产价格比上年上涨 2%；分季度看，第一季度下降 1.4%，第二季度下降 0.2%，第三季度上涨 3.1%，第四季度上涨 4.2%。

从集贸市场价格来看，前三季度粮食价格走势基本平稳，第四季度快速上涨。2006 年主要粮食品种的集贸市场价格走势如下：

小麦：前三季度小麦集贸市场价格平稳运行，月度之间价格波动幅度较小，进入四季度价格快速上涨，上涨幅度逐月扩大（见图 6-1）。和上月相比，10 月、11 月和 12 月小麦价格分别上涨了 1.8%、3.1% 和 3.5%，3 个月累计上涨 8.6%。12 月份全国均价为

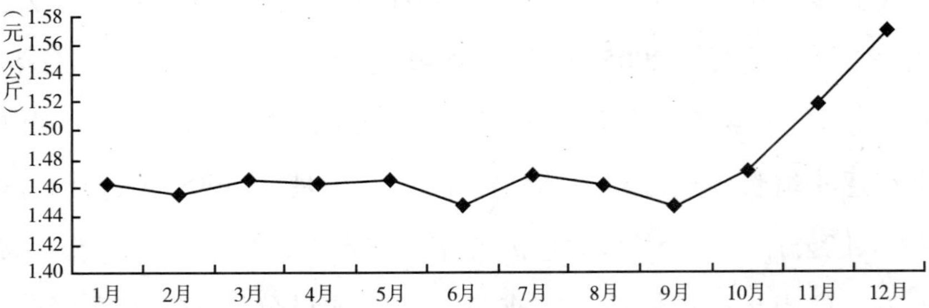

图 6－1　2006 年小麦价格走势

1.57 元/公斤，比上年同期上涨 7%。

稻谷：从年初开始籼稻和粳稻集贸市场价格维持稳中略升走势，12 月份涨幅有所扩大（见图 6－2）。12 月份全国籼稻和粳稻价格分别为 1.58 元/公斤和 1.88 元/公斤，比上月分别上涨 3.4% 和 2%，比上年同期分别上涨 7.6% 和 5.2%。

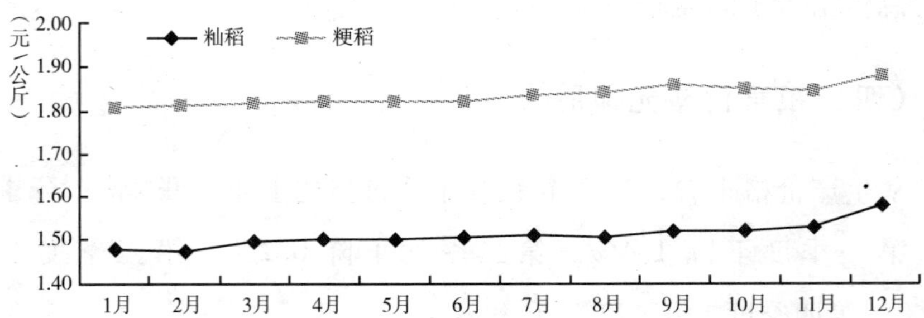

图 6－2　2006 年籼稻和粳稻价格走势

玉米：玉米集贸市场价格除 9、10 两个月有所回落外，其他各月都在上涨（见图 6－3）。12 月份全国玉米均价为 1.46 元/公斤，环比上涨 4.7%，为全年单月最大涨幅；和上年同期相比，价格高 15.5%。

大豆：1～11 月大豆集贸市场价格走势平稳，月度之间波动幅度较

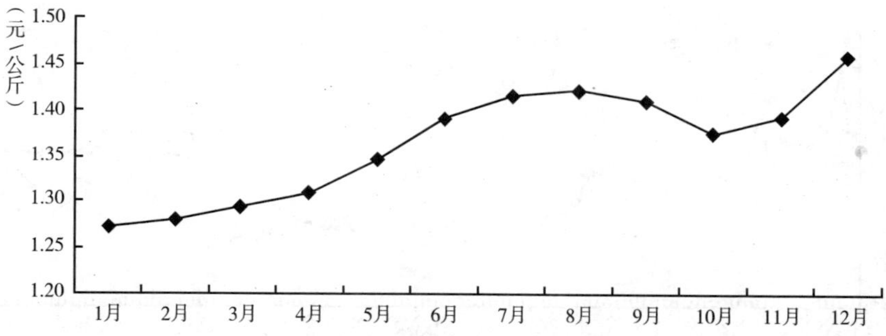

图 6－3　2006 年玉米价格走势

小，12 月快速回升（见图 6－4）。12 月份全国大豆均价为 3.56 元/公斤，环比上涨 3%，与上年同期相比上涨 2.8%。

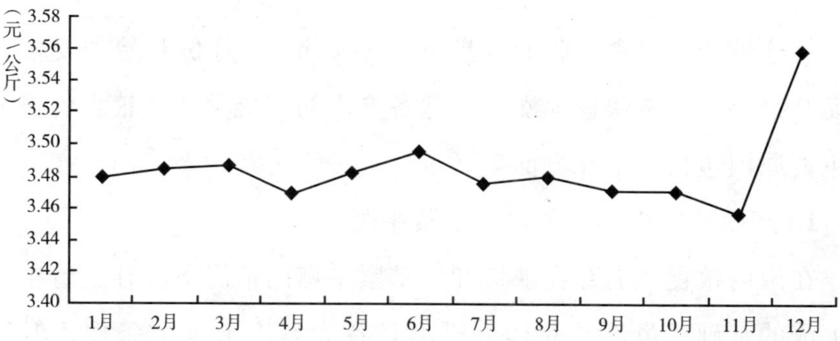

图 6－4　2006 年大豆价格走势

谷物价格年末处于历史较高价位，与近 10 年来粮价处于较高价位的 2004 年和 1996 年相比，2006 年年末谷物价格处于较高价位（见图 6－5）。12 月份小麦和玉米价格与 2004 年最高月份价格基本持平，稻谷价格创 2004 年以来的新高，大豆价格比 2004 年最高月份低 12.9%。与 1996 年的最高月份的价位相比，2006 年 12 月份小麦价格低 16.3%，稻谷低 2.5%，大豆低 12.6%，但玉米高 11.8%。

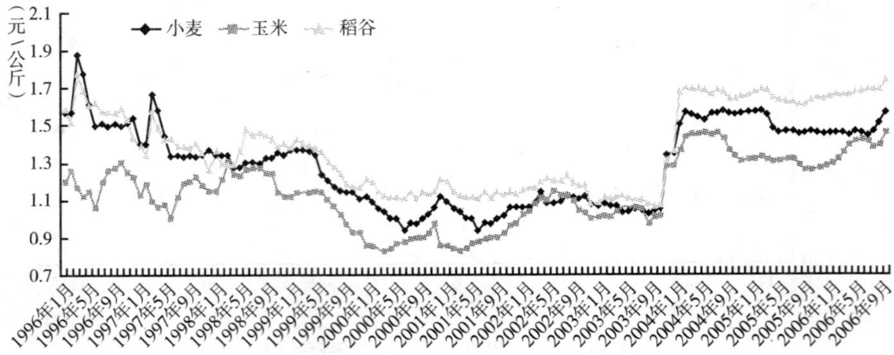

图 6－5　1996～2006 小麦、稻谷和玉米价格走势

（五）四季度粮食价格快速上涨的原因

在连续 3 年粮食丰收的背景下，2006 年 10 月份开始主要粮食品种尤其是小麦价格快速上涨，引起各方面的广泛关注。粮食价格上涨的主要原因包括以下几方面。

1. 产需缺口尚存，总量供求紧平衡

在国内粮食产需存在缺口和供求紧平衡的情况下，存在着粮食价格上涨的基础，虽然从总体上讲不具备大幅度上涨的条件，但如果供、销、存的某一个环节或某一个品种出问题，都可能引起结构性供求失衡和价格上涨。

2. 不同粮食品种供求形势不同

（1）购销失衡导致小麦价格大幅上涨。初步推算，2006 年小麦产量为 1040 亿公斤，消费量为 1000 亿公斤左右，产大于需 40 亿公斤。小麦总量平衡不支持其涨价，但由于国有粮食企业收的多、销的少，导致市场商品量供不应求。

从收购环节来看，最低收购价政策抬高市场基准价，刺激了农民售粮积极性，使得绝大部分商品粮源向国有粮库集中。在第三季度小麦最低收购价政策执行期间，中储粮总公司在河北、山东、河南、江苏、湖北和安徽6省累计托市收购小麦407亿公斤，比上年多收了近200亿公斤，占商品量的86%。小麦收购数量远大于近3年小麦增产量。近3年小麦共增产175.5亿公斤，收购量是小麦3年累计增产量的2.3倍。农户超卖了留存的小麦，国有粮库基本垄断了小麦市场的商品粮源。

从销售环节来看，储备粮竞拍的底价定价机制推高了粮价。根据有关部门新近实施的《国家临时存储粮食销售办法》，临时存储粮竞价销售底价，原则上按照最低收购价加收购费用和其他必要费用确定，实际交易价格不得低于公布的销售底价。这样，竞拍价格必然高于实际市场粮价。

从市场需求方面看，元旦、春节临近，加工企业加工需求扩大，而自有周转库存不足。加工企业转向市场收粮，而市场流通量已不多，远满足不了加工需求。加工企业竞相提高收购价格，导致小麦价格大幅上涨。

(2) 大米消费增加、需求稳中有升推动稻谷价格上涨。随着人民生活水平的提高，近年来城乡居民的主食消费结构发生了很大变化，大米尤其是优质大米比如粳稻在主食消费中的比重稳步增加。虽然人均稻谷口粮消费总体呈稳中有降格局，但由于北方大米消费群体有扩大趋势，加之籼稻在酿酒、制药以及食品等方面用量不断增加，稻谷需求总量近年来稳中有升。从生产角度来看，虽然近3年稻谷产量有所恢复，2006年稻谷产量达到1840亿公斤，但仍比1997年的历史最高水平低182.5亿公斤。从总量平衡的角度看，2006年稻谷的产需缺口依然存在，产需之间仍有将近20亿公斤的缺口。

（3）玉米加工能力快速扩张是玉米持续涨价的动力。初步推算，2006年玉米产量为1444亿公斤，比2004年增产了141亿公斤；玉米消费需求1415亿公斤，增加了125亿公斤左右，3年产大于需16亿公斤。但3年来，玉米净出口增加了135亿公斤，国家库存下降。

国内玉米消费快速增加，主要是因为以玉米为原料的加工业迅速扩张的结果。据国家粮油信息中心统计，2005年全国玉米深加工能力已经达到500亿公斤，实际加工消耗玉米288.5亿公斤。估计2006年全国玉米加工能力达到700亿公斤，增长40%；实际加工消耗350亿公斤，增长21.3%（照此计算，全国玉米消费量可能出现了低估）。2006年玉米加工能力扩张量和实际加工消耗增加量分别是增产量的4倍和1.2倍。可见，在玉米生产能力基本稳定和库存大幅度下降的情况下，加工需求急剧扩张推动了玉米价格持续上扬。

（4）大豆产需缺口扩大、进口成本大幅增加带动大豆价格回升。据测算，因大豆减产，2006年国内大豆产需缺口235多亿公斤，比上年有所扩大。目前，国内大豆产量只能满足消费的40%左右，弥补产需缺口完全靠进口，进口大豆已掌握中国大豆市场的定价权。10月份开始，国际市场大豆价格快速上涨。截止到11月底，大豆期货价格已比10月初上涨20%以上。中国大豆进口成本随之水涨船高。

3. 国际市场粮价大幅上涨推波助澜

受干旱高温等不利气候条件的影响，2006年世界主要粮食生产大国粮食都不同程度减产，导致世界粮食产量下降1.6%，其中谷物产量减产2.1%，小麦减产5.2%，粗粮减产1.1%。与此同时，因人口增长、饲料和工业用粮增加，世界粮食需求量比上年增长1%。世界谷物产需缺口达7500万吨，需要挖库存来补充，期末库存将大幅降低。与此同时，国际市场原油价格回落，大量投资基金转向农产品市场。在近年来国际初级商品市场价格持续高涨的背景下，在粮食供求关系偏紧和投资基金大量涌入的形势下，国际期货市场粮食价格大幅上扬。芝加哥期货市场上小麦和玉米期货价格创2002年以来的新高，稻谷和大豆价格大幅回升。与上年同期相比，11月份小麦和玉米期货价格分别上涨了30.2%和52.5%，稻谷价格上涨了16.1%。大豆期货价格的上涨幅度超过20%。据海关统计，在国际市场粮价大幅上涨的带动下，11月份中国进口谷物到岸价格环比上涨7.4%，同比上涨21.7%；进口大豆到岸价格比上月上涨了6%。国际市场粮食价格大幅上扬间接推动了国内粮食价格走高。

三　经济作物

（一）油料

因播种面积减少较多，2006年油料减产，产需缺口有所扩大，进口快速增加。2006年油料播种面积1380万公顷，比上年减少3.7%；油料总产量为306亿公斤，比上年下降0.5%。2006年包括大豆在内的食用油籽净进口280.5亿公斤，比上年增长9.3%；食用植物油净进口63亿公斤，比上年增长5.5%。

随着收入水平的提高，城乡居民食用植物油消费稳步增长。预计2006年中国人均消费食用植物油大约11公斤，全年消费总量大约为150亿公斤。总体上看来，虽然国内油料减产，但进口增加较多，2006年植物油供求基本平衡。

2006年油料价格呈先抑后扬走势。上半年油料价格低迷，下半年受国内和国际油料减产、进口成本增加以及消费进入旺季的影响，油料价格快速上涨。第一季度和第二季度油料生产价格分别下跌6.9%和0.7%，第三季度和第四季度生产价格分别上涨5.7%和11.2%

（二）棉花

2005年棉花减产，下半年棉花价格快速回升，棉农种棉积极性较高。受种植面积扩大和单产大幅提高的影响，2006年棉花产量再创历史新高。2006年棉花种植面积540万公顷，比上年增长6.6%；棉花单位面积产量为1246公斤/公顷，比上年增长10.4%；棉花总产673万吨，比上年增长17.8%。2006年棉花总产再创历史新高，比2004年历史最高水平增产61万吨，增长6.4%。

中国是棉花生产大国，同时也是棉花消费大国。近年来随着纺织工业的快速发展，国内棉花生产已满足不了快速增长的需求，产需缺口已成为长期趋势，并总体呈逐年扩大趋势。2000年中国棉花产需缺口为40万吨左右，2004年增加到170万吨，2005年大约为350万吨。预计2006年中国棉花需求总量为1000万吨，产需缺口大约为327万吨。

为弥补国内产需缺口，国家加大了棉花进口。2006年中国棉花净进口363.2万吨，比上年增长41.5%。综合国内生产和净进口，2006年中国棉花市场供求总体平衡，库存有所恢复。

2006年棉花生产价格逐季回落，全年棉花价格比上年低2.9%。前三季度棉花生产价格高于上年同期，第一季度同比上涨14.5%，第二季度上涨13.4%，第三季度上涨5.5%，第四季度新棉上市后有所回落，同比下跌4%。

（三）糖料

在国际和国内糖料价格大幅上涨的带动下，2006年糖料种植面积大幅增加，糖料产量创历史新高。2006年糖料种植面积178万公顷，比上年增长14.1%。其中，甘蔗种植面积148万公顷，比上年增长9.3%；甜菜种植面积28.7万公顷，比上年增长36.6%。2006年糖料总产为10987万吨，比上年增长16.2%，比2002年历史最高水平高6.7%。其中，甘蔗总产9925万吨，比上年增长14.6%，创历史新高；甜菜总产1062万吨，比上年增长34.8%。

预计2006年中国食糖生产量大约1000万吨，食糖总消费量大约1100万吨，产需缺口大约100万吨。据海关统计，2006年中国食糖净进口121万吨，比上年增长17.4%。总体看来，2006年糖料市场供应充裕，供求基本平衡。

受2005年世界和国内糖料减产较多的影响，2006年中国糖料价格处于较高价位。2006年中国糖料生产价格比上年上涨了21.1%。分季度看，第一季度糖料生产价格同比上涨34.9%，第二季度上涨30.3%，第三季度上涨8.7%，第四季度上涨9%，涨幅基本呈逐季下跌态势。

（四）水果

2006年果品产业继续保持良好发展势头，产量增加，品质提高，需求旺盛，价格强劲回升。全年水果产量17050万吨，比上年增长5.8%。随着生活水平的提高，近年来城乡居民水果消费快速增长。城镇居民人均水果年购买量由1990年的41公斤增加到2005年的57公斤。据估算，2006年城镇居民人均水果消费量大约为60公斤，农村居民人均水果消费量大约为20公斤。

水果是中国的优势农业产业，在国际上具有较强的竞争力。受国内需求增长和价格上涨的影响，2006年中国水果出口有所下降。全年水果净出口244万吨，比上年下降2.3%。

总体来看，2006年中国水果供求关系比前几年偏紧，价格强劲回升。全年水果生产价格同比上涨12.3%，其中，苹果生产价格上涨12.5%，梨生产价格上涨11.7%，柑橘生产价格上涨7.1%，香蕉生产价格上涨13.6%。

四 畜产品

随着农村社会主义市场经济体制的日益完善和农业产业结构调整的逐步深入，近年来畜牧业保持了较快的发展速度，已成为农业的重要支柱。2006年畜牧业增加值6640亿元（现价），比上年增长5.2%。畜牧业总产值占农业总产值的比重为32.2%，比2000年提高了2.5个百分点。

2006年畜产品生产总体保持较快发展速度，但受2005～2006年上半年畜产品价格持续下跌的影响，增速比上年有所放缓。2006年肉类总产量达8100万吨，增长4.6%，增速比上年回落2.3个百分点。其中，猪肉5230万吨，比上年增长4.3%，增速回落2.3个百分点；牛肉750万吨，比上年增长5.3%，增速与上年持平；羊肉470万吨，比上年增长7.8%，增速回落1.3个百分点；禽肉1260万吨，比上年增长4.2%，增速回落4.2个百分点。2006年奶类总产为3250万吨，比上年增长18%，增速回落3个百分点。

随着收入水平的提高，2000年以来城乡居民的消费结构发生重大变化，消费重点由淀粉类食品逐渐转向畜产品等高蛋白食品。2005年城镇居民人均购买猪肉20.2公斤，比2000年增加20.7%，年均增长3.8%；购买牛、羊肉3.7公斤，比2000年增长11.1%，年均增长2.1%。2005年农村居民猪肉和牛羊肉人均消费量分别为15.6公斤和1.3公斤，比2000年分别增长17.6%和30.1%，年均增长率分别为3.3%和5.4%。

2006年畜产品价格先抑后扬，上半年价格持续下跌，下半年快速回升，全年平均价格水平低于上年。2006年畜产品生产价格总水平同比下跌5.7%，其中，第一季度同比下跌1.6%，第二季度下跌15.2%，第三季度下跌5.1%，第四季度上涨6.1%。

上半年畜产品价格持续下跌的原因有以下几个方面。

（1）国内畜产品增产，市场供给增加。肉类产量尤其是猪肉产量快速增长是肉类产品价格下降的主要原因。2005年肉类总产量比2004年增产498万吨，增长6.9%。其中猪肉增产309万吨，增长6.6%；牛肉增产35.6万吨，增长5.3%；羊肉增产36.2万吨，增长9.1%。猪肉增产对肉类增产的贡献率达62%，牛肉的贡献率为7.1%，羊肉的贡献率为7.3%。2006上半年畜产品产量继续增加。全国肉类总产量3605万吨，同比增长4.4%。其中，猪肉产量2533万吨，增长4.5%；牛肉产量293万吨，增长5.8%；羊肉172万吨，增长8.1%；禽肉产量608万吨，增长2.1%；禽蛋产量1250万吨，增长1.4%。

（2）畜产品进口快速增加，出口下滑，加剧了国内供求不平衡状况。据海关统计，2005年中国肉及食用杂碎进口5.9亿美元，比2004年增长23.3%，高于出口5.1%的增长速度。活猪出口176万头，比上年下降10.4%，出口金额2.3亿美元，下降5.3%。2006年1~5月份肉及食用杂碎进口增长迅猛，进口2.6亿美元，比上年同期增长37.7%；出口2.7亿美元，比上年同期下降10.7%。鲜活畜产品出口亦出现萎缩。与上年同期相比，1~5月份活猪出口数量下降2.4%，活家禽出口数量下降17.3%。

（3）居民消费结构升级，畜产品结构性过剩。随着人民生活水平的提高，居民的食品消费结构将会优化升级。就畜产品而言，近年来城乡居民消费结构发生了一些重要变化，主要表现为猪肉及禽蛋消费占畜产品消费总量的比重趋于下降，牛羊肉及家禽消费所占比重上升。以城镇居民消费为例，2005年猪肉和禽蛋消费占畜产品消费总量的比重分别为46.7%和24%，比1995年分别下降了5和5.2个百分点；2005年牛羊肉和家禽消费所占比重分别为8.5%和20.8%，比1995年分别提高了1.2和8.9个百分点。在居民消费结构升级的同时，近年来畜产品生产结构不合理的状况并没有得到根本改观。就肉类生产而言，猪肉产量占肉类总产量的比重依然过高。2005年猪肉产量占肉类总产量的比重高达64.7%，牛肉和羊肉产量所占比重仅分别为9.2%和5.6%。生产、消费结构不匹配是猪肉价格持续下降，而牛羊肉价格保持基本稳定的内在原因。

（4）猪链球菌和禽流感等动物疫病抑制了消费意愿和消费信心。2005年部分地区发生了猪链球菌和禽流感疫情，2006年上半年禽流感疫情在不同地区时有发作，在一定程度上抑制了消费意愿和消费信心，进一步加大了畜产品市场的价格下行。

（5）粮食价格下降的带动。粮食价格在农产品价格体系中具有基础性的决定作用，粮价变动情况对其他农产品价格具有较强的带动作用。2005年粮食生产价格下降0.9%，2006上半年同比下降0.6%。粮食价格的下降一定程度上降低了饲料价格和畜禽饲养成本，带动了畜产品价格的下降。

下半年畜产品价格快速回升的原因：①前期市场低迷，价格跌入谷底，畜产品价格触底反弹；②受前期价格持续下跌的影响，下半年畜产品产量增速继续回落；③“禽流感”疫情的影响逐渐减小，消费信心和消费意愿有所恢复；④下半年畜产品消费进入消费旺季；⑤粮价上扬，生产成本增加，带动畜产品价格上涨。

五　水　产　品

2006 年渔业继续稳定发展，全年水产品产量 5250 万吨，增长 2.8%，但增速比上年回落 1.4 个百分点。随着生活水平的提高，近年来城乡居民水产品消费量持续增长。2005 年城镇居民人均购买水产品 12.6 公斤，比 2000 年增长 6.9%。如果加上在外用餐所消费的水产品，估计城镇居民人均水产品消费量已接近 15 公斤。2005 年农村居民人均消费水产品 4.9 公斤，比 2000 年增长 25.6%。

渔业是中国优势农业产业之一，在国际市场具有较强的竞争力。2006 年中国水产品贸易顺差 50.6 亿美元，比上年增长 34.3%。其中，出口 93.6 亿美元，增长 18.7%；进口 43 亿美元，增长 4.4%。

总体来看，2006 年水产品供求基本平衡，生产价格稳中有升，季度之间价格波动幅度较小。全年生产价格同比上涨 3.9%，其中海水产品上涨 7.6%，淡水产品上涨 0.5%。分季度看，水产品第一季度生产价格同比上涨 2.3%，第二季度上涨 4%，第三季度上涨 1.9%，第四季度上涨 5.5%。

六　2007 年粮价走势基本判断

（一）短期粮食价格高位整理

初步判断，2007 年春节后粮食价格将会季节性小幅回落，基本维持高价位震荡，近期粮价不会持续大幅上涨。基本理由：一是粮食总量供需基本平衡。2004 年以来，中国粮食生产连续 3 年增产，累计增产达到 667.5 亿公斤，国内粮食总量供求基本平衡，不具备大幅上涨的基础。二是国家粮食库存充裕。三是临时储备粮竞拍出售已起到稳定粮食市场作用。据了解，截至 2006 年 12 月 30 日，有关部门已 7 次抛售共计 70 亿公斤最低价收储的小麦，市场供应紧张得到缓解，小麦市场价格已基本稳定。

（二）春节后粮价回落为正常季节性波动

春节后粮价回落只是加工和消费旺季结束后的正常季节性波动，幅度不会太大。节后支撑粮食市场稳定的因素依然存在，国际粮价高企和国家最低收购价政策将继续对粮价下跌形成强力支撑。另外，2006 年冬季大部分小麦主产区持续高温少雨，部分地区小麦出现旺长，苗情较差，各方对 2007 年小麦产量预期悲观，农民惜售心理增强，这也是支撑粮价的重要因素。

总体上看，2007 年粮食价格仍将处于近年来的高位。

（三）中长期粮食价格稳中有升

从粮食需求来看，随着人口增加、饲料和工业用粮持续增长，中国粮食总需求将保持刚性增长态势。而从粮食供给方面来看，随着工业化、城市化进程逐步加快，耕地、水资源矛盾日益突出，加之中国农业基础设施薄弱，农业科技贡献率偏低，粮食供给增长的难度越来越大。因此，中国粮食市场将长期处于供求紧平衡状态，再考虑成本推动的影响，中国粮食价格将长期看涨。

第七章
农产品国际贸易与国际竞争力

2006 年是中国加入 WTO 的第五年，尽管国外农产品对中国的压力逐步显现，以及农产品出口不利因素有所增加，但由于政府支农惠农政策力度继续加大，农产品质量安全管理继续加强，农产品进出口调控能力不断提高，促进了中国农产品对外贸易的良好发展。在农产品进出口贸易总额突破 600 亿美元大关、农产品出口额和进口额分别创造历史新纪录的同时，农产品对外贸易逆差继续有大幅度减少。

一　农产品进出口基本情况及其特点

（一）农产品进出口基本情况

根据海关统计资料，2006 年中国农产品进出口总额达 630.2 亿美元，比 2005 年增长 12.9%。其中，农产品出口额 310.3 亿美元，增长 14.2%；农产品进口额 319.9 亿美元，增长 11.7%；农产品进出口逆差由 2005 年的 14.7 亿美元减少到 9.6 亿美元，减少 34.7%。农产品进出口贸易额和增长情况分别见表 7－1 和图 7－1。

表 7－1　农产品进出口贸易额及增长

年　份	1998	1999	2000	2001	2002	2003	2004	2005	2006
数额(亿美元)									
进出口总计	221.4	216.3	268.2	279.1	305.8	403.6	514.2	558.3	630.2
出　口	138.1	134.7	156.2	160.7	181.4	214.3	233.9	271.8	310.3
进　口	83.2	81.6	112.0	118.3	124.4	189.3	280.3	286.5	319.9
增长率(%)									
进出口总计	-11.0	-2.3	24.0	4.1	9.6	32.0	27.4	8.6	12.9
出　口	-7.5	-2.5	16.0	2.9	12.9	18.1	9.1	16.2	14.2
进　口	-16.5	-1.9	37.3	5.6	5.2	52.2	48.1	2.2	11.7

资料来源：根据国家海关信息中心有关数据整理。

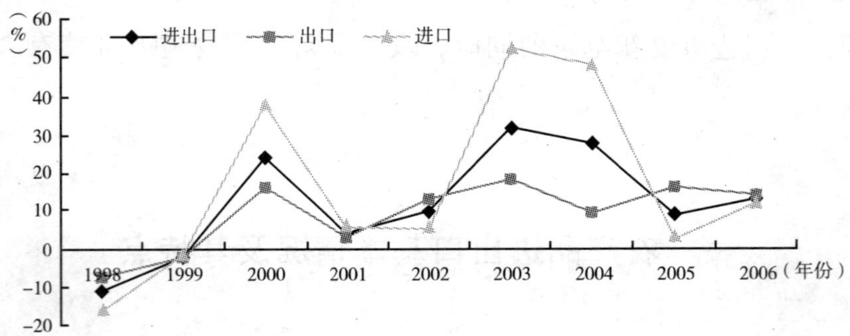

图 7－1　农产品进出口贸易增长

2006 年中国主要农产品进出口情况见表 7－2。

表 7－2　2006 年中国主要农产品进出口

单位：万吨，%

品　种	出　口	比上年增长	进　口	比上年增长
大　米	123.7	84.1	71.9	37.7
小　麦	111.4	328.5	58.4	-83.5
玉　米	307.0	-64.3	6.5	1500.0
大　豆	—	—	2827.0	6.3
棉　花	1.3	160.0	364.5	41.7
食用植物油	40.0	75.5	677.4	9.0
食　糖	15.4	-57.0	137.4	-1.2
蔬　菜	732.6	7.8	11.7	20.6
水　果	370.3	1.6	125.8	9.8
畜产品(亿美元)	37.3	3.6	45.5	7.6
水产品(亿美元)	93.6	18.7	43.0	4.4

资料来源：根据国家海关信息中心有关数据整理。

(二) 农产品进出口的主要特点

1. 农产品进出口继续较快增长

2006 年中国农产品对外贸易继续保持增长态势，农产品出口额和进口额均是连续第七年增长，并创造出历史新纪录。联合国粮农组织统计资料显示，2004 年中国农产品进出口贸易额占世界农产品进出口总额的 5.05%，居美国、德国、法国、荷兰、意大利和英国之后，列世界第七位。① 2005 年中国农产品进出口贸易额增长较快并超过英国，2006 年中国农产品进出口贸易额继续较快增长，我们推测，

① 根据联合国粮农组织：《FAO Statistical Yearbook 2005～2006》第 103 页、第 107 页有关数据整理。

中国农产品贸易在世界上排名可能进一步前移，这表明中国正在向农产品贸易大国迈进。

2. 农产品进出口逆差连续减少

近两年，中国农产品进出口贸易在较快增长的同时，农产品贸易逆差状况也得到较大的改善，农产品贸易逆差逐年减少，从2004年的46.6亿美元减少至2006年的9.6亿美元，减幅达79.4%，初步改善了农产品贸易逆差过大所引起的问题，这表明在市场开放条件下，中国不仅可以有效地利用国内外两个市场、两种资源，而且可以通过加快经济发展和增强贸易平衡调节能力，降低和避免国外农产品对国内市场冲击的负面影响。

3. 部分农产品价格呈上升趋势

2006年中国农产品进出口贸易的一个新特点，就是部分农产品价格上升比较明显。从整体来看，2006年中国农产品出口价格指数（派氏）为104.9，比2005年上升4.9%；从主要出口市场来看，出口日本、香港、欧盟15国和美国的农产品价格指数分别为102.3、103.3、110.7和101.2；从具体产品来看，大蒜、苹果、苹果汁、蘑菇罐头等8种大宗出口商品平均价格上涨均超过20%，新鲜及冷冻蒜头出口的单位价格比上一年上升了36.1%，新鲜和冷冻的花菜及硬花甘蓝的单位价格比上一年上升了13.9%。导致出口农产品价格上升的主要原因包括：农业生产投入品价格上涨、人民币升值、质量安全费用增加等。

4. 东部地区仍是农产品出口主要地区

山东、广东、浙江、辽宁、福建和江苏6省是中国农产品出口的主要省份，值得关注的是，2006年中国面临农产品出口困难较多，即在日本实施“肯定列表制度”和欧盟实施食品安全新法规的情况下，山东省农产品出口不仅占全国农产品出口总额的26%，继续名列全国农产品出口第一大省，而且农产品出口额增长幅度达17.3%，超过全国平均增幅，呈现出增长强劲的势头。这表明山东省既拥有较强的农业生产能力，又善于将比较优势转化为竞争优势，具备了较强的市场竞争能力。

5. 玉米出口大幅减少，大豆进口增加

近年来，中国玉米出口大幅度减少和大豆进口持续增加。2000～2005年，中国玉米出口数量平均达到925万吨左右，2006年玉米出口数量从上一年的861万吨减少至307万吨，虽然玉米出口数量多于2004年的232万吨，但是当时主要考虑的是国内粮食减产和粮食安全因素，是国家加强对玉米出口政策调控的结果，而近期玉米出口减少则主要是由于国内玉米深加工能力迅速增长，从而导致玉米供求关系变化的结果。2006年国内加工业玉米消费量达3500万吨，比上年增加1000万吨。2006年大豆进口量高达2827万吨，比上一年增长6.3%，远远超过2005年中国大豆生产量1635万吨。

二　影响农产品对外贸易发展的主要因素

在过去的一年里，面对农产品出口诸多不利因素，中国农产品对外贸易不仅有了新的发展，而且连续两年减少农产品贸易逆差，这是多方面努力的结果，其中包括国家继续加大支农惠农政策力度、全面重视农产品质量安全性、不断增强农产品对外贸易发展能力、不断提高处理贸易争端的应对能力等。同时，政府加强农业综合生产能力和粮食宏观调控等措施，也为农产品贸易逆差减少提供了有力支持。

（一）继续加大支农惠农政策力度

2006年，国家财政继续加大对粮食种植和种粮农民的支持，进一步完善粮食直补机制，增设农业生产资料综合补贴，粮食主产区将种粮直接补贴的资金规模提高到粮食风险基金的50%以上，继续实行对粮食主产县的奖励政策，加大中央财政对粮食主产县的奖励资金；大力加强农田水利、耕地质量和生态建设，加快发展节水灌溉，实施新一轮沃土工程，全面提升农田地力；发展农业产业化经营，各级财政增加扶持农业产业化发展资金，支持龙头企业发展；促进农业科技创新和转化，实施现代农业高技术产业化项目、示范工程、种子工程等，扩大重大农业技术推广项目专项补贴规模。这些支农惠农政策措施不仅加强了农业综合生产能力，而且提高了中国农产品竞争力，为农产品出口贸易发展提供了重要支撑。

（二）全面重视农产品质量安全性

近年来，中国进一步加强农产品质量安全性工作，这主要表现为：①农产品质量安全性意识普遍提高。这种意识已不再仅仅是学者和管理者的认识，正在逐步成为包括决策者、管理者、消费者和生产者在内的全社会的共识。②农产品质量安全性管理工作已进入法制化轨道。《中华人民共和国农产品质量安全法》已于2006年11月1日开始实施，这部法律对农产品质量安全标准、农产品生产、包装及标识、监督检查、法律责任等做出明确的规定。③质量安全管理已进入农产品生产、流通、消费等领域。经过几年的艰苦努力，中国许多地区正在对农产品进行从“田头到餐桌”全过程质量安全管理，农业、商务、卫生、检验检疫、工商等部门形成了对农产品质量管理的协调机制。中国政府对兽医管理体制改革做出了全面部署，正在建立健全兽医行政管理机构、执法机构和各级兽医技术支持体系。④农产品质量安全管理的技术手段和装备得到显著加强。截至2005年底，农业部制定国家标准691项、行业标准1613项、地方标准7000多项，“十五”期间的标准数量是1999年以前50年全部农业标准项目总数的1.6倍。一大批具有先进实用的检测设备已经用于农产品生产、流通和检验，一些大型龙头企业拥有国际先进水平的检测仪器。虽然中国农产品质量安全管理面临的任务仍然十分艰巨，但是这项战略性工作已经取得明显成效。

（三）不断增强农产品对外贸易发展能力

中国政府积极探索在新的国际贸易环境下，运用经济方式改善和加强宏观调控，努力实现进出口贸易的平衡发展。农产品对外贸易方面取得的成功经验有：①加快转变农产品出口增长方式，扶持大型龙头企业，鼓励优质农产品出口。2006年出口金额1000万美元以上的农产品出口龙头企业数量，比上年增加21.4%，目前龙头企业农产品出口金额占全部农产品出口总额的46%。②加强农产品出口基地建设，提高农产品出口企业进入门槛。例如，山东省实施“出口农产品绿卡行动计划”，经过两年多的实践证明，该项计划对推动山东省农产品出口增长发挥了重要作用。③加强农产品出口信息服务，为企业提供海外市场指导。商务部建立出口信息服务平台后，不断丰富信息内容，现已提供美国、欧盟、日本、韩国等16个国家的市场基本情况。④加强企业技术管理人员培训，培养农产品出口企业骨干力量。2006年商务部等部委先后组织10个省（市）农产品出口企业人员培训，了解和熟悉日本“肯定列表制度”情况，采取相关措施增强应对能力。

（四）不断提高处理贸易争端的应对能力

加入WTO以来，随着中国农产品出口贸易快速增长，中国频繁遭遇各种贸易摩擦和纠纷。一些国家运用反倾销、技术标准、进口配额管理、知识产权保护、反出口补贴等多种手段，对进口农产品设置了多种贸易障碍，导致中国农产品出口增长受到较大压力。近年来中国大蒜出口受到美国、巴西、韩国、加拿大的反倾销调查，蘑菇罐头遭遇美国、巴西、澳大利亚的反倾销调查；2006年欧盟、日本相继实施新的食品安全法和农药残留检测标准，极大地提高了农产品进口门槛；日本实行紫菜进口配额管理限制措施，长期对中国紫菜产品实施封闭市场政策。

面对各种贸易壁垒和贸易摩擦，中国政府部门、行业协会（商会）、贸易企业在贸易实战中经受锻炼，显著地提高了应对贸易摩擦的能力。2006年6月，中国暖水虾出口企业诉讼美国商务部反倾销案取得胜诉。2004年4月，中国商务部对日本紫菜进口配额制度展开贸易壁垒调查，最终使日本取消对中国紫菜的歧视性措施。2006年中国企业积极应对欧盟、日本出台的新食品安全法和农药残留检测标准，加强行业自律和提高农产品质量安全性，使年中一度出现的农产品出口下降态势得到扭转。

（五）农产品贸易逆差的根本原因是农业资源不足

中国农产品贸易连续3年出现逆差，其根本原因是土地、水等资源相对不足，制约了一些农产品产量和质量。一方面，近几年油脂业、纺织业、酿酒业等产业扩张较快，国内对粮棉油的需求不断上升，但是，国产大豆、棉花、油料作物数量不能满足需求量，要求通过进口方式补充国内生产的不足。2006 年中国农产品进口贸易中，大豆、棉花和植物油进口额分别占全部农产品进口额的 23.4%、15.2% 和 10%，这 3 项进口额相加接近农产品进口总额的 49%。另一方面，由于过去不科学施用农药、化肥，在相当程度上造成部分土地和水源污染，这种状况在一定时间内难以彻底消除，从而影响了农产品质量安全性提高。在发达国家对进口农产品质量要求日益严格的情况下，资源和环境因素对中国农产品出口增长的约束将逐步显现出来。此外，中国农产品加工业迅速发展，玉米等农产品的工业性消费量越来越大，土地、水资源不足的影响更加明显。

三　农产品竞争力总体上呈现上升趋势

随着中国对外开放不断扩大，经历了来自国外贸易壁垒和贸易摩擦的考验，中国农产品竞争力有了进一步提高。这种提高不仅反映具体产品指标的变化，更重要的是反映农产品贸易发展能力和对外贸易体制创新，这种创新和进步已经成为提高农产品竞争力的内在动力。

（一）中国农产品出口贸易持续较快增长

近 10 多年来，中国农产品出口快速增长，若以 1990 年农产品出口额为基数，2000 年比 1990 年增长 57.5%，2006 年比 1990 年增长 212.8%，中国已成为世界上农产品出口增长最快的国家之一。根据最新 WTO 统计资料，[1] 1990 年中国农产品出口额占世界农产品出口市场份额的 2.43%，2000 年和 2004 年分别上升至 2.97% 和 3.08%，

① 世界贸易组织：《2006 年国际贸易统计年鉴》，第 114 页。

2005年继续上升至3.40%，若将欧盟看作一个统一体，中国已成为居欧盟、美国、加拿大、巴西之后的世界第五大农产品出口国（集团）。

（二）国产主要粮食占国内市场比重大

在国家支持农业和鼓励粮食生产的政策条件下，中国水稻、小麦和玉米综合生产能力可以基本上满足国内对口粮和饲料粮的需要，并具有相当的抵御国外粮食产品对国内市场冲击的能力。2006年中国水稻、小麦和玉米的国内消费占有率分别为99.6%、99.3%和100%（见表7-3），但大豆的国内消费占有率只有36.7%，国内大豆供求仍存在着较大缺口，进口数量继续增加。

表7-3　中国主要粮食产品占国内市场份额

单位：%

年份	1996	1997	1998	1999	2000	2001	2002	2003	2004	2005	2006
水稻	99.6	99.8	99.9	99.9	99.9	99.8	99.9	99.8	99.6	100	99.6
小麦	93.0	98.5	98.7	99.6	99.1	99.2	99.3	99.5	92.5	96.7	99.3
玉米	99.7	100	99.8	100	100	100	100	99.7	100	100	100
大豆	92.2	83.9	82.4	76.5	59.3	52.1	58.9	42.2	46.7	40.7	36.7

资料来源：根据《2005中国农业发展报告》和国家粮油信息中心有关数据整理。

尽管受土地、水资源的限制，以及农业经营规模、农业科技、财政支农等原因，与一些发达国家相比，中国粮食价格竞争力仍有一定的差距（见表7-4），但是中国政府高度重视粮食安全问题，加强对主要粮食生产的扶持力度，在国际市场部分粮食价格上涨的情况下，国产小麦、玉米和大米价格与国际市场同类产品价格的差距缩小，国外大米、小麦、玉米到岸价格已超过或接近国产同类产品价格，这表明中国抵御国外主要粮食冲击的能力显著提高。

表 7-4　中国与国际市场主要粮食产品价格比较

单位：元/千克

年　份	小　麦			大　米		
	国　际	中　国	差距(%)	国　际	中　国	差距(%)
2001	0.89	1.11	24.7	1.27	1.54	21.3
2002	1.08	1.06	-1.8	1.46	1.48	1.4
2003	1.18	1.13	-4.2	1.52	1.57	3.3
2004	1.26	1.54	22.2	1.85	2.36	27.6
2005	1.15	1.50	30.4	2.10	2.27	8.1
2006	1.32	1.44	9.1	2.13	2.30	8.0
年　份	玉　米			大　豆		
	国　际	中　国	差距(%)	国　际	中　国	差距(%)
2001	0.74	1.13	52.7	1.50	2.07	38.0
2002	0.82	1.02	24.4	1.67	2.11	26.3
2003	0.89	1.10	23.6	2.04	2.65	29.9
2004	0.96	1.25	30.2	2.43	3.22	32.5
2005	0.81	1.22	50.6	1.99	2.78	39.6
2006	0.97	1.30	34.0	1.84	2.69	46.2

说明：差距 =（中国粮食价格 - 国际市场粮食价格）/国际市场粮食价格。

资料来源：2001～2005 年数据摘自《2005～2006 年：中国农村经济形势分析与预测》，社会科学文献出版社，2006。2006 年数据根据农业部、国家粮食局、郑州粮食批发市场、美国小麦协会、美国大豆协会等统计资料整理。

（三）蔬菜、水果、水产品出口持续增长

中国蔬菜、水果、水产品等劳动密集型农产品出口继续增长，这些农产品竞争力又有新的提高。2006 年蔬菜出口量达 732.6 万吨，比上年增加 7.8%。在占世界蔬菜出口总额约 47% 的新鲜蔬菜中，中国所占金额比重从 1995 年的 8.34% 提高到 2005 年的 9% 左右。大多数中国蔬菜的国内资源成本系数（DRCC）均不超过 0.35。2006 年水果出口量达 370.3 万吨，比 2005 年增长 1.6%，最具代表性的浓缩

苹果汁出口量占世界出口市场的份额达到45%左右。2006年水产品出口金额达93.6亿美元，比上年增长18.7%。水产品进出口顺差50.6亿美元，是农产品中净出口额最多的大类产品。2005年水产品出口量超过世界水产品市场份额的10%。同时，国产蔬菜、水果、水产品质量安全性有了较大提高，特别是对农药、兽药等有害物质残留量的控制，这表明中国劳动密集型竞争力进一步增强。

有关研究表明，国家政策扶持和制度创新是提高农业竞争力的内在动力，这种效应具体表现在农业生产能力、农业基础设施、农业科技开发能力、农业劳动力素质、农民组织化程度、企业管理水平等方面的改善和进步，最终提高了农产品生产效率和质量安全性，从而提升了农产品竞争力。

四　政策建议与形势展望

在农产品对外贸易取得来之不易的成就的同时，我们应该认识到，中国农产品对外贸易发展还存在不少困难，尤其是作为一个发展中国家和农业大国，与西方发达国家相比，农业生产和管理的基础还比较薄弱，还需要经过长期不懈的艰苦努力。

（一）问题思考

1. 农产品行业组织尚未有效发育和发展

中国尚未形成具有真正意义、作用显著的农产品行业协会（商会）组织，目前政府部门下属的官办行业组织对企业的影响力和实际作用有限，影响了行业内有序竞争、产品质量提高、对外纠纷交涉、出口策略协调等，使政府部门不得不直接管理某些行业、企业的具体事务，既付出了大量的管理成本，又难以真正解决问题，其根本原因在于这些官办行业组织缺乏企业自发的基础，难以真正发挥行业协会的职能和作用。发达国家经验证明，行业协会组织是市场经济发育成熟的一个重要标志。如何在国家法律、政策框架下，积极推动行业协会组织发育和发展，是一个需要考虑的重要问题。

2. 金融和信贷对农产品进出口支持不足

在现阶段，中国农产品出口企业缺乏金融信贷的有力支持。国家政策性金融和信贷支持不足，商业性金融和信贷又不愿意承担市场风险。有关调研表明，中国许多农产品外贸企业最迫切希望解决的问题是流动资金，这是由多方面原因所形成。其一，农产品生产和流通的特征决定了农产品贸易企业存在周期性短期信贷资金流量较大的特点；其二，按照目前中国金融业的融资和担保政策规定，农产品出口企业的大多数固定资产不能用于抵押和担保；其三，在国内农产品对外贸易企业中，大部分是中小型企业，这些企业自身融资能力较差。

3. 农产品出口企业管理基础仍然较薄弱

中国农产品出口快速增长带动了外贸企业发展，其中小企业数量明显增多。据商务部统计，2006 年 1 ~ 11 月，国内农产品出口企业 2.02 万家，比上年同期增长 16.8%。在新增加的 2905 家企业中，出口额 1000 万美元以上的龙头企业只有 96 家，大型骨干外贸企业的集中度有所下降。在新增加的 2800 多家中小企业中，包括一些加工条件差、企业管理差、产品质量差的出口企业，这些“三差”企业直接影响到农产品出口行业健康发展。在中国农产品质量安全性基础有待于加强的情况下，需要进一步规范农产品外贸企业质量管理。

4. 主动性开拓和发展海外市场能力较差

开拓和发展海外市场的能力明显不足是中国农产品出口贸易发展

的一个弱点，包括对外国产业政策、行业组织、相关企业和消费市场的了解和把握，以及开展针对性宣传和营销活动。近几年，由于转制、拆分和重组等原因，一些大型国有贸易公司撤销了驻海外办事机构；同时，民营企业主动性进入海外市场开拓业务能力有限。实际上，目前大多数国有、民营农产品外贸企业主要依靠原有客户关系或外商主动上门联系业务，这影响了中国农产品出口贸易积极、稳定、长期的发展。

（二）政策建议

1. 重视农产品外贸行业组织发育和发展

国家主管部门应重视和加强行业组织建设，通过深入开展调查研究，发现制约农产品外贸行业组织发育和发展的相关因素，在此基础上进行试点和探索，结合地方政府和企业的成功经验，总结出规律性、普遍性经验，为建设具有中国特色并有实效的行业组织提供理论和实践准备。

2. 研究金融信贷对农产品出口扶持措施

有关部门和科研单位应加强合作，根据农产品贸易的特点和国际经验，研究金融信贷对农产品出口支持政策，尤其是针对国内农产品外贸企业的基本情况和实际困难，积极探索金融信贷业制度创新，解决目前困扰农产品出口企业缺乏流动资金的状况。

3. 建立规范的农产品外贸企业管理制度

根据发达国家对农产品提出的新要求，加强外贸企业管理制度建设，提高农产品质量竞争力。以农产品质量、企业质量安全性保障体系和企业诚信度等为依据，建立农产品出口企业考核制度，整合农产品外贸企业，提高外贸企业进入门槛，排除不良企业的干扰，从制度上保证农产品出口由数量向质量升级转变。

4. 增强中国开拓和发展国外市场的能力

为了改变中国农产品外贸经常被动应对发达国家的局面，国家有关部门应继续加强和充实信息服务，同时组织有关力量对国外市场进行跟踪研究，及时提出主动性和前瞻性对策措施，并考虑从政策上支持企业集团、行业组织开发国外市场。

5. 加强重要农产品进口的宏观调节措施

根据有关国际市场趋势分析，2007 年某些农产品国际市场价格可能在高位运行，特别要关注大豆、棉花、食用植物油等进口量大的品种，积极考虑运用进口大国的有利条件，协调行业内企业对外策略，争取获得产品定价权，减少国际市场农产品价格上涨对国内的不利影响。同时，加强国家宏观调节措施，严禁国有大型企业违反政策操作和干扰正常市场秩序。

（三）形势展望

2007 年中国农产品进出口贸易总体上仍将继续增长，随着水产品、蔬菜、水果等农产品质量安全性进一步提高，有利于促进中国农产品的比较优势向竞争优势转变。与此同时，中国经济持续稳定增长以及土地、水资源等限制，大豆、棉花、食用植物油仍将大量进口，中国农产品大进大出的格局更加显著。尽管在新的一年，国际市场上仍然存在着大豆、玉米等农产品价格高位运行、技术壁垒等贸易限制等不利因素或不确定因素，但是，我们认为，在国内农业综合生产能力不断增强，以及国家宏观调节措施富有成效的情况下，农产品进出口贸易完全有可能实现基本平衡。

第八章
农村居民收入与生活

2006 年全国农村经济保持稳中趋快态势，农村居民收入平稳较快增长，生活消费水平继续提高，生活质量不断改善。据对全国 31 个省（区、市）6.8 万个农村住户的抽样调查，2006 年农村居民人均纯收入为 3587 元，比上年增加 332 元，增长 10.2%，扣除价格因素的影响，实际增长 7.4%，实际增幅比 2005 年提高 1.2 个百分点；农村居民人均生活消费支出 2829 元，比 2005 年增加 274 元，扣除价格因素影响，实际增长 9.1%。

一　农村居民收入

（一）2005 年农村居民收入来源与构成

1. 工资性收入

2006 年农村居民的工资性收入人均 1375 元，比上年增加 200

元，增长17%。工资性收入的增加额占全年农村居民人均纯收入总增量的60.2%，比上年提高4.7个百分点。

在工资性收入中，务工收入人均851元，比上年增加138元，增长19.4%。其中，本地打工收入人均297元，比上年增加53元，增长21.6%；外出务工收入人均554元，比上年增加86元，增长18.3%。

外出务工收入增加主要是因为务工人数和工资水平稳定增长。2006年农村常住户中外出务工劳动力占农村劳动力的比重为21%，比上年提高0.8个百分点；常住户中外出务工人数增加530万人，比上年增长5.3%；农民工月工资水平比上年增长9.9%。

2. 家庭经营收入

2006年农村居民家庭生产经营纯收入人均1931元，比上年增加88元，增长4.8%，增速回落0.9个百分点。家庭经营纯收入的增加额占全年农村居民人均纯收入总增量的26%。家庭经营收入增速回落主要是由于第一产业中牧业收入下降所致。

农户家庭经营第一产业纯收入人均1521元，比上年增加53元，增长3.6%，增速回落1.5个百分点。其中，农业纯收入人均1160元，增加62元，增长5.7%，增幅比上年提高1.8个百分点；牧业纯收入人均266元，减少18元，下降6.3%。2006年粮价略微上涨，产量增加，全年农业收入保持了一定的增长，但由于肉猪、家禽等畜牧产品价格的下跌，农户牧业收入下降。

农户家庭从事第二、第三产业生产经营纯收入人均410元，比上年增加35元，增长9.3%。其中，从事第二产业生产经营得到的纯收入人均122元，增加13元，增长12.4%；从事第三产业生产经营得到的收入人均288元，增加21元，增长8%。

3. 财产性收入

2006 年农村居民人均财产性收入 100 元，比上年增加 11 元，增长 12.9%。财产性收入中增加较多的是租金收入和土地征用补偿收入，其中租金收入人均 25 元，比上年增长 22.6%；土地征用补偿收入人均 22 元，比上年增长 21.7%。

4. 转移性收入

2006 年农村居民人均转移性收入 181 元，比上年增加 33 元，增长 22.5%。增加较多的是政策性收入、家庭非常住人口寄回带回收入、离退休金及养老金、扶贫款等。政策性收入（包括粮食直补、良种补贴和购置更新大型农机具补贴收入）人均 29 元，比上年增加 11 元，增长 58.3%。

5. 纯收入构成

2006 年农村居民家庭经营纯收入占纯收入比重的 53.83%，仍然是农村居民收入最主要的来源，但占纯收入的比重趋于下降，比 2005 年下降 2.8 个百分点；工资性收入比重为 38.33%，比 2005 年提高 2.2 个百分点；转移性收入比重为 5.05%，比 2005 年提高 0.5 个百分点（见图 8－1）。

（二）农村居民收入增长特点

1. 外出从业工资水平提高，外出从业人员收入增长较快

农村居民本地务工和外出务工收入的增加是 2006 年农村居民收入的主要增长点，务工收入增加对全年纯收入增加的贡献率达到 41.6%，其中，本地务工收入增加对纯收入增加的贡献率为 15.8%，外出务工收入的贡献率为 25.8%。

2006 年外出务工农民的月收入平均为 946 元，比上年增加 85

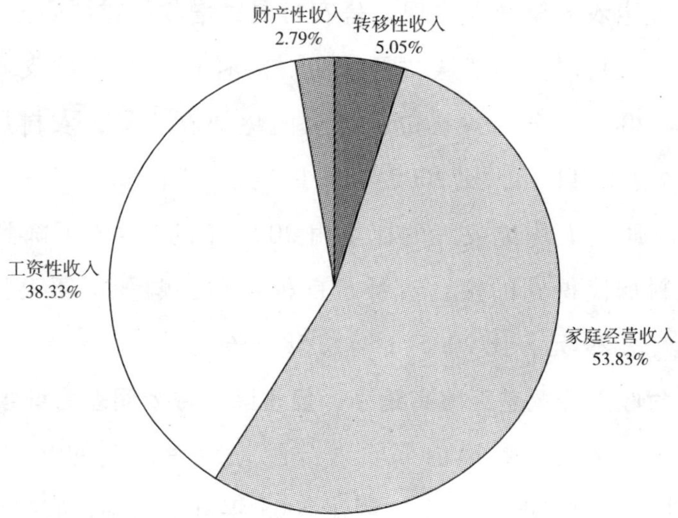

图 8－1　2006 年农村居民人均纯收入来源结构

元，增长 9.9%。分地区情况看，东部地区外出务工农民的月收入 1045 元，比上年增加 88 元，增长 9.2%；中部地区外出务工农民的月收入 875 元，比上年增加 77 元，增长 9.7%；西部地区外出务工农民的月收入 926 元，比上年增加 99 元，增长 12%。

2. 家庭经营第一产业收入增速继续回落，第二、第三产业收入增速回升

2006 年家庭经营收入增速回落主要是由于第一产业中的牧业收入回落所致，当年生猪价格较大幅度下降，农民出售每公斤猪肉的收入比上年减少 1 元；尽管 2006 年第四季度市场粮价提高，农民出售粮食获得一定收益，但收支相抵，难以弥补猪价下降带来的损失，一定程度上导致农业收入增速的回落。农户家庭从事第二、第三产业生产经营纯收入人均 410 元，比 2005 年增加 35 元，增长 9.3%，比 2005 年提高 1.5 个百分点。

3. 各项惠农政策效果显现，是农村居民增收的重要因素

2006年农村居民继续从“两减免、三补贴”为主的支农惠农政策中受益。2006年全国各省份已经全面免征农业税，农村居民交纳的其他税费人均11元，比2005年减少2元，下降15.4%，税费支出占当年农村居民人均纯收入的比重由2005年的0.4%下降到0.3%。2006年农村居民得到的粮食直补、良种补贴、购置更新大型农机具补贴收入人均29元，比2005年增长58.3%。

4. 农村收入分配差距略有缩小，但省际、城乡间差距继续扩大

2000年以来农村居民内部收入分配差距在稳定的基础上波动。2006年农村居民内部收入分配差距比2005年有所缩小，农村居民人均纯收入的基尼系数为0.3737，比2005年缩小0.0014（见图8－2）。农村居民人均纯收入最高省与最低省的收入比由2005年的4.4∶1提高到4.6∶1。城乡居民收入差距比为3.28∶1，比2005年的3.22∶1略有扩大。

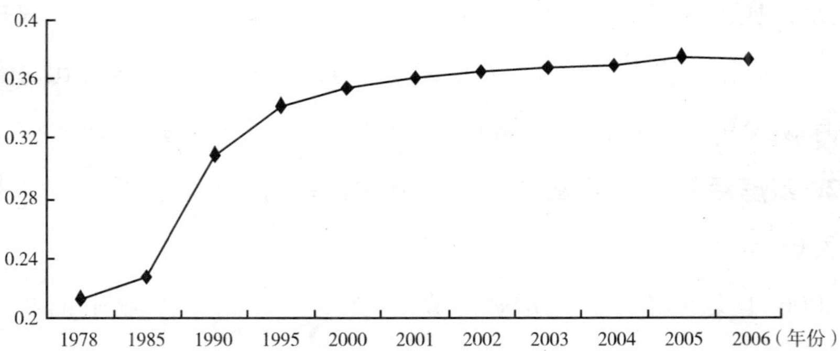

图8－2　农村居民基尼系数变化

（三）2007年农村居民增收形势分析

1. 2007年农村居民增收的有利因素

2007年农村居民增收的有利因素主要表现在以下两方面。

（1）政策保障。中共中央从2004年起，连续几年出台“一号文件”，运用财政、税收、价格等多种杠杆和手段，千方百计保护农村居民生产经营积极性，减轻农村居民负担，增加农村居民收入。2006年全国农村居民已经彻底免交农业税，国家将在加大对“三农”的投入力度，加快农业基础建设，推进农业科技创新，开发农业多种功能，健全农村市场体系，培养新型农民，深化农村综合改革，创新推动现代农业发展等调控机制和体制机制上采取有关措施。2007年中央一号文件《关于积极发展现代农业扎实推进社会主义新农村建设的若干意见》，各项支农措施的力度明显加大，农村居民获得的实惠将继续增加。这些政策措施必将直接或间接增加农村居民收入，有助于推动农业生产和农村居民就业，对于促进2007年农村居民收入保持较高增长势头起到积极作用。

（2）外出务工收入将继续增长。近年国家出台的一系列政策，抓紧解决农民工工资偏低和拖欠问题，搞好农村居民工就业服务和职业技能培训，重视农民工权益保护和今后农民工供求关系有所改善等，促进了农村居民外出务工收入的增加。2006年农村外出务工劳动力13212万人，比上年增长5%。其中，农村常住户中外出务工的劳动力10568万人，增长5.3%；举家外出务工的劳动力2644万人，增长4.1%。外出务工农村居民的月平均收入946元，比上年增长9.9%。预计2007年还将持续增长，一方面，国家宏观经济的发展和城镇化的推进，将有利于更多农村居民进城；另一方面，国家对农民工的一系列保障政策的完善以及各项政策措施的启动，在一定程度上将加速农村劳动力的转移。

2. 2007年农村居民增收中值得关注的问题

2006年农村居民增收形势虽然较好，实际收入增长快，但仍有一些问题困扰着农村居民收入的持续稳定增长。

一是 2006 年第四季度粮食价格的恢复性增长虽然有利于农村居民增收，但主要畜牧产品价格的下降，使得继续保持 2007 年农村居民第一产业收入增长速度的难度增大。

二是农村居民的种养成本难以有效降低。尤其是近年农业生产资料价格基于高位的运行，对农村居民收入增长有不利作用，其中 2004 年农业生产资料价格增长 10.6%、2005 年增长 8.3%；虽然国家从 2006 年开始实施的综合直补已经对此有所弥补，2006 年农业生产资料价格增长回落为 1.5%，但这些年来生产价格指数的高位运行，已经提高了农村居民的种养成本，有效解决这个问题还需要进一步努力。

三是 2006 年生猪价格的大幅度下降，对农村居民收入的影响在 2007 年第一季度和上半年还会继续发生作用，表现为：畜禽市场需求下降，欲售无市；部分农户缩减养殖规模；畜禽生产成本增加；畜禽产品外调和出口难度加大。全年农村居民来自畜牧业的收入会有所下降。

总的看来，2007 年农村居民增收的有利因素和不利因素并存，积极的作用要大于不利影响，农村居民收入将继续保持增长。

二 农村居民生活

（一）全国农村居民生活水平提高，生活质量不断改善

受收入水平较快增长影响，全国农村居民生活消费支出增加，生活质量不断改善。2006 年全国农村居民人均生活消费支出 2829 元，

比2005年增加274元，扣除价格因素影响，实际增长9.1%。2006年农村居民生活消费的主要特点包括以下几方面。

1. 生活消费各项支出全面增长

2006年全国农村居民生活消费支出中，食品支出人均1217元，比2005年增长4.7%；衣着支出168元，增长13.1%；居住支出469元，增长26.7%；家庭设备用品及服务支出127元，增长13.6%；交通及通讯支出289元，增长17.9%；文教娱乐用品及服务支出305元，增长3.3%；医疗保健支出191元，增长13.9%；其他商品和服务支出63元，增长15.7%。

2006年农村居民消费支出结构见图8－3。

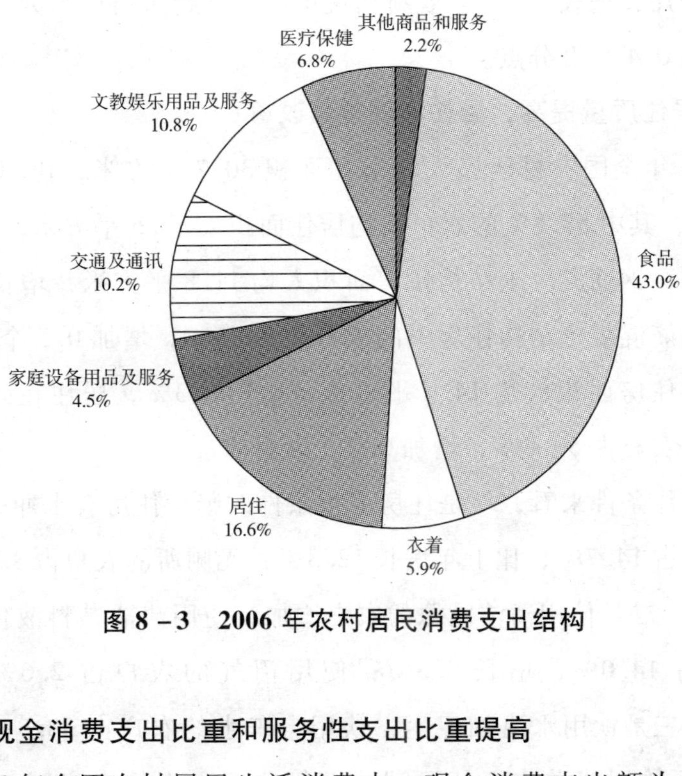

图8－3　2006年农村居民消费支出结构

2. 现金消费支出比重和服务性支出比重提高

2006年全国农村居民生活消费中，现金消费支出额为2415元，比2005年增加281元，增长13.2%；现金消费支出占全部生活消费支出的比重为85.4%，比2005年提高1.8个百分点。服务性支出867元，比2005年增加110元，增长14.6%；服务性支出占全部生活消费支出的比重为30.6%，比2005年提高1个百分点。

3. 恩格尔系数下降，食品消费质量提高

2006年全国农村居民恩格尔系数为43%，比2005年下降2.5个百分点。从食品消费量来看，粮食消费人均207公斤，比2005年减少3公斤，下降1.5%；肉类消费人均22公斤，与上年基本持平，其中牛羊肉消费分别增长了4.4%和7.9%；禽蛋消费人均5公斤，增长6.2%；奶及奶制品消费人均3.2公斤，增长9.8%；水产品消费人均5公斤，增长1.6%。农村居民摄入的动物蛋白比重为20%，比上年提高0.4个百分点。

4. 居住质量提高，居住环境持续改善

2006年全国农村居民人均居住面积30.7平方米，比2005年增长3.3%，其中57.8%的农户人均居住面积大于25平方米，提高1.9个百分点。钢筋混凝土结构住房面积人均11.8平方米，增长5.6%，居住在钢筋混凝土结构住房中的农户占31.5%，增加0.5个百分点。砖木结构住房面积人均14.6平方米，增长3.3%，居住在砖木结构住房中的农户占59.8%，增加0.9个百分点。

从居住条件来看，一是住房卫生条件改善，住房有水冲式卫生厕所的农户占14.7%，比上年增长12.3%；无厕所的农户占8.8%，减少7.0%。二是使用清洁能源的农户增加，使用清洁燃料液化气和电的农户占14.0%，增长3.3%；使用沼气的农户占2.6%，增长37.9%。三是饮用水更加卫生，饮用自来水的农户占38.8%，增长3.1%，而饮用浅井水、江河湖泊塘等非卫生水的农户减少6.3%。

四是住房外部环境改善，32.4%的农户住宅外有水泥或柏油状路面，增长14.5%；25.8%的农户住宅外有石头或石板等硬质路面。

5. 主要耐用消费品拥有量增加

2006年全国农村居民家庭平均每百户拥有彩色电视机89台，比2005年增加5.4台，增长6.4%；洗衣机43台，增加2.8台，增长7.1%；电冰箱22台，增加2.4台，增长11.7%；摩托车45辆，增加3.9辆，增长9.6%；电话64部，增加5.7部，增长9.8%；移动电话62部，增加11.8部，增长23.5%；影碟机41.8台，增加4.2台，增长11.3%；空调7.3台，增加0.9台，增长13.8%；生活用汽车1.1辆，增加0.3辆，增长35.6%。

（二）粮食主产区农村居民生活持续改善

粮食主产区农村居民生活消费状况可以代表以农为主的农村居民生活的普遍状况。2006年粮食主产区农村居民生活消费支出人均2777元，增加296元，扣除价格因素影响，实际增长10%。

1. 生活消费各项支出稳步增长

2006年粮食主产区农村居民生活消费中，食品支出人均1182元，比2005年增加55元，增长4.9%；衣着支出人均168元，增加22元，增长14.6%；居住支出人均450元，增加91元，增长25.3%；购买家庭设备用品及服务支出人均124元，增加17元，增长16.2%；交通通讯支出人均284元，增加46元，增长19.2%；文教娱乐支出人均314元，增加25元，增长8.7%；医疗保健支出人均192元，增加28元，增长17.0%；其他商品和服务支出人均63元，增加12元，增长24.4%。

2006年粮食主产区农村居民消费支出结构见图8－4。

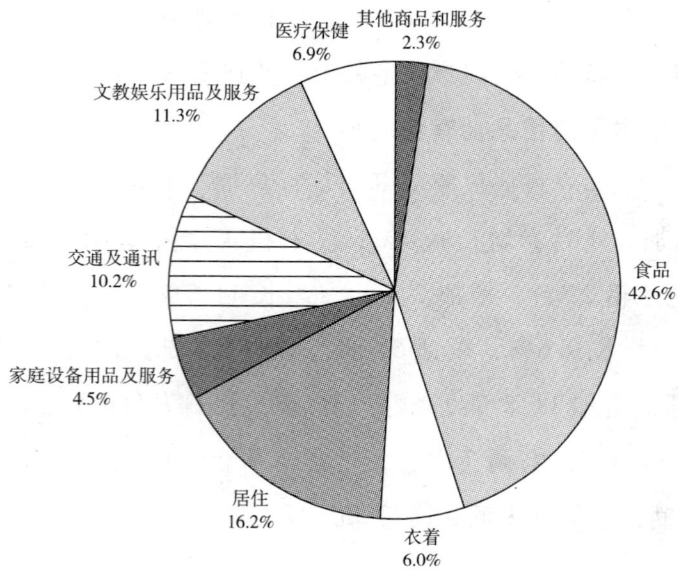

图 8－4　2006 年粮食主产区农村居民消费支出结构

2. 食品消费结构继续优化

2006 年粮食主产区农村居民生活消费的恩格尔系数为 42.5%，比上年下降 2.9 个百分点。在食品消费中，谷物消费人均 204 公斤，减少 2.3 公斤，减少 1.1%；豆类消费人均 3.8 公斤，增加 0.3 公斤，增长 7.0%；奶及奶制品消费人均 2.6 公斤，增加 0.5 公斤，增长 22.1%；肉类消费人均 20 公斤，与上年基本持平；水产品消费人均 4.7 公斤，增加 0.1 公斤，增长 2.3%；蛋类及蛋制品消费人均 6.5 公斤，增加 0.4 公斤，增长 6.3%；瓜果消费人均 20.7 公斤，增加 2.8 公斤，增长 15.7%。

3. 居住条件进一步改善

2006 年末粮食主产区农村居民人均居住面积 31.3 平方米，比上年增加 0.9 平方米，增长 3.1%。其中：钢筋混凝土结构住房人均

11.5 平方米，增加0.7 平方米，增长6.6%；砖木结构住房人均17.2平方米，增加0.4 平方米，增长 2.1%。有 8.2% 的农村住户住房内有水冲式厕所，比上年增长 18.0%；有 11.1% 的农村住户使用暖气，增长 5.4%；有 11.9% 的农村住户在炊事中使用了液化气、电和沼气等清洁燃料，增长 12.4%；有 31.0% 的农村住户饮用自来水，增长3.3%；有 58.5% 的农村住户住宅外的路面为硬质路面，增长 8.0%。

4. 交通和通讯消费保持较快增长

2006 年粮食主产区农村居民购买通讯工具支出人均 31 元，比2005 年增加 6 元，增长 22.2%；通讯费支出人均 91 元，增加 15 元，增长 19.1%；购买交通工具支出人均 65 元，增加 11 元，增长21.3%；交通费支出人均 53 元，增加 7 元，增长 14.8%。年末每百户农村住户拥有摩托车 48 辆，手机 72 部，电话 70 部，分别比上年增长 11.5%、30.2% 和 5.0%。

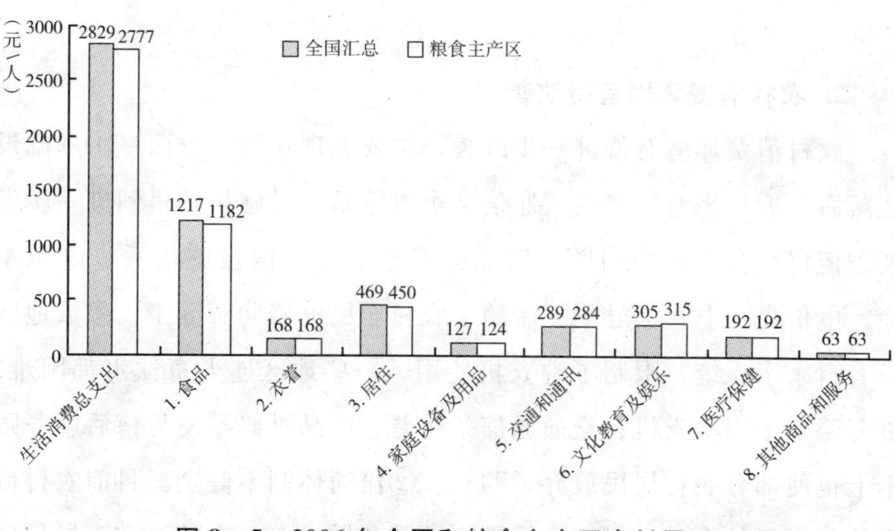

图 8-5 2006 年全国和粮食主产区农村居民生活消费支出比较

（三）农村居民生活消费存在的主要问题

农村居民消费水平普遍较低，是全国上下普遍关注和制约整个经济发展的一个重要问题。农村住户抽样调查结果表明，增加农村居民的收入和消费水平任务依然十分艰巨。

1. 收入水平低制约消费增长

虽然近年农村居民生活消费增长出现积极变化，农村消费市场有所回升，但长期以来农村居民收入水平偏低、增收长效机制缺乏的问题仍然存在。2006年全国仍有58%以上农村居民人均纯收入在平均收入水平以下，仍有63%以上的农村居民消费低于平均消费水平。近两年农村居民增收的支撑因素主要是政策支持、粮食增产及务工增长，目前农产品价格上涨因素对农村居民增收的拉动效应趋降，粮食大幅增产的可能性不大，生产资料价格上涨增加农业生产成本，这些因素都会制约农村居民收入进一步增长，从而制约农村居民消费能力的进一步提高。

2. 农村消费环境有待改善

农村消费环境有待进一步改善，主要表现在两个方面：①基础设施落后。近年来农村交通、通信、水电等基础设施虽然得到进一步发展，但仍然存在一些问题，例如：部分地区电网设施落后，电压不稳，电价高，电视信号弱，制约了农村居民电器购买欲望；多数地区没有自来水系统，限制了洗衣机使用，一些地区连人畜饮水都困难，更奢谈不上用洗衣机；交通通信条件差，产品维修不便与售后服务跟不上也使部分农村居民放弃了购买。②流通体制不健全。目前农村流通体制尚不健全，农村市场规模小，服务质量差，有的地方市场秩序混乱，假冒伪劣商品充斥，农村居民不敢放心消费。

3. 农村居民内部消费能力不均衡

2006 年农村低收入组农户的恩格尔系数仍达 50%，很大一部分人尚处于入不敷出的状态。中等收入组农户整体生活步入温饱，但同低收入组一样，购买力仍然有限，有效需求明显不足。高收入组农户整体生活水平正在向小康过渡，具有购置高档耐用消费品的能力，消费结构升级的愿望强烈。但是，只依靠高收入组农户来拉动农村消费市场显然是不够的，要注重提高中低收入农户的收入和消费水平，促进农村消费水平的普遍提高。

4. 城乡居民收入和消费差距大

2006 年农村居民人均纯收入 3587 元，只相当于城镇居民可支配收入的 30.5%；人均生活消费支出 2829 元，相当于城镇居民消费性支出的 32.5%。城乡居民收入比从 2000 年的 2.79∶1 扩大到 2006 年的 3.28∶1，消费比从 2000 年的 2.99∶1 扩大到 2006 年的 3.07∶1。总的来看，农村居民的收入水平、消费水平、消费结构、耐用消费品拥有情况均落后城市 10 余年。城乡差距突出仍将可能成为农村经济乃至整个国民经济发展的障碍。

综合看，农村居民收入水平低、消费水平低。而无论是为了解决面临的消费不足、特别是农民消费不足的经济矛盾，还是最终为了实现全面小康的战略目标，都需要尽快提高农村居民收入。在提高收入上，特别应该注意积极调整决定当前农村居民主要收入的农业和农村产业结构；同时，在农村工作中应作好中西部地区农村开发的大文章，加快具有全局性、根本性、长远性的农村劳动力非农化的城市化过程。

第九章

中国农民工生活质量

改革开放以来，农村劳动力大规模向城市流动和转移成为中国经济发展中的一道亮丽的风景线。目前，外出农民工占到农村劳动力总量的1/4，广泛分布在国民经济各个行业，在加工制造业、建筑业、采掘业以及环卫、家政、餐饮等服务业中已占从业人员半数以上，成为推动中国经济社会发展的重要力量。同时，国家也对农民工问题非常重视，将农民工问题提到了事关中国经济和社会发展全局的战略高度。

虽然近几年国家出台了一系列保障农民工权益和改善农民工就业环境的政策措施，农民工群体的生活质量得到了较大改善，但是我们也要看到，农民工目前在生活居住、培训就业、劳动条件、社会保障和权益保护等诸多方面仍然存在许多困难，并且与城镇居民存在着相当的差距。

本章将通过建立一套农民工生活质量指标体系，从多个方面对城市农民工的生活质量进行测度，分析影响农民工生活质量的主要因素，并在此基础上提出提高农民工的生活质量的政策建议。[①]

---

① 本章的数据来自2006年国家统计局在全国范围内开展的城市农民工生活质量状况的专项调查。

一 农民工生活质量指标体系

要测度和监测农民工的生活质量情况，首先需要建立一套科学的指标体系，以全面、科学、准确地描述和反映农民工生活质量的水平和特征。

构成农民工生活质量的指标体系包括收入和消费、住房、健康和就医、劳动时间、社会保障以及权益保护6个方面，共17个指标（见表9－1）。

表9－1 农民工生活质量指标体系

类别	评价指标	单位
收入和消费	平均月收入	元
	月食品支出	元
	月休闲文化支出	元
住房	人均居住面积	平方米
	住所耐用消费品数量	件
健康和就医	自评健康	—
	就医选择	—
劳动时间	每周工作天数	天
	每天工作小时数	小时
社会保障	有无医疗保险	—
	有无养老保险	—
	有无失业保险	—
	有无工伤保险	—
权益保护	工作岗位的安全防护措施	—
	高温条件下的防暑降温措施	—
	工资拖欠	—
	发生工伤时单位医疗费用的提供	—

二　农民工生活质量指数的主要结果

农民工生活质量指数由6个方面的17项基础指标构成，具体形成过程是，先将17个指标的值转化成0~1之间的得分，然后将同一方面的几个指标得分值按照一定的权重合成分类指数，最后由6个分类指数按照一定的权重合成总指数。首先将性质、单位各异的不同指标值转化为0~1之间的相对数，即去量纲化；然后确定权重，包括同一方面的指标合成分类指数时的权重和分类指数合成总指数时的权重。为了能够比较客观同时又比较准确地反映各项指标在总指数中的重要程度，这里采用了客观和主观相结合的方法，即结合客观的主成分分析法和主观的专家咨询法来共同确定权重。根据这种方法并依据2006年城市农民工的抽样调查数据，我们对农民工的生活质量进行了详细的测算。主要结果包括以下几方面。①

（一）总体水平

如表9-2所示，2006年全国平均的农民工生活质量指数为0.532，表明农民工生活质量的全国总体水平仅相当于城镇居民平均水平的53.2%。大部分的指标基本上都在城镇平均水平的一半左右，如城镇就业人员平均月收入为1713.86元，而样本中农民工的平均月收入为965.38元。

从分类指数看，相对较高的为权益保护指数、健康和就医指数以

① 本章农民工生活质量指数是以当年城镇居民为参照值的，因此最后的指数值是表示农民工生活质量相对于城镇居民的相对水平。

表 9－2 农民工生活质量的全国总体情况

指数和各项指标	均值*	分布情况				
		0～0.2	0.2～0.4	0.4～0.6	0.6～0.8	0.8～1
农民工生活质量指数**	0.532	0.4%	20.6%	48.5%	23.9%	6.6%
收入和消费指数	0.635	2.0%	11.5%	29.5%	34.6%	22.4%
平均月收入	0.523					
月食品支出	0.820					
月休闲文化支出	0.599					
住房指数	0.494	10.4%	30.2%	28.0%	19.4%	12.0%
人均居住面积	0.480					
住所耐用品数量	0.508					
健康和就医指数	0.642	1.4%	7.4%	39.9%	24.5%	26.8%
自评健康	0.690					
就医选择	0.594					
劳动时间指数	0.552	10.3%	18.7%	26.1%	30.5%	14.4%
每周工作天数	0.347					
每天工作小时数	0.757					
社会保障指数	0.251	56.6%	16.6%	8.2%	6.7%	11.9%
有无医疗保险	0.266					
有无养老保险	0.262					
有无失业保险	0.154					
有无工伤保险	0.325					
权益保护指数	0.659	2.2%	12.0%	22.3%	31.9%	31.6%
安全防护措施	0.438					
防暑降温措施	0.709					
工资拖欠	0.888					
工伤补偿	0.597					

*各分项指标的均值是经过去量纲之后的0～1之间的得分值。**总指数和分类指数的计算都是以个体为基础的，即先计算每个个体的生活质量指数，而总指数和分类指数是所有农民工的生活质量指数的平均值。另外，后面针对具体子群体的总指数和分类指数的计算方法也与此相同。

及收入和消费指数，分别为0.659、0.642和0.635；次之为劳动时间指数0.552和住房指数0.494；得分最低的为社会保障指数，平均水平只有0.251。

从权益保护指数得分相对较高可以看出，近几年出台的一系列保障农民工权益和改善农民工就业环境的政策措施确实取得了一定的成效。而健康和就医指数以及收入和消费指数虽然都超过了0.6，但是从分项指标的得分看仍然不容乐观，因为自评健康和月食品支出这两个指标的较高得分起到了较大作用，而在调查样本中，45岁以下的农民工占到了91.83%，相对比较年轻，健康状况自然会好一些；而食品是人们生活的必需品，其消费具有一定刚性，而且需求的收入弹性较小，某种程度上不能敏感地反映生活质量的变化。

从劳动时间的两个指标看，农民工每周的工作天数较长，相对而言每天工作的小时数情况较好。另外，需要重点注意的是，社会保障严重滞后于农民工生活质量的其他构成部分，其他分类指数都在0.5以上或附近，而社会保障指数仅为0.251，其中农民工养老保险、医疗保险、失业保险和工伤保险的覆盖率分别只有0.266、0.262、0.154和0.325。

（二）分布情况

我们不仅关注农民工生活质量的总体水平，而且关心生活质量指数在农民工群体中的分布。如表9－2所示，生活质量指数在0～0.2、0.2～0.4、0.4～0.6、0.6～0.8和0.8～1范围内的农民工比例分别为：0.4%、20.6%、48.5%、23.9%和6.6%。其中，生活质量指数在0.4以下的农民工占到了21%。

从分类指数的分布看，情况较好地为收入和消费指数、健康和就医指数以及权益保护指数，得分值在0.4以下的比例分别为13.5%、8.8%和14.2%。而对于住房指数，超过了40%的农民工得分值低于0.4；水平最低的为社会保障指数，高达56.6%的农民工得分值处于0~0.2的区间。

（三）分区域情况

中国的经济和社会发展存在较大的地区差异，农民工的生活质量也是如此。按照东、中、西部划分，[①] 样本数据中被调查的农民工比例分别为45.66%、30.52%和23.82%。如表9-3所示，东部、中部和西部的农民工生活质量指数分别为0.574、0.498和0.497。

表9-3　东、中、西部农民工的生活质量指数

地　区	总指数	分　类　指　数					
		收入和消费	住房	健康和就医	劳动时间	社会保障	权益保护
东部	0.574	0.684	0.509	0.661	0.597	0.329	0.683
中部	0.498	0.594	0.491	0.625	0.510	0.183	0.645
西部	0.497	0.596	0.469	0.627	0.521	0.193	0.631

中西部农民工的生活质量明显落后于东部。从分类指数看，差距最大的是社会保障，相比于中部0.183和西部0.193，东部的社会保障指数为0.329，高出中西部将近14个百分点；其次为收入和消费

① 东部省份（直辖市）包括北京、天津、河北、辽宁、上海、江苏、浙江、福建、山东、广东和海南；中部省份包括山西、吉林、黑龙江、安徽、江西、河南、湖北和湖南；西部省份（区、市）包括内蒙古、广西、重庆、四川、贵州、云南、西藏、陕西、甘肃、青海、宁夏和新疆。

以及劳动时间指数，东部高出中西部约8个百分点；在健康和就医以及权益保护方面，东部高出中西部约4个百分点；住房指数方面，东部与中部的水平基本持平。

出乎意料的是，中部和西部农民工的生活质量水平基本相同。细看分类指数，除了在住房和权益保护方面，中部比西部略好之外，中西部在收入和消费、健康和就医方面的水平基本相同，甚至于在劳动时间和社会保障指数上，西部还要略高于中部。

为了观察不同规模城市中农民工生活质量的差别，我们计算了不同城市类型的农民工生活质量指数。在调查样本中，农民工所在城市属于直辖市、副省级市、地级市和县级市的比例分别为13.39%、9.28%、65.64%和11.69%。

如表9-4所示，直辖市、副省级市、地级市和县级市的农民工生活质量是依次降低的，指数值分别为0.582、0.578、0.530和0.508，这说明城市规模越大，农民工的生活质量越高。不过，直辖市和副省级市比较接近，甚至副省级市的社会保障指数明显高于直辖市，这可能是由于天津市和重庆市的社会保障指数仅为0.122和0.224，都低于全国的平均水平所致。

表9-4　分城市类型的农民工生活质量水平

城市类型	总指数	分类指数					
		收入消费	住房	健康就医	劳动时间	社会保障	权益保护
直辖市	0.582	0.677	0.494	0.669	0.633	0.314	0.692
副省级市	0.578	0.684	0.487	0.649	0.571	0.356	0.687
地级市	0.530	0.622	0.493	0.635	0.546	0.237	0.655
县级市	0.508	0.625	0.507	0.645	0.483	0.179	0.624

（四）分行业特征

表9－5展示了最主要的7个行业中农民工的生活质量情况。在调查样本中，在制造业、建筑业、交通运输仓储和邮政业、批发和零售业、住宿和餐饮业、租赁和商务服务业以及居民服务和其他服务业中工作的农民工分别占到样本总量的19.53%、15.12%、8.22%、9.75%、13.88%、6.74%和14.84%，共计88.08%。按照各行业的农民工生活质量指数进行排序，依次为制造业、交通运输仓储和邮政业、租赁和商务服务业、批发和零售业、建筑业、住宿和餐饮业、居民服务和其他服务业。建筑业、住宿和餐饮业、居民服务和其他服务业这3个行业的农民工生活质量是低于平均水平的。

表9－5　分行业的农民工生活质量水平

行业类型	总指数	分类指数					
		收入消费	住房	健康就医	劳动时间	社会保障	权益保护
制造业	0.594	0.662	0.498	0.668	0.658	0.380	0.734
建筑业	0.519	0.680	0.412	0.626	0.504	0.234	0.656
交通运输、仓储和邮政业	0.563	0.675	0.541	0.636	0.593	0.306	0.649
批发和零售业	0.535	0.640	0.546	0.652	0.539	0.234	0.649
住宿和餐饮业	0.507	0.574	0.466	0.658	0.524	0.223	0.672
租赁和商务服务业	0.537	0.638	0.536	0.636	0.585	0.235	0.642
居民服务和其他服务业	0.463	0.592	0.508	0.614	0.431	0.112	0.577

从分类指数的情况看，在住房条件上，建筑业水平最低；在劳动时间、社会保障和权益保护方面，制造业相对较好，而居民服务和其他服务业最差，并且差距十分明显。

三　影响农民工生活质量的主要因素

影响农民工生活质量的因素有很多，如农民工的性别、年龄、受教育程度、劳动就业、就业保障、住房、子女教育、技能培训、收入、职业、行业、所有制和所在地区等变量对农民工生活质量都会产生影响。从上一部分农民工生活质量指数的计算结果看，我们也发现不同区域、不同性别、不同年龄、不同受教育程度、不同行业和不同所有制的农民工在生活质量指数上存在明显差异，但是我们并不能据此来推断这些变量对农民工生活质量指数的影响程度，因为这些都是没有控制其他解释变量影响的结果。比如，男性农民工的生活质量指数略高于女性农民工，但是这可能并不是性别在起作用，而很可能只是因为男性农民工的平均受教育年限要高于女性所致。为了准确地判断各种因素对农民工生活质量的影响方向和显著性，我们将采用回归模型来进行估计，所依据的样本数据仍为2006年国家统计局在全国范围内开展的城市农民工生活质量状况的专项调查。

（一）回归模型

根据这次调查的内容和目标，我们采用如下对数回归模型来进行估计：$\log(Y+1) = bX + u$

其中Y为因变量即农民工生活质量指数或者分类指数，X为一组解释变量的向量，b为系数向量，u为随机误差项。

样本共涉及全国31个省份各级城市中的29425名农民工。表9-6列出了以下定量分析中所用到的主要解释变量的基本分布情况。

表 9－6　主要解释变量的基本统计描述

单位：%

变　量	百分比	变　量	百分比	变　量	百分比
男　性	64.66	月收入：		职业技能培训：	
女性	35.34	300 元以下	2.14	参加过	50.20
已婚	61.82	300～500 元	17.53	没有参加过	49.80
未婚	36.51	500～1000 元	54.06		
16～25 岁	30.43	1000～1500 元	16.31	行业：	
25～35 岁	35.86	1500～2000 元	6.38	制造业	19.53
35～45 岁	25.54	2000 元以上	3.59	建筑业	15.12
45 岁以上	8.17			交通运输仓储邮政业	8.22
文盲	2.57	职业：		服务业*	35.46
小学	12.74	管理人员	5.93	批发和零售业	9.75
初中	52.04	专业技术人员	7.17	其他行业	11.87
高中	26.67	技术工人	13.22		
大专及以上	5.98	生产工人	15.46	所有制：	
有本市户口	12.63	建筑工人	9.08	国有企业	13.89
无本市户口	87.37	一般职员办事员	7.07	集体企业	5.29
东部	45.66	服务人员**	30.29	股份或有限责任公司	29.67
中部	30.52	个体业主	1.99	私营企业	18.85
西部	23.82	小摊小贩	2.30	个体企业	6.85
固定期限合同	36.87	其他职业	7.48	港澳台外资企业	4.31
临时合同	17.14			自由职业者	18.73
没有合同	45.99				

* 包括住宿和餐饮业、租赁和商务服务业、居民服务和其他服务业。** 包括家政服务人员（如保姆、小时工、护工等）、居民服务人员（如送货员、送奶工、洗衣、洗染、搬运工、废旧物资收购人员等）、商务服务人员（打字、排版、快递员、话务员、保安员等）以及饭店、发廊美容等中的服务员。

（二）回归结果

从性别看，男性对农民工生活质量指数的影响为正，系数表明在其他条件相同的情况下，男性比女性的生活质量高出0.6%。

从婚姻状态上看，已婚对农民工生活质量指数的影响为正，且在其他条件相同的情况下，已婚农民工的生活质量高出0.5%。

年龄变量以16～25岁为参照组，发现在其他条件相同的情况下，25～35岁的农民工生活质量显著高于16～25岁组，高出约0.8%；45岁以上的农民工生活质量显著低于16～25岁组，低出约0.6%；而35～45岁组与16～25岁组的生活质量没有显著差别。

从受教育程度看，所有变量都非常显著，并且其方向表明受教育程度越高，生活质量越高。在其他条件相同的情况下，文盲组比小学组的生活质量指数低0.6%，初中组比小学组的生活质量指数高1.7%，高中组比小学组的生活质量指数高4.1%，大专及以上比小学组的生活质量指数高7%。

职业技能培训变量也十分显著，在其他条件相同的情况下，参加过职业技能培训的农民工的生活质量指数比没有参加培训的农民工高3.2%。

户口状态也对农民工的生活质量有显著的正向影响，在其他条件相同的情况下，有本市户口的农民工的生活质量指数比没有本市户口的农民工高1.6%。

从家庭特征看，与劳动力全出来的情况相比，家庭成员全出来有助于提高农民工的生活质量，在其他条件相同的情况下，举家迁移的农民工的生活质量指数比家庭中只有劳动力出来的农民工高0.6%；

不过家庭中只有部分劳动力出来的农民工的生活质量与家庭中劳动力都出来的农民工没有显著差别。另外，有子女随自己外出就学的农民工生活质量指数显著高于没有子女随自己外出就学的农民工，在其他条件相同的情况下高出约0.3%。

从工作特征看，合同签订的情况对农民工的生活质量指数有重要影响。以无合同的农民工为参照组，其他条件相同的情况下，签订固定期限合同的农民工的生活质量指数比无合同的农民工高出6.8%，签订临时合同的农民工的生活质量指数也比无合同的农民工高出3.8%。

从职业看，以服务人员为参照组，发现管理人员、专业技术人员、技术工人、生产工人、一般职员办事员的生活质量都显著高于服务人员，其系数分别为4.8%、3.3%、2.3%、1.9%、3.0%和3.7%，但是建筑工人和其他职业与服务人员的差别不显著。

分行业看，所有变量都很显著，制造业、建筑业、交通运输仓储和邮政业、批发和零售业和其他行业的农民工的生活质量指数都显著高于参照组服务业，其系数分别为1.8%、0.7%、0.4%、1.2%和0.7%。

从所有制类型看，变量也都很显著，国有企业、股份或有限责任公司以及港澳台外资企业的农民工的生活质量指数显著高于参照组集体企业，系数分别为1%、1%和3%；而私营企业、个体企业和自由职业者的农民工的生活质量指数显著低于参照组集体企业，系数分别为-0.5%、-1.8%和-1%。

从区域特征看，东部农民工的生活质量指数显著高于中部农民工，不过令人吃惊的是，西部农民工的生活质量指数也显著高于中部农民工。不过，从系数上看，在其他条件相同的情况下东部农民工的生活质量指数比中部农民工高3.3%，而西部农民工的生活质量指数仅比中部农民工高出0.2%，由此可见，西部与东部的差距仍是十分明显的。

对比以上各个解释变量的回归系数，可以发现对农民工生活质量指数影响最大的因素包括：受教育程度、是否参加职业技能培训、合同签订情况、职业、行业、所有制、是否有本市户口和区域特征。

四　农民工主观满意度

目前西方发达国家在居民生活质量的研究上越来越强调人们主观的生活满意度和幸福感，并将其作为衡量生活质量的重要标准。虽然主观满意度不能直接反映公共政策的影响，但是它对于我们认识农民工的生活质量问题仍然是有价值的。以下是根据这次抽样调查中部分主观满意度的数据进行的分析。

（一）农民工对生活质量的满意度

如表9－7所示，农民工对生活质量的总体满意度是较低的，达到比较满意和满意的比例仅为30.23%，而不太满意和不满意的农民工比例将近20%。从对工作条件满意度和收入水平满意度来看，收入水平满意度的情况与生活质量满意度比较接近，达到比较满意和满意的比例为33.65%，不太满意和不满意的农民工比例为23.96%；而工作条件满意度要略高一些，其中达到比较满意和满意的比例超过了50%，不太满意和不满意的农民工比例仅在10%左右。

表 9-7 农民工主观满意度的基本情况

指 标	满 意 度				
	不满意	不太满意	一 般	比较满意	满 意
生活质量	6.50%	13.32%	49.95%	16.29%	13.94%
工作条件	3.46%	7.14%	37.43%	22.86%	29.11%
收入水平	7.62%	16.34%	42.39%	18.49%	15.16%

（二）主观满意度与生活质量的相关性

下面我们来看一下生活质量满意度、工作条件满意度和收入水平满意度与前面计算出的农民工生活质量指数、6 个分类指数以及各项具体指标之间的相关性。表 9-8 列出了相关系数的结果。

如表 9-8 所示，农民工对生活质量的满意度与农民工生活质量指数的相关度为 0.3428。从分类指数看，与生活质量满意度的相关性从大到小依次排序的结果为权益保护、健康就医、住房、社会保障、劳动时间和收入消费。具体到各项指标，相关性排序依次为：就医选择、安全防护措施、工伤补偿、住所耐用品数量、工资拖欠、自评健康、防暑降温措施、平均月收入、有无养老保险、有无工伤保险、有无医疗保险、每天工作小时数、每天工作天数、人均居住面积、有无失业保险、月休闲文化支出和月食品支出。

与工作条件满意度相关度较强的分类指数依次为权益保护、健康就医、劳动时间和社会保障，相关系数分别为 0.4043、0.3053、0.2305 和 0.2117。而与收入水平满意度相关度较强的分类指数依次为权益保护、健康就医和收入消费，相关系数分别为 0.3531、0.2840 和 0.2029。

表9－8 生活质量指数与主观满意度之间的相关性

指数和各项指标	生活质量满意度	工作条件满意度	收入水平满意度
农民工生活质量指数	0.3428	0.3693	0.3336
收入和消费指数	0.1662	0.1373	0.2029
平均月收入	0.2022	0.1502	0.2772
月食品支出	0.0166	0.0205	0.0443
月休闲文化支出	0.1116	0.1021	0.0890
住房指数	0.2202	0.1907	0.1572
人均居住面积	0.1351	0.1055	0.0888
住所耐用品数量	0.2375	0.2202	0.1792
健康和就医指数	0.3125	0.3053	0.2840
自评健康	0.2141	0.2157	0.1909
就医选择	0.2573	0.2473	0.2362
劳动时间指数	0.1735	0.2305	0.1496
每周工作天数	0.1383	0.1872	0.1172
每天工作小时数	0.1435	0.1869	0.1261
社会保障指数	0.1764	0.2117	0.1795
有无医疗保险	0.1495	0.1826	0.1475
有无养老保险	0.1577	0.1786	0.1514
有无失业保险	0.1145	0.1449	0.1108
有无工伤保险	0.1517	0.1831	0.1718
权益保护指数	0.3425	0.4043	0.3531
安全防护措施	0.2514	0.2797	0.2594
防暑降温措施	0.2079	0.2660	0.2121
工资拖欠	0.2371	0.2676	0.2255
工伤补偿	0.2414	0.2930	0.2624

（三）影响主观满意度的因素

到底哪些因素会决定农民工对生活质量的主观满意度？这是一个非常有趣的问题，因为主观满意度是一个非常抽象的东西，而且我们对此的先验知识很少，大多只是感性的认知和猜测。下面我们将使用回归模型来定量分析农民工生活质量主观满意度的影响因素。

这里所用的回归模型与前面分析农民工生活质量指数影响因素所使用的回归模型基本相同，只是因变量换成了主观满意度，并且加入了月收入和自评健康这两个新的解释变量。回归分析结果如下：

男性对农民工的生活质量满意度的影响显著为负，这说明在其他条件相同的情况下，男性比女性的生活质量满意度要低。

婚姻状态对农民工的生活质量满意度没有显著影响。

关于年龄变量，以16～25岁为参照组，25～35岁农民工的生活质量满意度显著较低，45岁以上农民工的生活质量满意度显著较高，而35～45岁年龄组与参照组没有显著差别。这说明年龄对生活质量满意度的影响可能存在某个拐点，在拐点之前，随着年龄的增加满意度下降，但是在拐点之后，随着年龄的增加满意度上升。

受教育程度对农民工的生活质量满意度的影响为负。以小学为参照组，虽然文盲组和初中组的系数不显著，但是高中组和大专及以上对农民工的生活质量满意度的影响是显著为负的，并且大专及以上组的回归系数大于高中组的系数。这说明农民工的受教育程度达到高中以上时，生活质量的满意度随受教育程度的提高而下降。

月收入、自评健康、参加职业技能培训和有本市户口对农民工生活质量的满意度的影响显著为正，这与一般认识一致，这里不再细述。

从反映家庭特征的变量来看，家庭成员全部外出对农民工生活质量的满意度的影响显著为正，而有子女随自己外出就学对农民工的生活质量满意度显著为负。

合同签订情况对农民工生活质量的满意度的影响显著为正，且固定期限合同的系数比临时合同的系数要大。从职业看，只有一半变量是显著的。以服务人员为参照组，显著为正的有管理人员和专业技术人员，显著为负的是建筑工人和小摊小贩。分行业看，差别体现不是十分明显。分所有制看，比较出人意料的是，只有港澳台外资企业和自由职业者是显著的，且方向都为负。

关于区域特征，东部和西部的系数均显著为负，这说明东部和西部农民工生活质量的满意度都比中部农民工要高，另外东部和西部这两个变量的系数差别并不大，这与农民工生活质量指数中的回归结果不同。

如果要对模型中变量的系数进行比较，则对农民工生活质量的满意度影响较大的变量为自评健康、月收入、合同签订情况、职业技能培训、受教育程度和部分职业变量，其中受教育程度的影响为负。

五　提高农民工生活质量的政策建议

（一）继续深化户籍制度改革

将城镇居民和农民工群体分隔开的最重要的制度安排就是户籍制度。众所周知，中国的户籍制度已经远远超出了通常意义上的人口登记职能，而是与一系列福利保障联系在一起。是否拥有城市户口直接造成了个人在就业、住房、医疗、养老、教育等诸多方面的福利待遇差别。从前面对农民工生活质量影响因素的实证分析可知，拥有本市户口可以显著改善农民工的生活质量水平，特别是在住房和社会保障这两个方面。另外，我们还知道即使同是城镇居民，城市级别越高，户口的“含金量”也越高。考虑到样本数据中拥有本市户口的农民工接近 90% 都是拥有地级市和县级市的户口，因此户口状况对农民工生活质量的实际影响会更大。

要缩小农民工与城镇居民在生活质量上的差距，最根本的途径是进行彻底的户籍制度改革，使外来农民工在就业、社会保障、获得公共服务等方面能够享受到与城市居民同等的权利。不过，从改革的实践来看，户籍制度改革的方式和力度存在着较大的地区差异，而且越是具有吸引力的地区，户籍制度的改革越是举步维艰。户籍制度要在全国实行一蹴而就的同步改革是不现实的，因为它涉及就业、医疗、教育、福利等方面的利益调整和再分配。但是，城市应以积极的态度，在基础设施、住房、子女教育等方面为农民工转为城市居民创造条件。

（二）切实提高农民工的人力资本

从农民工生活质量影响因素的回归分析可以清楚地看到，受教育程度和是否参加过职业技能培训这两个人力资本变量对农民工的生活质量的影响是全方位的。随着受教育程度的提高，农民工在生活质量的各个方面都能得到明显改善。类似地，与没有参加过职业技能培训的农民工相比，参加过职业技能培训的农民工在生活质量的各个方面也能得到显著提高。这一实证结果对应的政策含义是非常清晰的，即政府需要通过提高农民工的人力资本水平来促进农民工生活质量的全面提高，具体可从以下三个方面着手。

1. 加大对农村地区的教育投资

要提高农民工的人力资本水平，需要加大对农村地区的教育投资，让农村地区的学龄人口有更多接受教育和享受更高教育质量的机会。目前，城乡之间不仅在教育经费投入水平上有差别，在教育投入的质量上差别也比较明显。因此，应该不断加大对农村地区的教育投资。

2. 为农民工提供更多的职业技能培训机会

农民工进入城市后，几乎不太可能再有接受正规教育的机会，因此职业技能培训成为提高农民工的人力资本水平的重要途径。在样本数据中，49.80%的农民工没有参加过职业技能培训，68.75%的农民工没有任何专业技术。而且从文化程度上看，文化程度越高的农民工群体参加职业技能培训的人员越多，其中大专及以上文化程度的农民工中有74.02%的人都参加过职业技能的培训，而不识字或识字很少的农民工中只有18.65%的人员参加过职业技能培训。因此，政府可以举办一些培训项目来组织农民工学习某些职业技能或者对培训农民工的雇主给予奖励等措施，来加大对农民工的培训投资。

3. 重视农民工子女的教育问题

农民工子女由于不具有城市户口，要想进入城市学校读书必须支付高昂的借读费和赞助费，因此通常只能选择价格稍低但教学质量不能保证的农民工子弟学校。在我们的样本数据中，有17.21%的农民工外出务工经商带子女随行就学，其中71.92%在公办学校就学，22.03%在民办学校就学，5%读的是民工学校，还有1.05%的农民工子女因各种原因而辍学。同时，在被调查的5065名有子女随行就学的农民工中，有2493名农民工缴纳了借读费和赞助费，每人平均缴纳费用为1226元。可见，虽然目前很多城市已经陆续出台了禁止收取外来劳动力子女借读费的政策，但是调查数据显示农民工子女的就学问题仍不容乐观。

（三）建立覆盖农民工的社会保障体系

根据农民工生活质量指数的测算结果，农民工的社会保障状况严重滞后于农民工生活质量的其他构成部分。可见，要提高农民工群体的生活质量水平，建立覆盖农民工的社会保障体系是至关重要的。社会保障体系建设应该在相当长的时期内遵循“低水平和广覆盖”的原则。“低水平”是指各项社会保障的支付水平不应脱离当时的社会生产力水平。“广覆盖”包含两个方面的内容，一是指社会保障应该覆盖社会的所有劳动者；二是指社会保障的体系应该健全。

而且，覆盖农民工的社会保障体系需要充分考虑到农民工的特点。针对农民工收入低且不稳定的特点，应当专门研究确定与农民工低收入相适应的费率，使其能够参加到社会保障体系之中。由于现行社会保障制度中存在费率过高问题，农民工个人和所在企业均感到负担太重，从而降低了参保的积极性。另一方面，对于农民工流动性强的特点，应当在区域和统筹单位方面建立统一的费率转接制度，不论农民工转移到什么地方，都可以凭卡缴纳社会保障费用并享受相应权益。因此，应该探索建立适应农民工特点的低交费、低水平、广覆盖、安全接转和可持续的社会保障制度。

（四）建立城乡统一的劳动力市场

从对农民工生活质量影响因素的分析可以看到，农民工所处的职业、行业和企业所有制类型对农民工的生活质量水平具有非常显著的影响。根据一些学者的经验研究，在城市劳动力市场中存在对外来农民工的歧视，并且一定程度上加剧了农民工与城镇居民在职业、行业和所有制上的分割，使农民工陷于不利地位。因此，消除职业分割有助于提高农民工的生活质量水平。另外，还有研究表明，农民工与城镇居民之间的小时收入差距主要来源于职业内部的工资差距，因此在政策上必须推动职业内部的报酬平等。由此可见，出台一个全面的反歧视劳动力市场政策，以保证职业的选择机会平等和推动职业内部的报酬平等对于提高农民工的生活质量是非常重要的。

建立城乡统一开放的劳动力市场，除了要打破农民工和城镇居民的身份界限之外，还应加强劳动力市场的基础设施建设，完善劳动力市场的功能，为农民工提供就业服务。一是大力发展各级各类职业介绍机构和人才交流中心，建立城乡纵横相连的劳动力供需信息网络，为农民工提供劳动力市场信息服务；二是注重市场法制建设，规范劳动力市场运作秩序；三是进行职业培训等制度的创新，为农民工无障碍地进城转化为产业工人创造良好的社会环境和体制平台。

（五）着力研究解决农民工的住房问题

住房是生活的必需品，住房条件的改善直接关系到农民工生活质量的提高。在调查数据中，有29.19%的农民工居住在集体宿舍里，20.14%的人居住在缺乏厨卫设施的房间里，7.88%的人居住在工作地点，6.45%的人居住在临时搭建的工棚里，还有12.54%的农民工在城里没有住所，只能往返于城郊之间或回农家居住。从前面对农民工生活质量指数的计算结果看，农民工的居住条件滞后于生活质量的其他方面，亟待提高，因此着手解决农民工的住房问题对于提高农民工的生活质量是至关重要的。另外，从农民工生活质量影响因素的分析来看，举家外出有助于提高农民工的生活质量水平，而住房和子女就学是制约农民工举家迁移的两个最重要的因素，因此从有助于全家迁移的角度看，改善农民工的住房环境也可以间接提高农民工的生活质量水平。

解决农民工的住房问题需要将其纳入到城市规划中考虑。从长期看，政府应该着手开始研究通过公积金政策、廉租房政策、经济适用房政策等的调整，逐步将农民工纳入城市住房政策范围内进行通盘考虑。比如，目前农民工租房房源主要为城市边缘区及“城中村”中农民建的出租房和市民手中的存量住房，可以考虑把符合出租条件的房源统一登记，纳入廉租房供应体系。事实上，越来越多的农民工将在城市定居下来是城市化的必然结果，因此对农民工的住房问题考虑得越早，就会越主动。

（六）进一步加强农民工的权益保护

从前面农民工生活质量指数中有关权益保护方面的测算来看，近几年出台的一系列保障农民工权益和改善农民工就业环境的政策措施确实取得了一定的成效。不过，部分农民工权益得不到保障的现象仍然存在。在被调查的29425名农民工中，被拖欠过报酬的农民工占到农民工总数的20%，平均拖欠时间为4个月；近40%的农民工未与单位签订任何劳动合同或协议，就是签订了合同的农民工，还有12.1%的人不太清楚合同内容，无法依法维护自己的合法权益；超过60%的农民工反映其工作岗位的安全防护措施不太严密或者完全没有防护措施，将近20%的农民工在没有任何防暑降温措施的情况下进行高温作业；超过10%的农民工每天的工作时间超过了12个小时，且其中约一半属于无偿加班。另外前面也提到过，相当数量的农民工子女在城市学校中需要交纳高昂的借读或赞助费用。由此可见，农民工的权益保护状况仍不容乐观，保护农民工的合法权益依然是各级政府必须常抓不懈的一项工作。

保护农民工的合法权益应着力将重心放在制度建设上。要建立健全劳动用工制度，维护农民工劳动权益。加大劳动监察执法力度，依法维护农民工合法权益，建立起规范的日常巡查机制，重点开展社会保险费稽核、劳动合同签订、工资发放等方面的执法检查。同时，相关部门要积极探索劳动者权益保护的有效机制，如法律援助等。另外，对于农民工子女的入学问题，需要在法律上修改和完善《义务教育法》相关条款，促进教育资源的合理配置，使《义务教育法》能惠及包括农民工子女在内的每个适龄儿童。

第十章
农村区域经济发展

2006 年是实施国民经济和社会发展“十一五”规划的第一年，也是推进社会主义新农村建设的开局之年。中央对新农村建设进行了全面部署，出台了有力措施，加强了工作指导。在自然灾害频发、上年基数较高、政策效应趋稳、贸易竞争加剧的情况下，农业发展态势较好，粮食产量增加，农民收入提高，实现了新农村建设的良好开局。农村区域经济呈现持续发展的良好态势，既是经济社会发展的突出亮点，也为经济社会发展全局提供了重要支撑。

一 影响农村区域经济发展的主要政策因素

（一）增加对农业和农村的投入，努力做到两个“高于”

2006 年，在投资总规模连年减少的情况下，国家有关部门按照 2006 年中央一号文件的要求，继续优化投资结构，努力增加对农业和农村的投入，加快建立支农投资稳定增长机制。坚持做到“两个确保”：一是确保全年用于农村建设的投资比例高于2005年。用于农林水利气象和扶贫、农村公路改造、农村电力设施建设、农产品市场建设、农村社会事业发展和农村基层政权建设等全口径农村建设方面的中央投资约530亿元，占全年中央投资总规模的比重超过45%，比2005年提高，比2001年高出10个百分点。二是确保用于直接改善农村生产生活条件的投资比2005年继续有所增加。2006年安排用于支持粮食生产、“水气路电”、农村教育卫生文化、农村扶贫、农村基层政权建设等方面的中央投资超过310亿元，比2005年增加，比“十五”年均水平高出近60亿元。

（二）围绕粮食生产和农民增收，切实加强农业综合生产能力建设

中央安排投资120多亿元，继续支持重大农林水利工程建设。一是重点支持粮食生产。继续实施优质粮食产业工程、大型商品粮生产基地建设，加快大型灌区续建配套和节水改造，加强中部4省大型排涝泵站更新改造工程建设，继续搞好病险水库除险加固，着力提高粮食主产区综合生产能力，支持西部重点退耕还林地区基本口粮田建设。二是提高农产品品质和质量。在稳定提高农产品产量，扩大有效供给的同时，继续实施种子工程，提高农作物统一供种率和良种覆盖率；继续支持畜禽水产良种工程建设，促进养殖业健康发展；抓紧修改完善全国农产品质量安全检验检测体系建设规划，适时启动实施农产品质量安全工程。三是优化农业布局和结构。继续加快新疆优质棉基地建设，加快长江流域油菜主产区优质油菜带建设，重点支持云南、广西、新疆等糖料主产区集中连片建设糖料

生产基地，继续组织实施现代农业、小城镇经济综合开发示范等重大农业示范项目。四是加强动物防疫体系建设，提高重大疫病防治水平。

（三）着力解决农民最急需的生活设施

坚持以人为本，优先解决广大农民生产生活中最急需的设施，不断提高农民生活质量。一是农村安全饮水。2006 年安排农村饮水安全工程的中央投资 40 亿元，比 2005 年增加 1 倍，计划再解决 2000 万农村人口的饮水安全问题。二是农村沼气。2006 年安排中央投资 25 亿元，比 2005 年增加 1.5 倍，计划新增沼气用户 250 万户。三是农村公路。2006 年从新增国债投资和中央预算内投资中安排专项资金以及车购税资金 170 多亿元，专项用于农村公路建设。四是农村电力。2006 年安排国债投资 12 亿元，首先在西藏自治区、新疆维吾尔自治区、内蒙古自治区开展集中解决无电人口用电试点，全面启动无电地区电力建设工程，同时对中西部部分地区农网进行完善，实现城乡电价统一。与此同时，继续安排国债投资开展以工代赈，稳步推进易地扶贫（生态移民）试点工作，加快贫困地区农民脱贫致富步伐。

（四）加大农村社会事业投入力度，努力提高农村公共服务水平

“十一五”时期，要全面普及和巩固九年义务教育，形成较为完善的县、乡、村三级农村卫生和计划生育服务网络，实现县有文化馆、图书馆，乡镇有综合文化站，行政村有文化活动室的农村文化发展新格局。2006 年安排中央投资 60 多亿元，进一步加大了对农村义

务教育、农村卫生、农村文化基础设施等社会事业发展的支持。一是努力改善农村教育条件。继续支持西部地区“两基”攻坚、农村寄宿制学校建设、中西部地区农村中小学现代远程教育工程，加强职业教育基础能力建设。二是强化农村公共卫生和基本医疗服务能力建设。配合农村新型合作医疗制度的建设，继续实施以乡镇卫生院为重点的县、乡、村三级农村卫生公共服务体系基础设施建设。三是加快农村文化基础设施建设。继续支持广播电视“村村通”和农村电影放映工程。四是加强农村计划生育服务设施建设。继续支持中西部地区县、乡计划生育技术服务站建设，逐步形成以县级服务站为龙头、中心乡镇服务站为骨干、流动服务车为纽带的农村计划生育服务体系。

二　2006年农村区域经济发展状况及其主要特点

（一）各地区均衡发展，东部地区农业增速略快于中、西部地区

近年来，中央政府把优化农产品区域布局，进一步发挥农业区域比较优势，作为推进农业和农村经济结构战略性调整和转变农业增长方式的重大步骤。初步预计，2006年东、中、西部地区农业总产值分别为19988亿元、14786亿元和7550亿元，分别比上年增长8.1%、7.5%和7.3%，均保持较快的增长。与2005年相比，2006年中、西部地区农业总产值增速放缓，东部地区增速则基本稳定；各地区农业总产值占全国的比重也基本稳定（见表10-1）。

表 10－1　东、中、西部地区农业总产值及区域构成

类别＼年份	2000	2001	2002	2003	2004	2005	2006
数额（亿元）							
东部地区	12126	12803	13311	14389	17074	18483	19988
中部地区	8409	8835	9242	9901	12636	13753	14786
西部地区	4381	4542	4838	5402	6453	7038	7550
构成（%）							
东部地区	48.7	48.9	48.6	48.5	47.2	47.1	47.2
中部地区	33.7	33.7	33.7	33.3	34.9	35.0	34.9
西部地区	17.6	17.4	17.7	18.2	17.8	17.9	17.9

（二）中部地区农村居民收入增速快于东、西部地区

根据国家统计局对全国 31 个省（区、市）6.8 万个农户的抽样调查，2006 年东、中、西部地区农民人均纯收入分别为 4859 元、3331 元和 2487 元，分别比上年增长 10.0%、11.1% 和 8.1%，东部地区与中部地区农民人均纯收入差距缩小，但与西部地区农民人均纯收入差距继续扩大，同时中、西部地区之间的差距也有拉大趋势（见表 10－2）。西部地区农民人均纯收入增幅较小的主要原因是西南地区灾情较重，农作物损失较大，仅重庆市第一产业人均纯收入就比 2005 年下降 16.3%。

2006 年农民的税费负担人均 11 元，比上年减少 2 元，在 2005 年下降 65.1% 的基础上又下降 15.4%，税费负担占当年农民人均纯收入的比重由 2005 年的 0.4% 减少为 0.3%。由于收入增长及税费负担的减轻，农民的消费支出继续增加。2006 年，东、中、西部地区农村居民人均生活消费支出分别为 3610 元、2590 元和 2102 元，与上年相比，东、中部地区增幅达到 11% 和 12%，西部地区也达到 8.7%。

表 10－2　东、中、西部地区农民人均纯收入水平及差距

单位：元/人，%

类别＼年份	2000	2001	2002	2003	2004	2005	2006
东部地区	2993.6	3266.7	3376	3616.6	3986.8	4417	4859
中部地区	2029.9	2165.2	2265	2382.0	2726.6	2999	3331
西部地区	1556.5	1662.2	1771	1883.7	2090.8	2300	2487
东部比中部高	47.5	50.9	49.1	51.8	46.2	47.3	45.9
东部比西部高	92.3	96.5	90.6	92.0	90.7	92.0	95.4
中部比西部高	30.4	30.3	27.9	26.5	30.4	30.4	33.9

（三）东部与中、西部地区农村非农产业发展差距仍相当大

2006 年中国对外贸易继续保持快速增长。全年进出口总额达 17607 亿美元，比上年增长 23.8%。其中出口额 9691 亿美元，增长 27.2%；进口额 7916 亿美元，增长 19.9%。对外贸易的强劲增长带动沿海地区乡镇企业发展。据统计，2006 年全国乡镇企业出口企业累计完成出口交货值 24000 亿元，比上年增长 16.2%。据农业部初步预计，2006 年乡镇企业实现增加值 57500 亿元，比上年增长 13.2%，其中工业增加值 40800 亿元，增长 13.4%。东部地区乡镇企业增加值达到 38300 亿元，比上年增长 14.2%，高于全国平均水平 1 个百分点，而中、西部地区仅分别增长 12.9% 和 12.6%，增幅继续低于东部地区（见表 10－3）。尽管国家把西部大开发和中部崛起作为推动东、中、西部地区区域社会经济协调发展的重要战略举措并加大实施力度，农业部每年组织乡镇企业东西合作经贸洽谈会等活动以推动中西部地区乡镇企业的发展，经过几年的实践取得了丰硕成果，确实加快了中西部地区非农产业的发展，发展速度上的差异有所

缩小，但由于发展基础不同，基数差异太大等原因，使得东、中、西部地区非农产业经济总量、乡镇企业的总体规模和水平以及经济运行质量等方面的差距仍然非常大。当前东、中、西部地区乡镇企业增加值占全国的比重分别为66.6%、27.5%和5.9%。全年乡镇企业营业收入超万亿元的省份有浙江、山东、江苏、广东、河北和辽宁6个省，这几个东部省份增加值总量相当于中西部地区总和的1.75倍。

表10－3　东、中、西部地区乡镇企业增加值及区域构成

类别＼年份	2000	2001	2002	2003	2004	2005	2006
数额(亿元)							
东部地区	16456	18315	21062	24280	27680	33524	38300
中部地区	8660	8193	9447	10288	11654	13992	15800
西部地区	2040	2848	1877	2119	2481	3018	3400
构成(%)							
东部地区	60.6	62.4	65.0	66.2	66.2	67.0	66.6
中部地区	31.9	27.9	29.2	28.0	27.9	27.5	27.5
西部地区	7.5	9.7	5.8	5.8	5.9	5.5	5.9

（四）东部地区农村固定资产投资增长速度明显高于中、西部地区

2006年，东、中、西部地区农村固定资产投资额分别为11518亿元、3332亿元和1549亿元，分别比上年增长22.4%、18.9%和5.4%。由于西部地区投资增长速度较低，因此西部地区农村固定资产投资额占全国的比重比上年下降1.1个百分点；中部地区所占比重略有下降；而东部地区农村固定资产投资速度明显高于上年，所占比重上升1.5个百分点（见表10－4）。

表10－4　东、中、西部地区农村固定资产投资及区域构成

类别＼年份	2000	2001	2002	2003	2004	2005	2006
投资额（亿元）							
东部地区	4275	4566	5120	6554	7866	9408	11518
中部地区	1547	1693	1832	1987	2307	2801	3332
西部地区	874	953	1059	1213	1276	1469	1549
构成（%）							
东部地区	63.8	63.3	63.9	67.2	68.7	68.7	70.2
中部地区	23.1	23.5	22.9	20.4	20.2	20.7	20.3
西部地区	13.1	13.2	13.2	12.4	11.1	10.6	9.5

三　促进农村区域经济发展的建议

（一）建立区域公平协调的发展机制

一是建立公平竞争机制，消除区域经济发展的不平等政策，建立全国统一贸易体系和市场体系，给予中西部地区国民待遇。二是建立平等互利机制，区域差距实际是不同利益主体之间的矛盾冲突。必须建立商品、资源、劳动力、技术等生产要素之间、区域之间的平等交换机制。取消农产品消费的城市补贴，能源材料价格控制，建立国家控制下的统一市场体系以及合理的资源流动、转换、交易等区域格局。

（二）以科技发展为支撑，提升区域整体竞争力

推进农村区域专业化需要强有力的农业科技进步作为支撑，科技

发展也是提高区域农产品竞争力的关键。一是加大对农业科技投资力度，实现农业技术综合配套。当前，要以优质化、专用化农业生产品种的选育及良种产业化为突破口，大力开展改善品质、提高质量、节本增效技术研究，提高优质农产品产出率和商品率，不断增加农产品的科技含量。农业科技发展领域要向各个层次延伸，促进农业产前、产中、产后技术体系的配套完善和产业化开发。二是改革和完善农技推广体系。继续加强省、市、县各级农技推广中心（站）建设，着眼于提高农业技术推广服务水平和完善服务功能，分区域分重点建立健全县级农技推广综合中心。鼓励各地跨行政区域建立农技推广区域站，跨专业建立农技推广综合站，重点扶持建设农技推广区域站和乡级农技推广综合站。同时应积极推进民营推广组织的发展，使民营推广组织成为政府推广组织与农民之间建立联系的有效组织形式，逐步形成有效沟通机制和合作推广机制。三是培育和完善农业新技术采用的风险保障体系。专业化经营的农户面临着较大的市场风险、自然风险以及承担更大的市场交易费用，因此，应从各方面创造条件，尽可能地减少风险损失，促进农业技术采用和扩散。可行的办法是建立农业新技术应用的风险储备金制度和农产品风险基金制度，当出现较大的市场风险和自然风险时，从该基金中对生产者进行补偿。或是通过发展社区性的技术服务组织，由社区性的技术服务组织与农户共同承担部分新技术的采用费用和科技活动费用。

（三）推动小城镇建设，带动农村区域经济的繁荣和进步

城市化是社会发展的必然趋势，是世界各国发展的必然进程，是现代化的重要标志。进入 21 世纪，城市化已成为促进各国社会经济高速持续发展的主要动力。当前推进城市化发展，特别是促进农村小

城镇建设，已成为带动本地区农村繁荣与进步；促进农村区域经济发展的关键环节。小城镇的建设成本、人口成本和体制成本较低，而大中城市包袱重，短时期内根本无法吸收大规模待转移的农村富余劳动力和农村人口。相比大城市而言，小城镇的建设与发展，更有利于缩小城乡差别，加快城乡一体化。从当前的实际情况看，发展小城镇建设，特别有利于促进农村区域经济的发展、繁荣与进步。

第十一章
农村全面建设小康进程

为了科学地反映农村全面建设小康社会的现状，推动农村全面建设小康社会步伐，国家统计局每年对农村全面建设小康社会进程进行监测和评价。监测结果显示，2005 年农村全面建设小康社会进程加快；“十五”时期，农村全面建设小康社会进程已经走完了 1/4 的路程。①

一 2005 年农村全面建设小康监测结果

（一）全国农村全面建设小康实现程度达到 28.2%

监测结果显示，2005 年全国农村全面建设小康实现程度达到

① 2006 年农村全面小康建设进程的跟踪监测结果尚未出来，本章发布的是 2005 年的监测结果以及“十五”时期的总体概况。

28.2%，比上年提高 6.6 个百分点，是 2000 年以来提高最快的一年。

1. 农村经济发展方面的实现程度为 20.8%，比上年提升 8.7 个百分点

在反映农村经济发展的三项指标中，2005 年农民人均纯收入为 3255 元，比上年实际增长 6.2%，保持了较高的增长速度。农民人均可支配收入为 3131 元，扣除价格因素后为 2866 元（2000 年不变价）。根据全面建设小康收入标准，农民人均可支配收入全面建设小康实现程度为 17.5%，比上年提高 6.2 个百分点。2005 年第一产业劳动力比重为 45%，全面建设小康实现程度为 33.3%，比上年有较大幅度提高。农村小城镇人口比重为 20.1%，全面建设小康实现程度为 21.6%，比上年提高 3.2 个百分点。

2. 农村社会发展方面的实现程度为 33.9%，比上年提升 0.8 个百分点

从社会发展的四项指标看，农村新型合作医疗发展相对较快，2005 年末农村参加新型合作医疗的人数达到 1.79 亿人，农村合作医疗覆盖率为 24%，全面建设小康实现程度为 17.5%，比上年提高 1.9 个百分点。农村养老保险事业发展相对滞后，覆盖率为 8.2%，全面建设小康实现程度为 11.0%，只比上年微增 0.2 个百分点。2005 年每万个农村居民拥有的农业科研人员数为 1.7 人，全面建设小康实现程度为 23.3%，与上年持平。农村居民收入分配的公平程度仍处在 0.3 ~0.4 的合理区间内，农村居民基尼系数为 0.38，该指标的全面建设小康实现程度为 100%。

3. 农民生活质量方面的实现程度为 38.5%，比上年提升 9.8 个百分点

从反映生活质量的四个方面看，2005 年农村居民居住质量指数为37.5%，全面建设小康实现程度为34.2%，比上年提高6.1个百分点。农村居民文化娱乐消费支出比重为4%，全面建设小康实现程度为33.3%，与上年持平。农村居民恩格尔系数为45.5%，全面建设小康实现程度为38.9%，比上年提高18.9个百分点。农村信息化建设取得新进展，2005年农村居民的信息化程度为44.2%，全面建设小康实现程度为50.6%，比上年提高16.3个百分点。

4. 农村人口素质方面的实现程度为15%，与上年持平

提高农村人均受教育水平是一个长期而艰巨的任务，2005年全国农村劳动力文盲率为6.9%，小学和初中文化程度的农村从业人员占79.5%，高中以上文化程度所占比重仅为13.8%。从反映人口素质的监测指标看，农村人口平均受教育年限为7.7年，仅相当于初中二年级的水平，平均受教育年限指标的全面建设小康实现程度为18.8%。

5. 农村民主法制方面的实现程度为72.7%，比上年提升3.7个百分点

从反映民主法制的两项指标看，2005年农民对村政务公开的满意度为77%，全面建设小康实现程度为73.3%，比上年提高3.3个百分点。农民对社会安全的满意度为78%，全面建设小康实现程度为72%，比上年提高4个百分点。

6. 资源环境方面的实现程度为-0.7%，比上年有较大改进

从反映资源环境的三项指标来看，2005年森林覆盖率为18.2%，全面建设小康实现程度为26.2%。万元农业GDP用水量为2090立方米，全面建设小康实现程度为46.4%，比上年提高0.9个百分点。2005年耕地面积净减少543万亩，常用耕地面积变动幅度全面建设小康实现程度仍为负值，但耕地面积减少幅度下降。

综上所述，2005 年农村全面建设小康进程的总体特点是：在反映农村全面建设小康的六个方面中，农村经济、农民生活质量方面的全面建设小康进程提升加快，农村人口素质和社会发展等方面全面建设小康进程相对缓慢。从农村全面建设小康的 18 项指标来看，第一产业劳动力比重、农民信息化程度全面建设小康进程加速；农村养老覆盖率、农民人均可支配收入、小城镇人口比重、农村人口平均受教育年限等指标的全面建设小康实现程度较低。

2005 年农村全面建设小康监测结果见表 11－1。

（二）分地区实现程度

1. 总体上看，东部与中、西部地区农村全面建设小康实现程度差距进一步拉大，西部与中部地区差距略有缩小

2005 年东、中、西部地区农村全面建设小康实现程度分别为 47.6%、24.6% 和 1.3%，分别比上年提升 7.1、6.3 和 6.4 个百分点，东部地区全面建设小康进程快于中、西部地区，西部地区略快于中部地区，东部与中、西部地区农村全面建设小康实现程度差距进一步拉大，其中，中部与东部地区农村全面建设小康实现程度的差距比 2004 年扩大 0.8 个百分点，西部与东部地区的差距扩大 0.7 个百分点，西部与中部地区的差距缩小 0.1 个百分点。

2. 从结构上看，东、中、西部地区经济发展、人口素质和生活质量方面差距较大

东、中、西部地区农村全面建设小康实现程度差距较大的是经济发展、人口素质和生活质量等方面。在经济发展方面，中、西部地区与东部地区农村全面建设小康实现程度的差距分别为 39.4 个百分点

表 11－1　2005 年农村全面建设小康实现程度

指　标	单　位	全面小康值	实际值	实现程度(%)
1. 经济发展				20.8
人均可支配收入	元	≥6000	2866	17.5
第一产业劳动力比重	%	≤35	45.0	33.3
小城镇人口比重	%	≥35	20.1	21.6
2. 社会发展				33.9
农村合作医疗覆盖率	%	≥90	24.0	17.5
农村养老覆盖率	%	≥60	8.2	11.0
万人农业科研人员数	人	≥4	1.7	23.3
农村居民基尼系数	—	0.3～0.4	0.38	100
3. 人口素质				15.0
平均受教育年限	年	≥9	7.7	18.8
平均预期寿命	年	≥75	69.5	0.0
4. 生活质量				38.5
恩格尔系数	%	≤40	45.5	38.9
居住质量指数	%	≥75	37.5	34.2
农民文化娱乐支出比重	%	≥7	4.0	33.3
农民信息化程度	%	≥60	44.2	50.6
5. 民主法制				72.7
对村政务公开满意度	%	≥85	77.0	73.3
农民社会安全满意度	%	≥85	78.0	72.0
6. 资源环境				－0.7
常用耕地面积变动幅度	%	≥0	－0.3	－50.0
森林覆盖率	%	≥23	18.2	26.2
万元农业 GDP 用水量	立方米	≤1500	2090	46.4
综合实现程度				28.2

说明：平均预期寿命为 2000 年人口普查数，这个指标的数据在有最新数据公布的年份进行更新。森林覆盖率为第六次全国森林资源清查数。农村合作医疗覆盖率和农村养老覆盖率根据重点调查推算。

和59个百分点，发展差距在8年以上；在人口素质方面，西部地区与东部地区农村全面建设小康实现程度的差距为80.3个百分点，与中部地区差距为66.9个百分点，发展差距在10年以上；在生活质量方面，中、西部地区与东部地区农村全面建设小康实现程度的差距分别为28.5个百分点和46.3个百分点，发展差距在5年以上。

分指标看，东、中、西部地区农村全面建设小康实现程度差距最大的是平均受教育年限、人均可支配收入、第一产业劳动力比重、居住质量指数和农民信息化程度等指标，这些方面是缩小东、中、西部地区差距，实现农村全面建设小康社会的重点。

3. 西部地区农村全面建设小康迈出坚实的一步，实现程度首次为正值

从总体上看，西部地区补完了2000年以前小康建设没有完成的旧账，全面建设小康社会开始了新的篇章。中央政府实施西部大开发战略以来，西部地区农业发展步伐加快，农民收入增长、合作医疗发展、信息化建设、资源环境保护等方面取得了明显进步。2005年西部地区农村全面建设小康实现程度为1.3%，比2004年提升了6.4个百分点，实现程度首次为正值，标志着西部地区农村全面建设小康站在了新的起跑线上。

从全面建设小康的进程看，2005年东部地区农村全面建设小康实现程度为47.6%，已经走完了农村全面建设小康进程的近一半的路程，估计再过10年左右可基本实现全面建设小康目标。中部地区农村全面建设小康实现程度为24.6%，走完了的全面建设小康四分之一路程，但经济与社会发展不均衡，经济发展和人口素质的实现程度均很低。西部地区农村全面建设小康实现程度仅为1.3%，刚刚达到总体小康水平，全面建设小康任重道远。

农村全面建设小康分地区实现程度见表11－2。

表 11－2　2005 年东、中、西部地区农村全面小康实现程度

指　　标	实　际　值			实现程度(%)		
	东部	中部	西部	东部	中部	西部
1. 经济发展				49.7	10.3	－9.3
人均可支配收入(元)	3633	2645	2029	44.5	11.7	－4.5
第一产业劳动力比重(%)	40.0	50.0	56.0	73.3	0.0	－40.0
小城镇人口比重(%)	23.7	19.0	17.0	46.3	15.8	5.3
2. 社会发展				43.5	29.3	24.5
农村合作医疗覆盖率(%)	32.1	19.0	14.0	30.0	11.3	5.0
农村养老覆盖率(%)	13.3	6.2	5.1	20.1	7.6	5.7
万人农业科技人员数(人)	2.1	1.5	1.2	37.4	16.7	6.7
农村居民基尼系数	0.37	0.32	0.34	100	100	100
3. 人口素质				31.3	17.9	－49.0
平均受教育年限(年)	7.8	7.6	6.5	27.8	15.1	－56.3
平均预期寿命(年)	71.9	71.0	68.4	45.5	29.1	－20.0
4. 生活质量				60.1	31.6	13.8
恩格尔系数(%)	44.0	46.3	50.5	66.7	30.0	－16.7
居住质量指数(%)	38.5	33.0	29.0	57.9	26.3	19.3
文化娱乐支出比重(%)	4.0	4.0	3.4	40.0	28.9	20.0
农民信息化程度(%)	48.4	42.7	35.1	71.9	45.9	22.2
5. 民主法制				77.7	77.7	70.3
对村政务公开满意度(%)	79.0	80.0	78.0	83.3	83.3	76.7
农民社会安全满意度(%)	78.0	78.0	76.0	72.0	72.0	64.0
6. 资源环境				18.7	16.4	－13.2
常用耕地面积变动幅度(%)	－0.7	－0.4	0.1	－77.0	－64.0	33.0
森林覆盖率(%)	31.0	27.0	13.0	100	100	－61.5
万元农业 GDP 用水量(立方米)	1980	1979	2976	64.5	56.5	－34.2
综合实现程度				47.6	24.6	1.3

说明：平均预期寿命为 2000 年人口普查数，这个指标的数据在有最新数据公布的年份进行更新。森林覆盖率为第六次全国森林资源清查数。农村合作医疗覆盖率和农村养老覆盖率根据重点调查推算。

（三）分省实现程度

1. 上海、北京、天津、浙江农村全面建设小康实现程度超过60%，进入农村全面建设小康社会的中后期

2005年，上海、北京、天津和浙江农村全面建设小康实现程度分别达到88.4%、86.5%、74.0%和64.0%，走完了农村全面建设小康社会2/3的路程。其共同特点是经济发展、人口素质和生活质量三个方面的实现程度都很高。特别是上海市郊县有13项指标已经超过或达到了全国农村2020年的全面建设小康目标值。近年来，浙江省非农产业快速发展，促进了农村经济、社会的全面发展，全面建设小康进程加快。但这些地区同时也存在着农村保障制度还不完善，资源环境保护任务较重等问题，这些均是这些地区下一阶段全面建设小康社会的难点和重点。

2. 江苏、广东、山东、福建、辽宁、河北、吉林、黑龙江、湖北、江西、湖南农村全面建设小康实现程度在25%以上

2005年，江苏、广东、山东、福建、辽宁、河北、吉林、黑龙江、湖北、江西、湖南农村全面建设小康实现程度分别达到54.3%、53.9%、50.1%、45.0%、44.3%、35.3%、33.2%、30.8%、28.5%、26.6%和25.8%，走完了农村全面建设小康社会1/4的路程。其共同特点是经济发展、社会进步取得新进展，农民生活质量稳步提高。但从分项指标看，这些省份农村全面建设小康社会仍存在农村人口素质相对较低、农村社会保障水平相对落后、资源环境保护任务较重等薄弱环节。

3. 海南、山西、内蒙古、河南、安徽、重庆、陕西、四川农村全面建设小康实现程度在15%以上，农村全面建设小康社会有了良好开端

2005年，海南、山西、内蒙古、河南、安徽、重庆、陕西和四川农村全面建设小康实现程度分别为 22.8%、21.2%、19.9%、19.2%、19.0%、16.4%、16.2%和 15.9%，这些省份农村全面建设小康有了良好开端，但农民收入水平低、农村教育落后、农村社会保障水平低、农村生活条件差仍是这些省份全面建设小康社会的难点。

4. 全国尚有 8 个省（区）农村全面建设小康实现程度小于 15%，农村全面建设小康社会处在起步阶段，西部地区部分省份尚未实现 2000 年总体小康目标

2005 年，广西农村全面建设小康实现程度为 13.7%，只走完了全面建设小康 1/10 的路程；云南、新疆和宁夏实现程度都不到 10%，农村全面建设小康社会刚刚起步。

值得注意的是，西部地区部分省份尚未实现 2000 年总体小康目标，农村全面建设小康实现程度为负值，其中甘肃、贵州、青海和西藏农村全面建设小康实现程度分别为 -5.4%、-6.3%、-7.9%和 -14.7%，离总体小康还有差距。由此可见，农村全面建设小康最大的难点、最艰巨的任务在西部地区。

二　“十五”时期农村全面建设小康总体概况

“十五”期间，为推动农村全面建设小康社会，中央、国务院坚持统筹城乡发展方针，改革、完善农村经济运行机制，出台了一系列支农惠农政策，有力地推动了农村经济、社会、科技和文化事业快速发展，农村全面建设小康进程日益加快。监测结果显示，“十五”期间，农村全面建设小康社会进程已经走完了 1/4 多的路程，实现程度年均提高 4.8 个百分点（2000 年全国农村全面建设小康实现程度为

4%），“十五”期间的后3年农村全面建设小康实现程度增幅分别为4.4%、4.7%和6.6%，呈现不断加速发展的趋势，为全国实现全面建设小康社会的宏伟目标创造了有利条件。

（一）农村全面建设小康社会取得显著成效，突出表现为“四新”

1. 农村经济取得新发展，为农村全面建设小康社会奠定了坚实的基础

“十五”期间，中央、国务院着力加强农业的基础地位，加快推进结构调整，粮食生产和农民增收在“十五”后两年出现重要转机。2004年和2005年粮食共计增产500亿公斤，粮食亩产连续两年超过300公斤，历史上前所未有。2005年农民人均纯收入3255元，比2000年增加1002元，年均增加200元。农村居民人均纯收入增速由2001年的4.2%提高到2004年的6.8%和2005年的6.2%，2004年和2005年农民增收连续两年超过300元，打破了“十五”前3年收入增长缓慢格局，进入新的较快增长期。“十五”期间，统筹城乡发展和结构调整取得新进展，2005年第一产业劳动力比重为45%，比2000年下降5个百分点；农村小城镇人口比重为20.1%，比2000年提高4.1个百分点。农村经济较快发展有力地推进了农村全面建设小康进程，2005年农村经济发展方面的全面建设小康实现程度为20.8%，“十五”期间年均提高4.2个百分点。

2. 农村社会事业迈出新步伐，为农村全面建设小康社会提供了有力的保障

“十五”期间，农村社会事业发展成为全面建设小康社会的重要

内容，国家对农村社会事业发展的重视不断升温。尤其是农村新型合作医疗发展加快，养老保险开始启动，农业科技不断进步，各项社会事业取得新成就。2005 年末农村参加新型合作医疗的人数达到 1.79 亿人，农村合作医疗覆盖率比 2000 年提高了 14 个百分点；农村养老保险事业开始起步，覆盖率为 8.2%，比 2000 年提高了 6.4 个百分点；每万个农村居民拥有的农业科研人员数为 1.7 人，比 2000 年提高了 0.7 人。经济社会统筹发展的局面加速形成，有力地推动了农村全面建设小康社会进程，2005 年农村社会发展全面建设小康实现程度为 33.9%，“十五”期间年均提高 2.8 个百分点（2000 年社会发展全面建设小康实现程度为 20%）。

3. 农民生活质量得到新改善，是农村全面建设小康成效的直接体现

生活宽裕是农村全面建设小康社会的重要内容。“十五”期间，随着农村社会经济发展，农村居民生活质量有了新改善。一是居住质量提高。2005 年农村居民人均居住面积 29.7 平方米，比 2000 年增加 4.9 平方米。从居住条件来看，住房有水冲式卫生厕所的农户占 13.1%，比 2000 年提高 6.1 个百分点；使用清洁燃料液化气和电的农户占 13.6%，比 2000 年提高 6.2 个百分点；饮用自来水的农户占 37.6%，比 2000 年提高 9.9 个百分点。二是农村信息化建设取得新进展，2005 年农村居民的信息化程度为 44.2%，比 2000 年提高 16 个百分点。三是消费结构进一步改善。农村居民恩格尔系数为 45.5%，比 2000 年下降 3.5 个百分点。农村居民生活质量持续改善是农村全面建设小康社会取得进展的直接体现。2005 年，农村生活质量方面的全面建设小康实现程度为 38.5%，“十五”期间年均提高 7.7 个百分点。

4. 农村民主法制建设取得新进步，是农村全面建设小康社会的制度保障

“十五”期间，农村民主政治建设和精神文明建设深入开展，各地积极推进基层民主建设，进一步健全村务公开和村民自治制度，干群关系明显改善。2005年农民对村政务公开的满意度为77%，比2000年提高22个百分点；农民对社会安全的满意度为78%，比2000年提高18个百分点。2005年，农村民主法制方面的全面建设小康实现程度达到72.7%。

（二）农村全面建设小康社会任重道远，四大差距依然突出

1. 中西部地区与东部地区农村全面建设小康实现程度差距进一步拉大，统筹地区间协调发展进展艰难

统筹区域发展，不仅是一个重大的经济问题，而且是一个重大的政治问题。“十五”期间，中央提出了一系列统筹发展区域经济的政策，极大促进了各区域经济的均衡发展。但从农村全面建设小康实现程度来看，由于中、西部地区农村社会发展、人口素质、民主法制建设发展速度相对落后，导致中、西部地区农村全面建设小康实现程度与东部地区的差距不断拉大。2005年，东、中、西部地区农村全面建设小康实现程度分别为47.6%、24.6%和1.3%。与2003年相比，虽然西部与中部地区之间的差距略有缩小，但中、西部地区与东部地区农村全面建设小康实现程度差距进一步拉大，其中，中部与东部地区农村全面建设小康实现程度的差距从2003年的21.8个百分点扩大到2005年的23个百分点，西部与东部地区的差距从2003年的45.3个百分点扩大到2005年的46.3个百分点。从2005年农村全面建设小康的实现程度看，中部与东部地区相差5年以上，西部与东部地区

相差10年以上。

全面建设小康社会的主要目的之一就是解决总体小康不平衡发展的状况，中西部地区农村全面建设小康实现程度与东部地区差距进一步加大，显然不符合全面建设小康社会的基本要求，因此也成为农村全面建设小康社会的重点问题之一。尤其值得注意的是，西部地区是农村全面建设小康社会的最大难点。2005年，虽然西部地区小康实现程度达到了1.3%，但与东部地区相比差距巨大，与全国平均水平相比差距也很大，特别是西部地区在农民收入、城镇化水平、受教育程度、居住质量、信息化水平等方面发展与东部地区差距在10年以上。按照目前的发展进程，到2020年西部地区可能实现不了全面建设小康社会的宏伟目标，这将直接影响全国农村全面建设小康的进程。

2. 城乡居民收入和消费差距十分明显，统筹城乡经济发展进展艰难

（1）城乡居民收入差距不断扩大。农村居民名义收入水平落后于城镇10年，实际收入水平落后于城镇近20年。2005年农村居民人均纯收入3255元，名义值低于城镇居民1994年的水平，扣除价格因素后，实际值只略高于城镇居民1986年的水平。城乡收入差距从2000年的2.79∶1扩大到2005年的3.22∶1，其中，全国有28个省（区）城乡居民收入差距呈扩大状态，10个省（区）城乡居民收入差距扩大的程度高于全国平均水平。

（2）农民增收难不利于城乡居民收入差距的缩小。2005年因农产品价格涨幅回落，农民来自第一产业家庭经营收入的增幅回落15个百分点，农民靠出售农产品而增加收入的难度明显加大；同时，农业生产资料价格上涨也影响农民增收。2005年农村居民可支配收入全面建设小康实现程度为17.5%，在全部指标中处于偏低位置。农民收入要实现全面建设小康目标还有82.5%的路程要走，也就是说，如果到2020年实现农村全面建设小康目标，农民收入每年要增加近200元左右，按现价计算，农民收入每年至少要增加250元以上，农民继续增收难度加大，缩小城乡居民收入差距面临挑战，农民收入实现全面建设小康目标面临挑战。

（3）城乡消费水平差距大。2005年农村居民人均生活消费2555元，不到城市人均生活消费的1/3，只相当于城镇居民20世纪90年代初的水平，与城镇相比，农村居民消费水平落后10年以上。

（4）农村消费结构落后城镇10年。2005年农村居民恩格尔系数为45.5%，相当于城镇居民10年前的水平。全国还有西藏等8个省（区、市）农民的恩格尔系数在50%以上，按照联合国粮农组织对居民生活水平和质量高低所确定的标准，这8个省份尚处在温饱或贫穷水平上，离农村全面建设小康标准还有更大的距离。

3. 农村社会事业发展差距大，统筹城乡社会发展进展艰难

（1）农民文化素质低，农村仍存在大量的文盲半文盲。2005年，中国6岁及6岁以上农村人口平均受教育年限落后于城镇2年，乡村劳动力文盲率为6.9%，高中以上文化程度的只占13.8%。

（2）农村医疗卫生条件差，城乡差距大。2005年，平均每千农村人口拥有的卫生院床位数只有0.9张，不足全国平均水平的40%，只是城镇水平的20%。2005年农民医疗保健支出人均168元，仅相当于城镇居民的28%。2005年，城镇居民中有99%的家庭用上了安全饮用水，而同期农村居民使用安全饮用水的普及率仅为71.5%，其中，饮用自来水的农户只有37.6%，不足城镇居民的一半。2005年，没有卫生设备的城镇居民家庭约占7%，而同期使用水冲式厕所的农户仅有13.1%，没有厕所的农户还有9.4%。

（3）农村居民社会保障刚刚起步，城乡差距大。2005年农村低收入人口还有4000多万人，但是，2005年农村享受最低生活保障的人数只有800多万人，占城镇享受最低生活保障人数比重不足40%。2005年农村养老覆盖率全面建设小康实现程度只有11.0%，在全部指标中处于落后地位，按照近几年农村养老保险的发展速度，到2020年实现养老保险的全面建设小康目标难度很大。2005年农村合作医疗取得了较大的进展，但此项指标的全面建设小康实现程度也只有17.5%，而且要维持已经参加合作医疗的农村居民的基本医疗保障，也不是一件易事。医疗卫生条件差以及社会保障不健全必然影响农村居民的生活质量，影响农村居民的预期寿命，最终影响农村全面建设小康社会的进程。

4. 资源与环境差距巨大，统筹人与自然和谐发展进展艰难

与国际比较，中国农业资源严重不足，现代化水平低，粮食综合生产能力提高难度大。中国人均耕地资源只有世界平均水平的40%和发达国家的1/9。尽管国家实行最严格的耕地保护制度，但随着工业化、城镇化、新农村建设的推进，基础设施建设占用耕地不可避免，保证耕地不再减少有难度。中国不但耕地资源少，水资源也十分紧缺。中国人均水资源仅相当于世界平均水平的1/4，是全球13个人均水资源最贫乏的国家之一。目前，中国有效灌溉面积占耕地面积的比重为45%左右，为了确保国家粮食安全，2020年有效灌溉面积要提高到60%以上，从这个角度看，农业用水总量大幅减少的可能性不大。目前节水灌溉面积占耕地总资源的比重不到20%，节水农业的规模偏小，今后如何使农业用水在总量上继续减少，使用效率上不断提高，仍然是全面建设小康的一大难点。中国农业现代装备条件差，单位耕地拥有拖拉机台数只有世界平均水平的1/2，发达国家的1/3；科技进步率比发达国家低22个百分点，但单位面积施肥量是世界平均水平的4倍多，农地污染严重。值得注意的是，无论是在发达地区，还是在落后地区，农村环境污染都很严重，污水和垃圾处理设施严重不足。2005年，农村资源环境方面的全面建设小康实现程度为-0.7%，表明农业资源短缺和生态环境脆弱的矛盾突出。相当长时间内中国耕地缩减、淡水短缺、人口增加的趋势不可逆转，这是实现农村全面建设小康社会宏伟目标的最大制约因素之一。

第十二章 农村生态环境与可持续发展

一　农村生态环境建设的变化

（一）农村生态环境建设的变化特征

1.《国家农村小康环保行动计划》实施

2006年国家制定并组织实施《国家农村小康环保行动计划》，以农村生活垃圾和生活污水处理、畜禽养殖污染防治、土壤污染治理、村容村貌建设等为重点内容，开展农村环境综合整治，全面改善农村生产与生活环境。通过倡导新的生产与生活方式，引导农民走上生产发展、生活富裕、生态良好的文明发展道路，加速农村全面建设小康社会的进程。

2. 森林生态效益补偿制度完善

国家积极推进森林生态效益补偿制度建设，2006年中央森林生态效益补偿基金由20亿元扩大到30亿元，360万农户2000万人口直接受益。20多个省（区、市）相继出台了适宜于当地实际情况的森林生态效益补偿政策。

3. 农业用水量持续下降，流域生态环境改善

全国农业用水量继续呈下降的态势，2005年农业用水量为3580亿立方米，比1997年降低8.67%；农业用水量占总用水量的63.55%，比1997年下降了6.87个百分点。农田实灌亩均用水量448立方米，农村居民人均生活用水量68立方米/日。[①] 全面启动黄河干、支流调度，实现连续7年流域不断流。黑河、塔里木河下游生态环境也得到显著改善。

4. 生态公益林面积增加，造林方式优化

2006年全国完成营造林面积520万公顷，其中人工造林340多万公顷，飞播造林作业面积近33.33万公顷，封山育林146.67万公顷。造林绿化的林种结构得到进一步调整，生态公益林造林仍保持较大比重。全国完成生态公益林造林作业面积占造林总面积的56.1%（其中防护林占造林总面积的55.6%），商品林占造林总面积的43.9%（其中用材林占造林总面积的27.8%）。优化造林绿化方式，增加封山育林、混交林、乡土树种比重。全国各地造林绿化的主要树种达80余种，除杨树、桉树、杉木、松类等树种继续保持一定规模的造林外，还加大了刺槐、侧柏、柠条、梭梭等乡土树种和灌木树种造林的比重。

5. 节水型社会建设普遍展开

全面推进总量控制与定额管理相结合的农村水资源管理体系建设，促进农村各行各业节约用水。新增30个全国节水型社会建设试

---

① 见水利部：《2005年中国水资源公报》，中国水利水电出版社，2006。

点。甘肃省张掖试点通过验收，四川省绵阳试点取得成效，《宁夏节水型社会建设规划》通过专家审查。内蒙古、宁夏两区水权交易试点进展顺利，霍林河、永定河、大凌河流域水权明晰取得初步成果。

6. 河道管理力度加大

开展了长江河道采砂专项检查，采砂管理秩序进一步好转，禁采区偷采现象减少，解禁可采区管理进一步规范。各地也对非法采砂开展专项整顿，加大河道执法管理力度。许多地区出台了河道管理制度，较好地规范了河道管理秩序。

7. 水旱灾害损失减轻

2006 年，改善的农村生态环境使国家最大限度地减轻了水旱灾害损失，确保了大江大河、大型和重点中型水库的安全，确保了农村居民饮水安全。2006 年抗旱高峰期，全国日投入抗旱劳力 8974 万人，开动机电井 414.8 万眼、泵站 12.1 万处、机动抗旱设备 1091 万台，全年累计投入抗旱资金 89 亿元，完成抗旱浇地 2740 万公顷，挽回粮食损失 5638 万吨、经济作物损失 412 亿元。通过修建临时水源工程累计解决了 3419 万人和 2777 万头大牲畜的临时饮水困难。在防汛防台风期间，各地区紧急转移群众 1254.5 万人次，组织船只回港避风 10 万艘次，有效减少了农村地区的灾害损失。

（二）农村生态工程建设的进展

1. 农村生态保护

（1）天然林保护。2006 年天然林保护工程有效保护森林 9533.33 万公顷，营造公益林 86.67 万公顷。国家林业局、财政部和中国银监会已联合开展天然林保护工程区木材加工等企业关闭破产工作，明确了企业关闭破产范围、工作程序和债务处理政策。规定天然林保护工程区内具备独立企业法人资格的、以木材为主要原料的木材加工企业，以及为木材采伐服务的林机修理修配、物资供应和木材经销运输等企业，均可申请纳入关闭破产范围。对天然林保护工程区森工企业或林业主管部门为拟破产企业提供担保而确实无力承担担保责任的，经债权金融机构与森工企业或林业主管部门协商，可直接解除担保责任。木材加工等企业关闭破产和解除担保责任造成的金融机构损失，债权银行从提取的呆账准备金中核销，债权资产管理公司作为资产管理公司的处置资产损失处理。2007年始，将陆续对山西、河南、吉林、云南、四川、贵州、陕西、内蒙古、重庆、甘肃和湖北等11个省（区、市）及黑龙江省森工总局的天保工程区内236户木材加工等企业依法实施关闭破产，破产企业金融机构债务60.4亿元将按有关规定审核后核销。这标志着天然林保护工程区森工企业因木材禁伐或限伐造成无力偿还金融机构债务的主要问题得以妥善解决，对减轻森工企业债务负担、促进森工企业体制改革和机制创新将起到重要作用。

（2）自然保护区建设和湿地保护。到2005年，中国已建各种类型、不同级别的自然保护区2349个，总面积14995万公顷，占国土面积的15%。全国生态示范区达到528个、全国环境优美乡镇178个。2006年全国新增国家森林公园33处，1133.33万公顷森林风景资源纳入国家森林公园保护范围。2006年湿地保护工程投入3.66亿元，其中国家投入2亿元，用于12个国家级自然保护区建设和48个湿地保护和恢复工程。保护区建设工程涉及保护管理能力建设、基础设施建设、科研宣教能力建设等，对全方位提高自然保护区管理水平和强化管理措施将起到关键作用。湿地保护和恢复工程涉及重要湿地保护示范、退化湿地恢复示范、湿地合理利用综合示范等，同时，国家湿地公园等多种保护类型在工程的带动下迅速发展，这些都对各级政府和社会各界参与和支持湿地保护工作起到了良好的示范作用。

2006 年，国家将湿地保护工程、三江源自然保护区建设纳入了国民经济和社会发展“十一五”规划。目前全国湿地总面积约 3848 万公顷，居亚洲第一位、世界第四位。已建立湿地自然保护区 470 多处，使占湿地总面积 45%、约 1700 多万公顷的自然湿地纳入保护区严格保护。初步形成了以湿地自然保护区为主体，水源保护区、海洋功能特别保护区、湿地多用途管制区、湿地野生动物禁猎区、湿地公园、湿地风景名胜区等多种管理形式相结合的湿地保护网络体系。

2. 农村生态修复

（1）退耕还林。自 1999 年启动退耕还林工程建设以来，国家累计投入工程建设资金 1300 亿元。1999～2006 年，国家共安排退耕还林任务 2426.67 万公顷，其中退耕地造林 926.67 万公顷、宜林荒山荒地造林 1366.67 万公顷、封山育林 133.33 万公顷。2006 年退耕还林工程完成营造林 113.33 万公顷，工程营造林质量总体良好。根据各省（区）上报结果和国家核查结果，工程营造林面积核实率达 97.4%，核实面积合格率达 93%。

退耕还林工程取得了显著的生态效益。主要表现在加快国土绿化进程、治理水土流失、涵养水源、防治土地沙化等方面。退耕还林工程将使占国土总面积 82% 的工程区森林覆盖率平均提高 2 个多百分点。通过实施退耕还林工程，宁夏回族自治区荒漠化土地面积减少了 7%。退耕还林工程为调整农村产业结构、促进地方经济发展和增加农民收入创造了契机，较好解决了国家生态安全、地方经济发展、农民增产增收之间的矛盾。四川雅安、贵州遵义、陕西延安、甘肃定西、宁夏固原、内蒙古鄂尔多斯等生态脆弱、经济贫困的地区逐步形成“粮下川、林上山、养进圈”的良性发展格局，实现了生态保护、粮食增产、农业增效。

（2）水土资源退化防治。水土资源退化治理稳步推进，其中，水土流失治理面积保持较快的增长速度，2005年全国水土流失治理面积达9465.4万公顷，比1990年增长78.59%。除涝面积持续增长，2005年全国除涝面积达到2134万公顷，比1990年增长10.36%。1995年以来治碱面积稳中有升，2005年全国治碱面积为603.2万公顷，比1990年增长20.76%。[①] 水土资源退化治理情况见图12－1。

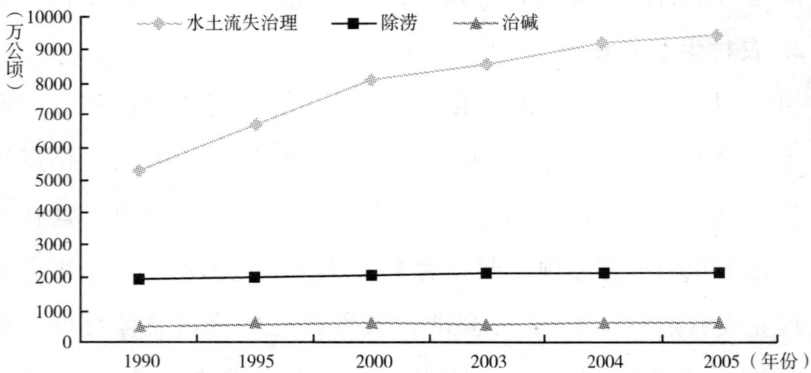

图12－1　水土资源退化治理

2006年，国家继续稳步推进长江、黄河等七大流域重点水土流失治理工程，共安排水土保持投资14.57亿元。全国共完成水土流失综合防治面积10.32万平方公里，其中综合治理面积4.17万平方公里，封育保护面积6.15万平方公里。国家水土保持重点工程完成综合治理0.94万平方公里，其他部门、地方和社会力量完成综合治理

① 见《中国农村统计年鉴2006》，中国统计出版社，2006。

3.23万平方公里，其中转让“四荒”使用权面积178.67万公顷，吸引社会投资30多亿元。长江上游、黄河中游、东北黑土地和西南石漠化地区等国家水土保持重点工程建设力度进一步加大，黄土高原新建淤地坝1163座。到2006年，全国已有25个省（区、市）的206个县，开展了水土保持生态修复试点工程建设，全国范围内有近1100个县全部或部分实施了封山禁牧，封禁范围近67万平方公里，其中35万平方公里的生态得到了初步修复。在30个省（区、市）的81条小流域开展生态清洁型小流域建设试点。云南、贵州、湖北、重庆水土保持世界银行贷款项目开始实施，在4省37个县274条小流域利用世界银行贷款1亿美元，欧盟提供赠款1000万欧元，计划治理水土流失3180平方公里。

继颁布实施《防沙治沙法》后，国务院又相继做出了《关于进一步加强防沙治沙工作的决定》，批复了《全国防沙治沙规划（2005~2010年）》，实施了一系列防沙治沙重点生态建设工程。京津风沙源治理工程实施以来，累计完成林业建设任务453.33万公顷，占林业规划任务的53.4%。目前中国土地沙化面积由上世纪末年均扩展3436平方公里转变为现在年均缩减1283平方公里，土地沙化扩展的趋势得到初步遏制。

（3）生态用水保障。近些年来，河北省年降水量持续偏少，致使太行山区大中型水库和白洋淀入水量严重不足。从1997年以来，白洋淀已经15次从流域内紧急调水。2006年黄河首次向白洋淀实施生态输水。此次调黄河水之前，白洋淀已经干淀数月，水位降到干淀水位标准的6.5米以下。此次“引黄济淀”计划引取黄河水4.2亿立方米，按黄河位山闸60立方米每秒的引水流量要求，调水时间约90天。总计入冀水量达到3.38亿立方米，其中白洋淀为2亿立方米，实际入淀水量预计1亿立方米左右。引黄济淀工程结束后，白洋淀水位将上升到7.45米，水面增加3倍，将是近几年来水面最大的时期。“引黄济淀”是跨流域引水维持白洋淀生态环境的首次尝试，它对维护水区群众的生产生活，保持白洋淀的生态环境，乃至改善整个华北地区的生态环境均起到重要的作用。

3. 农村生态重建

（1）防护林体系建设。1979～2005年期间，全国防护林体系工程造林面积累计达到4107.64万公顷，其中“三北”防护林体系工程造林面积累计2933.10万公顷，长江中上游防护林体系工程造林面积累计556.96万公顷。“八五”和“九五”期间防护林体系工程造林面积较大，“八五”期间全国、“三北”和长江中上游防护林体系工程造林面积占各自累计造林面积总量的比例分别为27.80%、21.05%和48.51%，高于各区域其他期间造林面积的所占比例（见表12－1）。

表12－1　防护林体系工程造林面积变化

单位：万公顷，%

时间＼区域	全国		“三北”		长江中上游	
	面积	比例	面积	比例	面积	比例
1979～1985年	1010.98	24.61	1010.98	34.47	—	—
“七五”	589.93	14.36	517.49	17.64	36.99	6.64
“八五”	1141.92	27.80	617.44	21.05	270.17	48.51
“九五”	1048.75	25.53	615.09	20.97	193.71	34.78
“十五”	316.06	7.69	172.10	5.87	56.10	10.07

资料来源：《中国农村统计年鉴2006》，中国统计出版社，2006。

（2）农村水利建设。2006年中央投资14.5亿元，对270多个大型灌区进行节水改造，项目完成后，可新增、恢复灌溉面积12.67万公顷，改善灌溉面积52.8万公顷，新增粮食生产能力13.5亿公斤，增加年节水能力15亿立方米。中部省（区）大型排涝泵站更新改造继续实施，节水灌溉示范项目、农业末级渠系改造和牧区水利试点工程建设稳步推进。小型农田水利“民办公助”项目中央投资6亿元，引导粮食主产区开展农田水利建设并取得良好效果。全国农民用水户协会达到2万多个，促进了农民用水户参与灌溉管理改革。中央投资60亿元解决农村饮水安全问题，比2005年增加40亿元，地方和群众配套投资55亿元，农村饮水安全工程建设明显提速。投资计划全部完成后，可解决2897万农村人口的饮水安全问题，其中饮用砷氟超标水1046万人，饮用苦咸水308万人，血吸虫病区249万人，缺水等地区1294万人。

4. 农村生态产品开发

目前，全国安全农产品已形成了无公害农产品、绿色食品和有机食品“三位一体、整体推进”的发展格局。无公害农产品突出安全因素控制；绿色食品既突出安全因素控制，又强调产品优质与营养。无公害农产品是绿色食品发展的基础。有机食品注重对影响生态环境因素的控制。到2005年，全国统一认证的无公害农产品累计已达16704个，获证单位10583家，产品总量10439万吨，已累计认定无公害农产品产地21627个。绿色食品生产企业总数达到3695家，认证产品总数达到9728个，实物总量6300万吨，产品年销售额1030亿元，出口额16.2亿美元。农业系统有机食品认证企业总数达到416家，产品总数达到1249个，实物总量66.9万吨，产品年销售额37.1亿元，出口额1.36亿美元。

2006年农业部颁布的《农产品质量安全法》正式实施。明确规定五种农产品要坚决杜绝在市场外：含有国家禁止使用的农药、兽药或者其他化学物质的产品；农药、兽药等化学物质残留或者含有重金属等有毒有害物质的产品；含有致病性寄生虫、微生物或者生物毒素的产品；使用不符合国家技术强制性规定保鲜剂、防腐剂、添加剂等材料的产品；其他不符合农产品质量安全标准的产品。

二　影响农村生态环境建设的主要因素

（一）农村生态环境建设的规划管理

将农村环境保护体现在国家和地方的有关计划和规划中。在地方规划中应坚持经济建设、城乡建设和环境建设同步规划、同步实施、同步发展。县域环境保护规划的重点内容应是环境功能区划和环境保护控制性规划，有条件的应编制县域环境容量规划。通过编制小城镇和新农村建设规划、工业园和畜牧园区规划，逐步实现人居环境和生产环境的分离。

2006年出台的《国家农村小康环保行动计划》强化农村环境综合整治，以试点示范为先导。到2020年，有效控制农村地区环境污染的趋势，基本解决农村“脏、乱、差”问题，农村生活与生产环境得到切实改善，建设“清洁水源、清洁家园、清洁田园”的社会主义新农村，为全面建设小康社会提供环境安全保障。

2006年全国开始实施生态村建设规划，国家级生态村创建的基本条件包括：①制定了符合区域环境规划总体要求的生态村建设规划，规划科学，布局合理、村容整洁，宅边路旁绿化，水清气洁；②村民能自觉遵守环保法律法规，具有自觉保护环境的意识，近3年内没有发生环境污染事故和生态破坏事件；③经济发展符合国家的产业政策和环保政策；④有村规民约和环保宣传设施，倡导生态文明。考核国家级生态村的主要因素包括经济水平、环境卫生、污染控制、资源与保护利用、可持续发展、公众参与等，在各因素内选出主要测度指标，各指标标准因地区而异（见表 12-2）。

表 12-2 国家级生态村的考核指标标准

因素	指标	东部地区	中部地区	西部地区
经济水平	人均纯收入(元/人/年)	≥8000	≥6000	≥4000
环境卫生	饮用水卫生合格率(%)	≥95	≥95	≥95
	户用卫生厕所普及率(%)	100	≥90	≥80
污染控制	生活垃圾定点存放清运率(%)	100	100	100
	生活垃圾无害化处理率(%)	100	≥90	≥80
	生活污水处理率(%)	≥90	≥80	≥70
	工业污染物排放达标率(%)	100	100	100
资源保护与利用	清洁能源普及率(%)	≥90	≥80	≥70
	农膜回收率(%)	≥90	≥85	≥80
	农作物秸秆综合利用率(%)	≥90	≥80	≥70
	规模化畜禽养殖废弃物综合利用率(%)	100	≥90	≥80
可持续发展	绿化覆盖率(%)	高于全县平均水平		
	无公害、绿色、有机农产品基地比例(%)	≥50	≥50	≥50
	农药化肥平均施用量	低于全县平均水平		
	农田土壤有机质含量	逐年上升		
公众参与	村民对环境状况满意率(%)	≥95	≥95	≥95

（二）农村生态环境建设的投入

许多经济发达地区把农村环境保护投入作为公共财政支出的重点，各级财政调整支出结构，加大对农村环境保护的支持。促使国家基本建设投资向农村环境建设倾斜，加强农村环境污染防治和生态保护项目、环境公共设施建设。对有偿还能力的农村环境基础设施建设项目和污染治理项目，积极争取银行给予贷款扶持。拓宽农村环保投融资渠道，鼓励企业和社会资金参加环保建设，引导外资形成多元化的环保投入格局。

在新农村建设中，通过推行农村环境整治的“自上而下”的筹资机制，加大财政资金的专项转移支付力度，明确解决农村环境问题的资金渠道和部门责任，使农村的环境管理体系建设和聚居点的污染治理基础设施建设有明确的资金来源。同时，加大排污费资金用于农村环境污染治理的比例，以体现对受害者的补偿。将农村面源污染治理资金集中到一个部门统一调配。通过农民自主决策机制，确定农村聚居点的公共服务资金使用方法。

通过逐步加大政府投资补助的力度，引导农民自愿投资投劳，开展直接受益的农田水利建设，完善农村水利建设机制。农村水利建设新机制明确规定，以农户自用为主的小、微型工程，归农户个人所有；对受益户较多的小型工程，可按受益范围组建用水合作组织，相关设施归用水合作组织所有；政府补助形成的资产，归项目受益主体所有。同时，严格规范“一事一议”程序，控制筹资筹劳标准。对政府给予补助资金重点支持的斗渠等农田水利工程，可以村级为基础进行“一事一议”，按照乡镇协调、分村议事、联合申报、统一施工、分村管理资金和劳务、分村落实建设任务的程序和办法实施。筹资筹劳的限额标准由省级农民负担监督管理部门提出，报省级人民政府批准。

（三）农村生态环境建设的制度创新

制度变革与创新可以有效地改进资源配置，促进农村生态环境建设。以农业水资源利用与管理为例，2006年国家首次制定《水量分配办法》，中国所有流域和区域的农业水资源总量将首次全面明确分配份额。在此基础上，中国将构建水权交易的初始水权制度。通过水量分配制度的实施，使经济社会用水控制在合理的范围内。在使流域上下游、左右岸经济社会用水得到平衡的同时，生态与环境用水也得到保障。《水量分配办法》对于《取水许可和水资源费征收管理条例》的实施具有重要支持作用，它将促进取水许可在总量限额内实施。

2006年国务院颁布的《黄河水量调度条例》是国家关于黄河治理开发出台的第一部行政法规。它建立了完整的水量调度管理体系和黄河水量分配的制度，把水法关于水量调度的基本制度落实在了黄河流域实处，建立起黄河水量调度长效机制。这将促进有限的黄河农业水资源的优化配置，有利于提高农业水资源利用效率，正确处理上下游、左右岸、地区之间、部门之间的关系，缓解黄河流域水资源供需矛盾和水量调度中存在的问题，减轻和消除黄河断流造成的严重后果，为当地农业生产和农民生活提供有力的制度保障。

（四）农村环境保护与经济发展的协调机制

根据不同地区的资源环境承载能力，可以把农村地区划分为优化开发、重点开发、限制开发和禁止开发四类主体功能区域，规范农村资源的开发秩序，形成适宜于区域生态环境特征的产业结构。在区域发展过程中，通过农村区域经济结构调整，可从源头上减少对环境的破坏。推动农村产业结构优化升级，加快发展先进的农村制造业、高新技术产业和服务业，形成有利于资源节约和环境保护的产业体系。

建立健全有利于农村环境保护的价格、税收、信贷、贸易、土地和政府采购等政策体系。对农村污染处理设施建设运营的用地、用电、设备折旧等实行扶持政策，并给予税收优惠，进而建立农村环境保护与经济发展协调机制。这将促进区域循环经济发展，缓解资源供给不足的矛盾，减少污染物的排放；推进节能、节水、节地、节材和资源综合利用、循环利用；推行清洁生产，实现增产减污。

三　农村生态环境建设的可持续发展

（一）农村生态环境建设的重点领域展望

1. 村庄环境污染综合治理

在农村水环境污染较严重的地区及水污染治理重点流域，要优先建设一批农村生活污水处理示范工程。采取分散或相对集中、生物或土地等多种处理方式，因地制宜开展农村生活污水处理。在人口相对集中、水环境容量相对较小的农村地区可采用环境工程设施处理；在人口密度较低、水环境容量相对较大的农村区域，可利用湿地、沟塘等自然系统就地处理。结合农村沼气建设与改水、改厕、改厨、改圈，逐步提高生活污水处理率。

农村地区生活垃圾实行定点存放、统一收集、定时清理、集中处置，提倡资源化利用或纳入镇级以上处置系统集中处理。在经济较发达地区，可采用“村收集——镇集中——县处理”的城乡生活垃圾一体化处置模式；在经济欠发达、交通不便地区可采取堆肥或简易填埋；有条件地区应进行无害化处理，或纳入乡镇集中处置系统。

2. 农村工业企业污染防治

加强农村生态工业园区和工业集中发展区环境基础设施建设。对工艺落后、设备简陋、污染严重的工业企业，限期治理或予以取缔、关闭。加强企业污染物排放在线监控，对超标排污企业实行限期治理。按照污染物总量控制原则，逐步实施企业污染物排放削减计划。

东部沿海经济较发达地区的农村工业企业，应积极推行清洁生产，采用先进适用的技术和设备，发展资源开发充分、附加值高、无污染和少污染的安全产品。中西部经济欠发达地区的农村工业企业，要合理开发和利用自然资源，严禁引进和新建污染严重的生产项目，加快企业的技术改造与污染治理设施的更新配套，防止环境污染和生态破坏。

3. 土壤污染与农村面源污染防治

在全国土壤污染状况调查的基础上，针对不同土壤污染类型（重金属、农药残留、有机污染、复合污染等），选取有代表性的区域（污灌区、固体废物堆放区、矿山区、油田区、工业废弃地等），开展土壤污染治理与修复示范工作。严格控制农田污灌与底泥施用，发展有机食品生产，避免产生土壤污染。指导农民合理使用农药、化肥、农膜等农用化学品，积极发展生态农业，开展作物秸秆、畜禽养殖废弃物的资源化利用，综合防治农村面源污染。

4. 水土流失防治

稳步推进国家水土流失重点防治工程，组织实施南水北调水源区等水土保持工程。加大对贫困山区、老少边区、粮食紧缺区和退耕还林集中区坡耕地水土综合整治的投入力度。开展生态清洁型小流域建设，开展第二批水土保持生态修复试点。建立和完善水电、采矿等企业的环境恢复治理责任机制，从水电、矿产等资源的开发收益中，安排一定的资金用于企业所在地环境的恢复治理，防止水土流失。

5. 农业水资源利用与管理

建立总量控制与定额管理相结合的农村水资源管理制度和以经济

手段为主的节水机制，形成自律式发展的节水模式。完善干旱和紧急状态农村水资源调度制度，保证重点缺水地区、生态脆弱地区的用水需求。注重灌区末级渠系改造与骨干工程改造相结合，实现大中小各级渠系相互配套，提高灌溉效益。继续实施中部地区大型排涝泵站更新改造工程，提高农业综合生产能力。将灌区改造与用水管理体制改革相结合，推进以农民用水合作组织为主要形式的农民用水自治制度。完善“一事一议”等政策措施，扩大“民办公助”项目投资规模，推进农田水利基本建设。

6. 农村饮用水环境安全

在巩固人畜饮水解困成果基础上，推进农村饮水安全工程建设，优先解决高氟、高砷、苦咸、污染水及血吸虫病区的饮水安全问题。要对农村饮用水源，特别是农村人口聚居区的集中式饮用水源，采取严格的保护措施，建设并完善水源地环境保护工程，防止水源受到污染。合理布置取水点位置，选择远离污染源、水量充沛、水质良好的水源，在村民集中聚居区，逐步建设集中供水系统。

7. 渔业资源保护

全面实施水生生物资源养护行动计划，实施渔业资源保护与增殖行动。科学划定水产种质资源保护区、重要渔业资源和湿地保护区。在继续执行和完善海洋伏季休渔和长江禁渔制度的同时，逐步建立健全水生生物资源有偿使用制度，依法收缴资源增殖保护费和资源赔偿费，专项用于渔业资源增殖和生态修复。

8. 规模化畜禽养殖污染防治

遵循资源化、无害化、减量化和综合利用优先的原则，根据各地实际情况，运用生产沼气、建设有机肥生产厂、工艺处理等污染防治工程，提高畜禽养殖废弃物资源化利用水平与污染物达标排放率。使用安全、高效的环保生态型饲料和先进的清粪工艺、饲养管理技术，实现污染“源头控制”。加强畜禽养殖环境监管，划定禁养区和限养区，在重点区域、流域、生态敏感区，严格控制新建规模化畜禽养殖场。加强标准化养殖小区示范建设，实行种养结合、雨污分流、干湿分离，发展适度规模养殖，提高畜牧业发展的质量和效益。

9. 农村清洁能源开发

继续在有条件的地方开展养殖场大中型沼气建设。在适宜地区积极发展秸秆气化和太阳能、风能等清洁能源，推进绿色能源示范县建设，实施西北地区百万户太阳灶建设工程。加强农村水能资源开发，扩大小水电替代燃料工程实施规模。实施乡村清洁工程，推进人畜粪便、农作物秸秆、生活垃圾和污水的综合治理和转化利用。“十一五”期间，重点解决生态环境特别脆弱地区的970万户农村居民的生活燃料问题。

（二）农村生态环境建设的变化趋势

未来农村生态环境建设将在巩固生态保护、生态修复和生态重建成果的基础上，培育生态工程区后续产业，促进生态工程良性发展。以推行行政执法责任制和理顺执法体制为重点，继续推动农村生态环境整治综合执法。以政府安排补助资金为引导，以农民自愿出资出劳为主体，完善农村生态环境建设的长效机制。防止自然资源开发对生态环境造成新的重大破坏，把资源开发对生态环境的破坏降低到最低限度。

1. 培育节约型产业，促进农村循环经济发展

注重开发节约资源和保护环境的农业技术，重点推广废弃物综合利用技术、相关产业链接技术和可再生能源开发利用技术。积极发展节地、节水、节肥、节药、节种的节约型农业，鼓励生产和使用节电、节油农业机械和农产品加工设备，提高农业投入品的利用效率。发展行业之间的循环经济链，尽量减少乡村企业能源和原材料的投入，延长农村生态系统中的能源循环周期。

2. 建立生态补偿机制，确保农村生态环境建设投入

将农村环境保护投资纳入国家重点流域、区域环保投资领域。按照“谁开发谁保护、谁破坏谁恢复、谁受益谁补偿”的原则，完善生态补偿政策，建立生态补偿机制，开展下游对上游、开发区域对保护区域、受益人群对受损人群以及自然保护区内外的利益补偿的实践。确定若干优先领域和重点地区，开展生态补偿试点。完善森林生态效益补偿基金制度，探索建立草原生态补偿机制。通过区域、流域间的生态补偿机制建立，解决生态保护资金投入不足问题。

3. 建立农业和农村自然资源核算制度

对一定时间和空间内的农业和农村自然资源，从实物、价值和质量等方面，统计、核实和测算其总量和结构变化，并反映其平衡状态。建立农业和农村自然资源核算制度有助于确定自然资源的最适度的利用水平，有利于适时地判断其在数量、质量和价值量等方面的变化，以防止自然资源过度消耗。

4. 农村环境污染防治示范建设

推进污染集中治理，从财政、税收、信贷、价格等渠道制定优惠政策，降低乡镇企业和农村聚居点的污染处理设施建设和运营成本。在工业企业污染较重的农村地区和污染治理基础设施不配套的农村工业园区，建设和完善工业企业的污染防治基础设施。健全工业企业内部环境管理制度，制定环境保护计划与污染物削减实施方案，推行清洁生产，减少污染物的产生和排放。在重点流域、区域和规模化畜禽养殖污染物排放量较高的地区，优先建设规模化畜禽养殖污染防治示范工程。根据养殖场所在地区的经济发展水平、种植业和养殖业布局等具体情况，选择生产沼气、堆肥、各类环境工程等技术模式，实现畜禽养殖污染物的资源化综合利用。

5. 农村资源保护开发示范建设

强化农村饮用水资源保护，优先在饮用水源水质较差、对当地群众身体健康构成严重威胁的农村地区建设水资源保护示范工程。布设水源地水质自动监测系统，划定水源保护区范围，建设水源周边截污工程。在重点基本农田保护区、“菜篮子”基地等农产品生产地、重点污灌区、典型工矿企业废弃地等，建设土壤保护与修复示范工程。优先在中西部自然条件良好的农村地区建设有机食品生产基地，东部地区则选择有机食品发展较快、基础较好的地区建设示范工程。

6. 农村生态环境保护能力建设

根据不同地区的经济发展水平与环境管理要求，“十一五”期间，优先在环境污染较重、环保能力相对薄弱或对区域环境总体质量具有重要影响的农村地区，开展县级环境保护能力建设。在加强农村环境污染综合治理基础设施建设的同时，加强农村环境管理体系建设，提高县级环境监测、监管与宣传教育能力。

专题一

农村综合改革：背景、进展与重点

中国的改革发端于农村。农村改革近30年来取得了举世公认的巨大成就。当前，中国正处在工业化、城镇化和现代化的关键阶段，正处在完善社会主义市场经济体制和构建和谐社会的重要时期，推进农村综合改革，完善农村经济和政治体制，不仅具有深刻的背景，也有着深远的影响。

一　农村综合改革的背景

20世纪80年代中后期，农民收入增长缓慢甚至出现负增长。在农民增收困难的情况下，一些部门和地方不能正确估计农民的承受能力，出现各种乱收费、乱罚款、乱集资的情况，农民负担过重引起的恶性案件和干群冲突时有发生。针对这种情况，1990年初，中央发出了《关于切实减轻农民负担的通知》，拉开了农村税费改革的序幕。为寻求减轻农民负担的治本之策，2000年中央决定在安徽省实行农村税费改革试点，在正税清费、减免农业税的同时，推进配套改革，消除加重农民负担的深层次根源。随着农村税费改革的深入，特别是农业税取消以后，原先的配套改革逐步上升为主体改革。根据这一变化，2005 年 6 月国务院召开的农村税费改革试点工作会议，对农村综合改革试点进行了部署。在试点的基础上，2006 年 9 月，国务院召开全国农村综合改革工作会议，全面部署了农村综合改革的各项工作。从改革的历程看，农村综合改革是农村改革的不断深化和逻辑延伸。

1. 巩固农村税费改革成果需要推进农村综合改革

农村税费改革经过 6 年的实践，主要完成了两项任务。一是从 2000 年开始的正税清费，按照减轻、规范、稳定的原则，取消乡统筹、村提留和各种专门面向农民的集资摊派以及行政事业性收费。二是从 2004 年开始的减免征农业税，到 2006 年在全国范围内彻底取消农业税。这两件事每年为农民减轻负担 1200 多亿元，扭转了长期以来农民负担过重的局面，进一步理顺了农村分配关系，迈出了统筹城乡发展的新步伐。这是一项影响深远的历史性改革。但是，取消农业税只是减轻了农民身上原有的负担，造成农民负担重的深层次问题还没有根除，还引发了一些新情况和新问题。

（1）从体制上看，农村税费改革配套措施推进了乡镇机构、农村义务教育和县乡财政管理体制改革，但总体上处于试点阶段。乡镇机构多、人员多、“食之者众、生之者寡”的状况没有根本改变。目前农村乡镇机关和事业站所少则几十人、多则上百人甚至几百人，增加的支出主要用在了养人、养机构上。

（2）从税费改革本身看，也引发和暴露出一些新问题。取消统筹提留和农业税以后，基层财政失去了一个重要收入来源，多数地方县乡财力紧张，农村基层政府和村级组织运转困难，农村公益事业发展缺乏资金。面对这种情况，中央和地方财政增加了对农村基层的转移支付，2006 年转移支付规模已经达到 1030 亿元。同时，中央财政从 2005 年开始就对部分财政困难县和产粮大县安排补助资金，2006 年达到了 210 亿元。这两项资金合计，已与税费改革减少的农民负担总额相当。然而，不少地方仍在反映基层财政十分困难。这一方面是因为经济社会在发展，政府从事社会管理的职能要加强、提供公共服务的范围要扩大，财政支出需求会随着各项事业的发展而相应增加；另一方面是因为基层政府职能转变滞后，仍然管了、办了一些不该管、不该办的事，花了不少不该花的钱。

（3）从农民负担现状看，一些地方乱收费有所抬头并有新的表现。农村乱收费的主体开始由基层政府转向职能部门，收费的名目开始由行政事业性收费转向经营服务性收费，负担的对象开始由农民转向中小学生等。在农民建房、外出务工、计划生育以及殡葬等方面乱收费仍然比较严重，生产性收费名目多、标准高，一些村级组织也向农民乱收费、乱集资。这些情况表明，农业税虽然已经取消了，但农民负担反弹的压力依然很大。农村税费改革要跳出“黄宗羲定律”，摆脱“加重—减轻—再加重”的恶性循环，必须不失时机地推进农村综合改革，从根本上消除农民负担反弹的隐患。否则，农村税费改革的成果就难以巩固。

2. 完善社会主义市场经济体制需要推进农村综合改革

以土地家庭承包经营为核心的农村经营体制改革，奠定了农村市场经济的微观基础，极大地调动了广大农民的积极性，解放和发展了农村生产力。以农村税费改革为核心的国民收入分配关系改革，理顺了国家与农民的分配关系，不仅减轻了农民负担，调动了农民种粮积极性，而且改善了农村干群关系。但农村改革到今天，政治、经济体制与农村社会经济发展不相适应的各种矛盾仍然十分突出，已到了非解决不可的地步。

（1）基层行政管理体制不适应农村生产力发展的要求。取消人民公社、设立乡镇以后，乡镇政府职能转变一直没有到位，经济社会的一些管理方式还在沿用人民公社时期的做法。表现在政企不分、政社不分，把主要精力放在兴办企业、招商引资上，社会管理和公共服务薄弱。在市场经济条件下，在“催粮催款”的任务取消之后，按照公共行政的原则，乡镇政府应该履行哪些职责，如何有效地发挥作用，已经成为一个重大课题。

（2）农村公共产品供给体制不适应公共服务均等化的要求。由于长期实行城乡分割的二元体制，在农村公共产品供给方面，一直实行“人民事业人民办”的方法，这在当时的历史条件下也是不得已而为之。随着农村税费改革的深入，取消了集资摊派和专门面向农民的行政事业性收费，公共财政如何及时跟进、有效覆盖农村，也是一个迫切需要研究解决的问题。推进农村综合改革，完善农村经济、政治体制和工作机制，是健全社会主义市场经济体制的客观要求。

3. 增强社会主义新农村建设体制机制保障需要推进农村综合改革

新农村建设是一个有机整体，既包括发展农村生产力，又包括调整完善农村生产关系。建设新农村，要调整国民收入分配格局、扩大公共财政覆盖农村的范围，要加强农村义务教育等社会事业，要转变基层政府职能、加强农村社会管理和公共服务，要完善农村基层民主、健全乡村治理结构。所有这些，也正是农村综合改革的重要内容。可以说，推进农村综合改革，是社会主义新农村建设的重要任务和题中应有之义。通过农村综合改革，不断调整那些不适应生产力发展的政治经济体制，为新农村建设提供体制保障、财力支持和动力源泉，增强农村发展的活力。

二　农村综合改革试点情况概括

2005 年中央决定开展农村综合改革试点工作以来，各地精心组织，结合当地实际积极开展试点。总体上看，试点工作取得一定成效，不仅积累了有益的经验，也提出了一些需要研究解决的问题。

1. 试点范围扩大

目前，全国有 8 个省（区、市）正在以省为单位进行农村综合改革试点，其他省份共确定了 12 个地级市和 262 个县（市）作为试点单位。全国农村综合改革工作会议后，试点范围又有新的扩大。

2. 试点地区探索了一些改革的办法

试点地区因地制宜，在乡镇政府职能转变、事业单位改革、农村义务教育经费保障机制改革、缓解县乡财政困难、化解乡村债务等方面进行了有益的探索，取得了积极的成效。

围绕建立精干高效的基层行政管理体制，浙江省把乡镇政府职能定位在“促进经济发展，加强社会管理，搞好公共服务，巩固基层政权，维护农村稳定”上，按照权责统一的原则，将一些行政执法权委托给乡镇，并结合不同乡镇的具体情况，区别对待，分类实施，合理配置机构人员。吉林省着力在优化乡镇布局、调整机构设置、领导干部交叉任职和人员分流上下功夫。通过改革，吉林省乡镇数量减少 31.8%，领导职数减少 35.2%，事业站所减少 30%，行政编制精简 17.3%，事业站所编制精简 13.5%。安徽省全面推行乡村为民服务全程代理制，在乡镇设立政务服务中心，在村设立代理点，采取

“集中办公、乡村联动、统一受理、分类办理、专人承办、限时办结”的运行模式，为农民提供“一站式”服务。农民办事“只进一个门，只找一个人”，“小事不出村、大事不出乡”。湖北省积极推行乡镇事业单位改革，实行“政府采购、以钱养事”，通过转变单位性质、转变人员身份，采取委托服务制、定岗招聘制、县级行政主管部门派出制，培育服务主体，探索构建以市场为导向的农村公共服务新机制。

围绕增强基层财政保障能力，浙江省把全省乡镇分为三种类型，实行分类指导。对乡镇改为街道办事处的，原则上作为派出机构，实行部门管理。对经济发达、财政规模较大、辐射作用明显的中心镇，赋予乡镇财政相应的责权利。对欠发达乡镇，推行“乡财乡用县管”财政管理方式。江西省调整收入分配比例，将城镇土地使用税、土地增值税、房产税、其他资源税和印花税等5个分享税种省一级所得部分的增量全部下放给县级，耕地占用税、契税全部留给县级；同时，建立增收激励机制、加大对基层的转移支付和全面推进“省直管县”和“乡财县代管”管理体制改革，确立财力向县倾斜的机制。

在化解乡村债务方面，重庆市通过建立激励约束机制，积极化解乡村“普六”、“普九”教育负债。市里对偿债资金实行市与区县按照一定比例分别负担，将中央“三奖一补”资金的80%以上用于化解债务，各区县用“奖补资金”偿还“普九”欠债视同自行偿债，同时享受市的补助政策，全市化解“普九”负债已在2006年底结束。为全面化解乡村债务，各区县压缩开支，挤出资金支持乡镇偿债，对偿债任务完成好的乡镇提高转移支付系数；同时在县乡两级建立偿债专项资金，从每年新增收入中确定一定比例专门用于还债，并将化解债务纳入目标考核，激励还债积极性，全区计划在2008年偿清所有债务。

西部各省（区）按照国务院关于农村义务教育经费保障机制改革的要求，全面进行农村义务教育阶段免除学杂费试点，继续执行免教科书费、补助寄宿生生活费政策，受益学生达到4880万人。广西壮族自治区积极落实地方责任，针对相当一部分市、县财政较为困难的实际，对由地方承担的20%免学杂费补助资金和公用经费补助资金以及50%校舍维修改造资金全部由自治区本级财政负担。

总之，在改革试点地区，乡镇政府职能转变有所进展，人员编制膨胀的趋势得到遏制，行政效率不断提高，工作作风进一步转变，为农服务得到加强；农村义务教育纳入了公共财政保障范围，逐步建立了农村义务教育经费保障的新机制；基层财政保障能力也有明显增强。试点地区探索的一些改革办法，制定的一些政策，积累的一些经验，对其他地区的试点具有一定的借鉴和指导意义。

3. 试点中也发现和暴露出一些需要研究解决的问题

从反映的情况看，主要有以下几方面。

（1）乡镇政府职能定位问题。乡镇机构改革试点虽然在减人、减事、减支方面进行了积极的探索，但试点地区普遍感到减人、减支都比较难，关键是事减不下来。乡镇机构多、人员多，“食之者众、生之者寡”的状况没有根本改变。乡镇政府存在着职能越位、错位和缺位的情况，权责不统一的问题还比较突出，一些乡镇政府仍然把主要精力放在兴办企业、招商引资上，社会管理和公共服务职能薄弱。

（2）农村教育整体质量问题。农村义务教育经费保障机制改革取得了突破性进展，但教育部门自身改革包括教育人事制度、教育资源优化配置等方面的改革还比较滞后，农村教育整体质量有待提高。

一些地方也反映，免除学杂费以后，农村教师应有的补贴发放困难，这个问题也需要研究解决办法。

（3）建立与事权相匹配的地方财政管理体制问题。县乡财政管理体制改革在加大一般性转移支付力度、缓解县乡财政困难、推行“省直管县”和“乡财县管乡用”等方面取得了一定进展，但不少地方仍反映基层财政十分困难。如何建立与事权相匹配的财政管理体制，特别是建立覆盖城乡的公共财政制度，还有待进一步改革完善。

（4）对税费改革遗留问题的处理问题。目前乡村两级的债务数额巨大，底数不清，责任不明确，基层化债的动力和压力不足，存在等靠要思想；一些地方新债仍在发生，出现“边清边欠、前清后欠”的现象；还有一些地方债权人与债务人双方矛盾尖锐，成为农村社会不稳定因素。农业税尾欠也还没有一个好的解决办法。

（5）新形势下对农民负担的监管问题。据调查了解，一些地方农村经营服务性收费不规范，五花八门、名目繁多、强行服务、强行收费，超出了农民的承受能力；乡村组织行为不规范，有的地方借“一事一议”名义，违背农民意愿超范围、超标准议事搞摊派，加重农民负担。此外，一些地方对农村综合改革的长期性认识不足，认为取消农业税后改革的任务就基本完成了，“收摊”和“守摊”思想比较普遍。

三　突出重点，不断深化农村综合改革

2006年9月，全国农村综合改革工作会议对深化农村综合改革进行了全面部署。总体目标和主要任务是，要按照巩固农村税费改革成果和完善社会主义市场经济体制的要求，推进乡镇机构、农村义务

教育和县乡财政管理体制改革，建立精干高效的农村行政管理体制和运行机制、政府保障的农村义务教育体制、覆盖城乡的公共财政制度，促进农民减负增收和农村公益事业发展，全面推进社会主义新农村建设。在改革的力度和节奏上，明确要求农村综合改革要在试点基础上全面推进，有条件的地方要在全省范围内开展试点，暂不具备条件的省份要进一步扩大市、县试点范围，力争五年或更长一点的时间基本完成乡镇机构、农村义务教育和县乡财政管理体制这三项改革任务。

按照农村综合改革的总体目标和要求，当前推进农村综合改革要突出重点，逐步扩大试点范围，丰富试点内容，完善相关政策。

1. 以转变政府职能为重点，推进乡镇机构改革

乡镇政府是中国政权结构中的基础层级。乡镇机构改革在农村综合改革中处于关键地位，也是政府行政管理体制改革的重要组成部分。乡镇机构改革不仅要做到减人、减支，更重要的是转变职能。要精简机构人员，提高行政效率，建立行为规范、运转协调、公正透明、廉洁高效的基层行政体制和运行机制。乡镇政府的职能，要从农村工作的现实状况出发，从农民群众的希望和要求出发，从市场经济条件下建立公共行政体制的要求出发来合理定位。一是要为农村经济发展创造环境，包括稳定农村基本经营制度，维护农民的主体地位和权益，维持农村市场秩序，开展农村基础设施建设，完善农业社会化服务体系。二是要为农民提供更多的公共产品和服务，按照公共服务均等化的方向，加快农村教育、卫生、文化、体育、环境保护等社会事业发展，解决农村社会发展这条腿更短的问题。三是要为农村构建和谐社会创造条件，加强社会管理中的薄弱环节，开展农村扶贫和社会救助，化解农村社会矛盾，保持农村社会稳定，推动农村民主政治建设和村民自治，提高基层自治能力。同时，把不应该由政府承担的社会事务交给市场、中介组织和村民自治组织。合理调整乡镇政府机构，改革和整合乡镇事业站所，精简富余人员，是乡镇机构改革的重要内容。中央提出五年内乡镇机构编制只减不增是必须坚守的一条底线，否则就控制不住收费养人，改革就会前功尽弃。

2. 以落实教育经费保障机制为重点，推进农村义务教育改革

由于历史原因，农村义务教育发展水平远远落后于城市，全面实现普及九年制义务教育目标的关键在农村。要贯彻把义务教育工作的重点放在农村的方针，通过改革建立和完善“政府投入办学、各级责任明确、财政分级负担、经费稳定增长、管理以县为主”的农村义务教育体制，加快农村义务教育发展，实现让每一个农村孩子都有学上、都能上得起学的目标。一是要全面推进农村义务教育经费保障机制改革。各级财政都要增加对农村义务教育的投入，并明确责任，形成制度，不断提高经费保障水平。二是加快教育部门自身改革。在增加教育投入的同时，更要重视提高教育质量，提高办学水平。要深化教育人事制度改革，切实加强农村教师队伍建设。要合理配置城乡教育资源，逐步缩小城乡之间义务教育发展差距。要按照方便学生上学、不增加学生经济负担、保证教学质量的原则，调整农村学校布局，改善办学条件，加强教学管理，提高农村教育水平和资源利用效率。

3. 以增强基层财政保障能力为重点，推进县乡财政管理体制改革

县乡财政管理体制改革要着眼于解决两个问题：一是解决财政分配的公平性和有效性问题。二是解决县乡财政困难、保证基层运转问题，防止基层通过乱收费弥补财政不足。按照这样的要求，县乡新的财政管理体制框架要体现财权与事权相匹配，以事权定财权，以责任定财权，对加强的职能要增加财力支持，对弱化的职能要减少财力支出；要体现财力支出向公共服务倾斜，向基层倾斜，切实增强乡镇政府履行职责和提供公共服务的能力。一要按照存量适度调整、增量重点倾斜的原则，不断增加对农业和农村的投入。同时，进一步加大支农资金整合力度，提高资金使用效益。二要进一步完善转移支付制度。增加一般性转移支付，规范专项补助。中央财政要逐步增加对困难县乡的补助，省、市两级财政对基层的转移支付力度也要进一步加大，切实减轻基层财政负担，确保乡镇机构和村级组织正常运转。三要继续推进“省直管县”财政管理体制和“乡财县管乡用”财政管理方式改革试点。四要研究进一步理顺省以下财政分配关系。完善省以下财政体制，改善县乡财政困难状况，增强基层政府提供公共服务的能力。

4. 积极稳妥地化解乡村债务

要按照国务院办公厅《关于做好清理化解乡村债务工作的意见》的要求，制止新债，摸清底数，明确责任，分类处理，逐步化解。化解乡村债务要突出重点，因地制宜地确定试点范围和顺序，要从农民群众和干部最关心、利益关系最直接、矛盾最集中的涉农债务项目着手，逐项突破。要根据债务性质，对于确属政府履行公共职能形成的债务，如兴办农村义务教育，经过清理核实、明确责任后，应由财政逐年帮助消化，但不能都由财政承担，也不能往农民头上摊派债务。同时，要完善地方财政管理体制，增收节支偿还政府债务；加强村级财务管理，规范村级收支行为。农业税取消后，农业税尾欠应尽快有个“了断”。农业税尾欠账面数额虽然不大，但“上清下不清”数额较大，且与乡村债务交织在一起，与农民和基层干部利益密切相关，需要慎重处理。

5. 创新农民负担监督管理机制，防止农民负担反弹

要严格规范涉及农民负担的行政事业性收费、罚款的管理，加强对涉及农民负担项目的审核；深入开展对农村义务教育、农民建房、农村土地、殡葬、计划生育等方面乱收费、乱罚款的专项治理，重点加强对农业灌溉水费电费、排涝排渍收费、农业生产资料价格等生产性费用的监管；进一步规范村级组织开支范围和标准，落实财政对村级的补助政策，建立健全村级组织运转保障机制。加强村级财务管理，积极探索“村财乡代管”等管理方式。强化对村民“一事一议”筹资筹劳的监管，防止和纠正违背农民意愿超范围超标准向农民筹资筹劳的行为；加强对农民专业合作经济组织乱收费的监管，保障农民专业合作经济组织及其成员的合法权益。同时，切实加强对财政对农民的补贴补偿资金的监管，将农民反映强烈的征地补偿安置等涉及农民权益的领域纳入监管范围。

专题二

新时期的乡镇机构改革试点：进展与评价

一　乡镇机构改革试点的基本背景

（一）1949 年后乡镇政府组织的变化

中华人民共和国成立后到农村税费改革前，中国乡的建制变动比较频繁，名称几经变化。1954 年颁布的《宪法》，规定县以下只设乡、民族乡、镇一级人民委员会；同时《地方组织法》规定，县人民委员会在必要时，经省政府批准，可以设立若干区公所，作为县的派出机关。到 1958 年，乡镇管理体制初步定型。1958 年后，人民公社运动迅速推进，区、乡被全部取消，改为人民公社。

1982 年，随着农村家庭承包制度的推行，中央决定“撤社建乡”，到 1985 年底，人民公社改乡镇政府工作基本完成，全国共有乡镇 91554 个，其中建制镇 9104 个，乡 82450 个。之后，中央对乡镇机构和区划又进行了多次调整和改革，到 1999 年底，全国乡镇减少到 44741 个，其中建制镇 19184 个，乡 25557 个，乡镇数量比 1985 年减少了一半多。

（二）农村税费改革前乡镇机构面临的主要问题

1. 乡镇政府职能转变滞后，职能越位、错位、缺位问题严重

人民公社改为乡镇后，乡镇政府职能界定不规范、转变不到位，政企不分、政社不分严重，市场经济体制机制不健全，经济管理手段带有很强的计划色彩；乡镇政府社会管理和公共服务的条件较差、能力较弱、水平较低。

2. 乡镇机构不断增加，财政供养人员日益膨胀

一些地方乡镇政府及有关部门陷入了“收费养人、养人收费”的怪圈，“搭车”收费、“加码”收费、“随意”收费现象屡禁不止，既增加了财政负担，又增加了农民的负担；既增加了管理成本，又激化了干群矛盾。

3. 乡镇机构“条块”分割严重、矛盾突显

随着条条（部门）管理加强、权限不断上收，部门执法权力不断扩大，而乡镇政府在很多方面都不是执法主体，执法权力残缺不全。既造成乡镇政府权责脱节，财权事权不统一，也带来乡镇政府与部门之间的权力和利益冲突。

4. 乡镇数量过多、管辖范围过小，“块块”矛盾凸显

随着农村工业化、城镇化进程的加快，农村交通、通讯条件的改善，过多的乡镇数量、过小的管辖范围，使乡镇之间科学规划难度加大、资源配置矛盾突出，管理成本过高、资源浪费过多等问题日趋严重。

5. 乡镇债务日趋严重

（三）农村税费改革对乡镇机构改革提出了新的要求

开始于 2000 年的全国农村税费改革试点，范围不断扩大，直至 2003 年在全国范围内推开，并于 2006 年全面取消了农业税，进一步凸显了乡镇机构面临的问题，对乡镇机构改革提出了新的要求。

1. 农村税费改革后，乡镇收入减少，需要进一步精简机构和人员

农村税费改革后，虽然新的农业税弥补了一部分原来乡统筹费的收入，上级财政也给予了转移支付补助，但随着屠宰税的取消、农业特产税的降低、涉农收费项目的清理和整顿、农村“两工”的逐步取消，以及农村税费制度的规范，乡村两级收入实际上有较大幅度的下降，收支矛盾更加突出，精简机构和人员的内在压力增强。

2. 乡镇政府工作重心发生了变化，迫切要求乡镇政府转变职能

农村税费改革前，乡镇的主要任务之一是完成征粮、收款任务。农村税费改革后，新的农业税核定、征收规范透明，降低了征管难度和工作强度。同时，农村义务教育逐步上收到县级管理，乡镇对农村义务教育管理的责任减少。2004 年以来，随着农村税费改革的深化，农业税、大多数农业特产税、牧业税的取消，乡镇干部彻底从向农民“要钱、要粮、要命（计划生育）”中解脱出来。同时，国家不断加大了对“三农”的投入，粮食直补、良种补贴等各项惠农政策需要乡镇政府落实，社会主义新农村建设也需要乡镇政府组织动员。为农村经济社会发展提供相应的公共服务和社会管理，逐步成为乡镇政府工作的重点，要求乡镇政府进一步改革。

二　乡镇机构改革试点的总体部署与总体进展

（一）总体部署

2000 年，中央开始在安徽部署农村税费改革试点工作。2000 年《中共中央国务院关于进行农村税费改革试点的通知》明确要求，要“转变政府职能、精简机构、压缩财政供养人员、调整支出结构”，“要按照政企分开和精简、效能的原则，合理设置乡镇机构，严格核定人员编制，提倡党政干部交叉任职”。为了配合农村税费改革试点工作，也为了落实 1998 年中央启动的政府机构改革，2000 年底，中央办公厅、国务院办公厅下发了《关于市县乡人员编制精简的意见》，启动了包括乡镇政府在内的省以下政府机构改革。2001～2004 年，国务院每年发布的关于农村税费改革试点工作的文件，都要求把乡镇机构改革作为推进农村税费改革、确保改革取得成功最重要的配套措施。2005 年，国务院《关于 2005 年深化农村税费改革试点工作的通知》，正式提出“开展农村综合改革试点”，并把乡镇机构改革作为农村综合改革的重要内容之一。全国取消农业税以后，2006 年 9 月 1 日，温家宝总理在全国农村综合改革工作会议上强调指出，要“以转变政府职能为重点，推进乡镇机构改革”；2006 年，国务院《关于做好农村综合改革工作有关问题的通知》要求“力争在‘十一五’期间或用更长一些时间基本完成乡镇机构……改革任务”；2006～2007 年中央发布的两个“一号文件”，也要求各地适时推进“乡镇机构改革”。

2000 年以来，各省根据中央、国务院的要求，为配合农村税费改革试点工作，相继部署了乡镇机构改革试点工作，并出台了一系列政策文件。如：安徽省于2000年出台了《关于乡镇党政机构改革的实施意见》、《关于乡镇事业单位机构改革的实施意见》，2005年出台了《关于开展农村综合改革试点，建立农村基层工作新机制的意见》；湖北省于2000年出台了《关于乡村体制改革的实施意见》，2001年出台了《湖北省、市（州）县（市）乡（镇）机构改革实施意见》，2002年出台了《关于精简乡镇机构压减财政供养人员的意见》，2003年出台了《关于推进乡镇综合配套改革的意见（试行）》，2005年出台了《关于推进乡镇事业单位改革，加快农村公益性事业发展的意见》；其他一些省份也出台了关于乡镇机构改革的政策文件和措施。

新一轮乡镇机构改革的总要求是：坚持因地制宜、精简效能、权责一致的原则，转变政府职能，精简机构人员，提高行政效率，建立行为规范、运转协调、公正透明、廉洁高效的基层行政管理体制和运行机制。[①] 其主要内容包括以下几方面。

①转变乡镇政府职能。重点转向社会管理和公共服务，转向为农村经济发展创造环境、为农民提供更多的公共服务、为农村构建和谐社会创造条件；有效克服乡镇政府职能“越位”、“错位”和“缺位”的问题。

②精简乡镇机构。按照强化公共服务、严格依法办事和提高行政效率的要求，精简和规范乡镇行政机关和工作机构设置，严格编制管理，压缩乡镇领导职数；创新乡镇行政机构和事业站所管理体制和运行机制。

① 引自国务院《关于做好农村综合改革工作有关问题的通知》2006年。

③精简乡镇财政供养人员。对乡镇行政和事业单位人员实行总量控制，5年内乡镇机构编制只减不增；采取优惠政策，鼓励人员分流，探索人员分流和安置办法，妥善安置分流人员。

④调整乡镇行政区划。根据各地实际情况，对乡镇行政区划进行调整，适当撤并规模较小的乡镇。

⑤改进农村工作考核评价办法。建立与乡镇政府新职能相适应的工作考核评价体系，探索建立切合实际的激励约束长效机制。

（二）总体进展

自2000年国务院决定进行农村税费改革试点工作以来，乡镇机构改革始终是国务院强调的重要的配套改革措施，并大体分为两个阶段加以部署：第一阶段是2000~2003年。按照中央关于精简市县乡人员编制的意见规定，大部分地方按20%的比例精简了乡镇行政和事业编制，控制财政支出，乡镇机构、编制膨胀的趋势得到初步遏止。第二阶段启动于2004年，2005年3月提出了“统一思想、明确方向、坚定不移、有序推进，积极稳妥、试点先行”的要求。

据中央机构编制委员会办公室初步统计，到2006年8月，全国共有1008个县（市、区）的12406个乡镇进行了乡镇机构改革试点。其中，安徽、湖北、黑龙江、吉林、河南、内蒙古、重庆、浙江重庆等8省（区、市）在全省范围内开展了试点；江苏省已于2006年10月完成第一批4个县市区的改革试点工作，并随即部署在宿迁、苏州全市和其他11个县（市、区）开始第二批乡镇机构改革试点；四川省已完成第一批2市5县的改革试点工作，2007年已在全省范围内推开乡镇机构改革试点；青海、上海在部分县、市、区的局部试点也基本完成；其余省份也都选定了试点县，有的已经组织实施，有的正在拟订方案。

三　各地乡镇机构改革试点基本相似的做法

（一）转变乡镇政府职能，探索提高社会管理和公共服务水平的途径和方式方法

1. 探索定位乡镇政府职能

从各地的总体要求看，虽然对乡镇政府职能定位的表述不尽一致，但大体都包括落实党的政策，促进经济发展，加强社会管理，增强公共服务，维护农村稳定等内容。黑龙江省的要求是：突出发挥市场在资源配置上的基础地位；由上级任务驱动型转为农民需要驱动型；由偏重经济发展，转为经济、社会发展并重，把主要精力集中到提供公共服务上来，实现由管理型政府向服务型政府转变。安徽省是：按照有所为有所不为的原则，适当调整经济管理职能，提高社会管理和公共服务水平，巩固农村基层政权，建设服务型、法制型政府。吉林省是：贯彻落实党的路线、方针、政策，推进农村各项改革；加强公共服务和社会化服务体系建设，促进农村经济和社会发展；加强社会管理，维护农村稳定。湖北省是：发展乡村经济，兴办公益事业，提供公共服务，维护社会稳定。浙江省是：促进经济发展，加强社会管理，搞好公共服务，巩固基层政权，维护农村稳定。

2. 探索乡镇政府职能具体化

黑龙江省兰西县将乡镇政府主要职能明确为：实现“一个目标”，即增加农民收入；抓好“两个建设”，即市场体系和基础设施

建设；强化“三项经营”，即经营好乡镇，经营好财源项目，经营好资源资产；搞好“四个服务”，即农民的政策法规需求服务、经济结构调整服务、公益事业服务和科技信息服务。江西省要求将乡镇政府“发展经济”的职能具体化为：①制定并组织实施乡村整体规划和经济发展规划，促进农村经济良性运行和健康发展；②积极引导农民发展生产，帮助农民建设科技示范村、示范基地和示范户，培育产业化龙头企业，促进农村经济结构调整，增加农民收入；③培育各种形式的农民合作组织，及时提供市场信息、先进技术、优良品种、病虫害防治、农副产品销售等服务。安徽省把乡镇政府的经济工作具体化为，加强政策引导、制订发展规划、服务市场主体和营造发展环境，促进经济发展和农民收入较快增长。

3. 探索转变乡镇政府工作方式和方法的具体途径

安徽省的具体做法包括：①通过探索建立农村基层管理新体制，理顺县乡关系和乡村关系；②探索统一县乡干部福利待遇的途径和办法，由县统一发放乡镇干部工资；③探索建立农村公共产品供给新机制，逐步实现公共资源向农村倾斜；④探索农村公共工程建设管理和运营新机制，提高建设管理和运营效率；⑤探索建立“三农”社会化服务新体系，实施以农民需求为导向，政府通过委托代理、合同承包、向市场购买服务等方式，让社会经营组织为“三农”提供公益服务；⑥改进农村工作考核评价办法，建立切合实际的激励约束长效机制。浙江省积极探索政府服务新机制，实施干部“调查研究、解决问题、示范服务、树立形象”等“一线工作法”；将有关政策、技术、信息、项目等落实到第一线，将第一线反映的群众所思、所求、所盼及时反馈到党委、政府和便民服务中心，探索建立党政科学决策、一线落实反馈的循环运作机制。

（二）压缩领导干部职数，精简乡镇机构和人员，探索建立用人新机制

1. 压缩和精简乡镇领导职数

安徽省的乡镇领导职数由 10～15 人精简为 6～8 人，湖北省由 16 名左右精简为 7～9 人，黑龙江由 9～11 人精简为 5 人，河南省由 9～12 人精简为 7～9 人；吉林省定为 5～7 人，内蒙古定为 5～7（9）人，山东省定为 5～7 人，浙江省定为 7～9（11）人，陕西省定为 6～7 人，云南省定为 6～8 人，重庆市定为 5～9 人。

2. 实行乡镇党政一把手“一肩挑”、干部“交叉任职”

湖北省规定，党委书记兼任乡镇长，2 名党委副书记中 1 名担任人大常委会主任，1 名兼任纪委书记，兼任副乡镇长的党委委员 2～3 人，兼任人武部长等职的党委委员 2～3 人。陕西省规定，乡镇领导实行交叉任职，党委书记兼任人大常委会主任，副书记兼任乡镇长，副书记兼任纪委书记，副乡镇长 2 名，人大副主席 1 名。安徽省推广“宣城经验”，提倡乡镇领导“主官合一、交叉任职”。

3. 精简乡镇富余人员

各地精简乡镇人员的具体措施有：清退乡镇各类临时聘用人员和空招、挂靠人员；分流乡镇不在编人员；鼓励内退、辞职和身份买断、置换；建立伤残病退、自动离职、考核辞退和待岗待聘制度；在编在岗人员竞争上岗、分流等。安置被分流人员的具体措施有：支持鼓励分流人员自谋职业、自主创业；政府出面组织劳务输出，支持分流人员外出打工；一次性买断、置换身份；对符合低保条件的被分流人员，纳入城市居民最低生活保障范围；保留身份，待岗待聘，并在下一轮竞争上岗时优先录取；推荐被分流人员到乡镇企业就业；选派

优秀干部到村组织任职；提供接受专科、本科、研究生学历教育或课程教育的机会，3年后分流、停薪；给被分流人员解决社会保障等。为防止乡镇机构和人员反弹，湖北、黑龙江、江苏、山东等省实行编制"实名制"，并将行政编制和事业编制严格区分，落实到人，网上公布，接受监督。

4. 探索建立用人新机制

一是严格编制管理，实行总量控制；二是在定编、定岗的基础上，实行统一考试、公开竞聘、择优上岗；三是建立健全合同管理制度，完备聘用手续；四是实行事业站所整体转制，推向市场。如黑龙江实行了"统一考试、全体干部民主测评、党政班子综合评价、竞职演讲、综合打分和张榜公示"六步竞岗法。安徽省在竞争上岗过程中采取政策公开、岗位公开、操作过程公开、结果公开和群众监督、组织监督的工作制度；上岗人员一律签订《聘用合同书》，明确其上岗的责、权、利。湖北省在对有关的乡镇事业单位实行换牌子、换章子、换体制的整体转制后，在政府帮助解决社会保障、并给予一次性经济补偿的前提下，转制单位人员要买断工龄、置换身份，退出乡镇行政事业编制和财政供养序列。

（三）调整区划，撤并乡镇

农村税费改革后，大部分省份相继开展了以扩大乡镇区域范围为目的的乡镇撤并工作。2003年，全国撤并乡镇1026个，乡镇总数减少到38028个，其中镇19588个，乡18440个。2004年，全国撤并乡镇1076个。2005年，全国撤并乡镇1443个，乡镇总数减少到35509个，比1999年减少9232个，6年间平均每年撤并乡镇都超过1500个。截至2006年，大部分省、区、市乡镇撤并幅度在10%～30%，宁夏、江苏、湖北等省份（区）乡镇撤并比例都在 40% 左右，2006 年启动乡镇调整工作的内蒙古，将全区乡镇（苏木）由原来的 1236 个调整撤并为 640 个，精简比例高达 48.2%。据民政部统计，到 2006 年底，全国乡镇总数减少到 34677 个，其中乡 15328 个（含民族乡），比上年减少 623 个；镇 19349 个，比上年减少 173 个。

四　各地乡镇机构改革试点的差异性做法

（一）乡镇党政机构和岗位设置改革

精简和合并乡镇党政机构是各地进行乡镇机构改革的普遍做法，乡镇机构设置综合化、扁平化是一个趋势。主要做法有设置综合机构和设置综合岗位两种。但在具体实施过程中，不同的地区，有的是采取设置综合机构一种做法，有的是将两种办法相结合使用。

一是设置若干综合机构。即将乡镇行政机构合并为 3～5 个综合性的内设机构。采取这种方式的地方比较多。黑龙江省大部分试点县设置党政综合办公室，部分试点县将原行政和事业单位整合为平安办、经济办、服务办 3 个办公室。湖北省将内设机构统一整合为党政综合办、经济发展办和社会事务办。江苏省根据职能设置 3～5 个左右的综合办公室，综合办公室不作为中间层次，负责人由乡镇分管领导兼任。河南省统一设置为党政、社会事务和经济发展 3 个综合性办公室。

二是设置若干综合岗位。黑龙江省和安徽省规定，试点乡镇可选择不设综合性办公室，只设必要的助理员。黑龙江省兰西县，除在乡镇事业机构中设置农村经济管理服务中心、农业发展综合服务中心两个综合机构外，取消了党群办、政府办、财税办等行政机构，实行因事设岗，除5名乡镇领导外，设置了11～13个综合岗位，采取一人多职，身兼数职，囊括了党委、政府部门的所有行政职能。江苏省新沂市撤销了2001年机构改革时设立的“党政、财经、社会事务、镇村建设、经济”5大办公室，在镇党委、政府综合设置12类股级助理职位，仅保留财政所、司法所。四川省平昌县将文秘、信息调研、综合统计、督查督办、档案、保密、后勤等工作只设一个文秘岗位；宣传、科技、体育、广电、旅游等工作只设一个宣传岗位。

（二）乡镇党政领导产生方式的改革

全国农村税费改革开始之前，四川省的部分县市开始乡镇党政领导产生方式改革探索，其主要做法是采取“公选、直选”的办法选举产生乡镇党政领导。① 近些年，一些地区在进行乡镇机构改革中，借鉴、推广、创新了上述做法。现介绍几个比较典型、并有一定差异的案例。

1. 湖北省试行的“双推双选”办法

所谓“双推双选”，即自我推荐，资格审查；海选推荐，组织审定；差额竞选，依法选举。①经自我推荐、资格审查、张榜公示后，由全镇党员、干部和群众代表投票，“海选”乡镇党委委员候选人；

① 参见《关于公选、直选乡镇领导干部与党的领导问题的调查与思考》，（中国论文下载中心［2006年3月26日］）。所谓“公选”，即采取个人自荐、群众举荐和组织推荐相结合，通过考试、考核、面试答辩等程序，公开推荐、公开选拔乡镇党政组织负责人候选人预备人选，再根据竞争结果依法举行选举或组织任命正式人选；所谓“直选”，即由乡镇全体党员直接选举乡镇党组织负责人，由有选举权的乡镇选民直接民主选举政权机关组成人员。

②由区委根据乡镇规模和推荐票数，确定10～12名乡镇党委委员正式候选人；③候选人发表竞选演讲，由党代会代表无记名投票直接选举产生7～9名党委委员，区委从新当选的党委委员中确定2名党委书记候选人，党委书记候选人再在党代会上发表施政演说，再由党代会代表投票选举产生党委书记；④区委从新当选的党委委员候选人中确定4名副书记候选人（包括落选的党委书记候选人），由党代会差额选举产生3名党委副书记；⑤"人代会"直选，即把新当选的党委书记作为乡镇长正式候选人，把一名副书记作为乡镇人大主席团主席正式候选人，由人代会代表等额选举产生乡镇长和乡镇人大主席团主席，然后再由人代会代表从其余的党委委员候选人中差额选举副乡镇长。

2. 安徽省试行的"一推两考"办法

"一推两考"即"民主推荐，理论考试，组织考察"。安徽省宣城市共有以下三种模式。

（1）苏红乡的"公推公选"。①经公开推荐、报名、资格审查和面试，从竞选者中按职位数（5名）的3倍确定初步候选人；②初步候选人在全体行政干部、企事业单位负责人、村两委负责人、县以上人大代表和政协委员及部分村民代表参加的会议上公开竞职演讲，并由与会人员当场投票，按得票多少确定2倍于职位数的正式候选人；③组织考察确定6名候选人，提交党代会或人代会差额选举出5名乡镇领导。

（2）梅林镇的"公推竞岗"、"差额直选"。①经公开报名、资格审查，由符合条件的8名候选人到乡村调研，在由与第一种模式中同样的人员参加的民主推荐会上发表竞职演讲，并经全体与会人员当场投票、民主推荐，当场公布投票结果，按得票多少取前3名上报市委党委会；②上级党委差额投票，确定2名党委书记正式候选人；

③召开镇党代会，由党代表直接差额选举镇党委书记。

（3）竹峰乡的“党员直选”。①由全体行政干部、企事业单位负责人、村两委负责人、县以上人大代表和政协委员及部分村民代表民主推荐书记1名、委员7人共8名正式候选人；②召开全乡党员大会，由候选人发表竞职演讲，由全体与会党员投票，等额选举党委书记，差额直选6名党委委员，并按得票多少当场宣布乡党委书记和6名党委委员。

3. 云南省红河州试行的“联合双推、党员直选”

2006年3月，云南省红河州12个县市的126个乡镇，在党委换届时采取这种办法选举产生了新一届的党委班子。“联合双推、党员直选”的具体做法是：①党群联合推选初步候选人。在宣传发动和公布程序、办法及职数、条件，并选举产生乡镇党委换届直选委员会的基础上，在党内以村党总支为单位，民主推荐乡镇党委书记、副书记、委员和纪委书记、纪委委员初步候选人，在党外由18周岁以上群众30人以上联名推荐上述初步候选人。如羊街乡共有734名党员、7275名党外群众参加推荐，分别推荐出党委书记、副书记、党委委员、纪委书记、纪委委员等候选人26名、35名、111名、31名、98名，共计301名。②党群联席会议投票产生正式候选人。党群联席会议由党员代表和群众代表组成，前者是按现任党委分配名额、以村党总支为单位选举产生；后者是按选举委员会分配的名额（不低于20%）、以村委会为单位推选产生。如羊街乡共推选党员代表95名、群众代表22名，组成乡党群联席会议。在选举委员会主持下，由党员代表和群众代表采取无记名投票方式，差额选举产生党委书记正式候选人2名，副书记正式候选人3名、委员正式候选人7名，按纪委书记等额、纪委委员差额1名选举正式候选人，报上级党委批复后，张榜公布。③党员正式直接选举。正式选举要由不低于80%的正式全体党员、并按无记名投票方式直接选举，还邀请若干名非党人大代表、政协委员和群众代表列席监督。正式选举分三场进行、并按领导职数依次选举产生党委书记、党委副书记和纪委书记、党委委员和纪委委员。④选举委员会向上级党委书面报告党员大会选举结果，上级党委正式批复任命。

（三）乡镇事业站所的改革

乡镇事业站所改革是改革的难点，各地差异较大。主要有以下几种模式。

1. 整合乡镇事业站所，强化事业站所条条管理和县级部门公益性服务责任

吉林省对农业、农机、林业、水利、计生、文化等站所实行区域设置、系统管理、专业配置。湖北省部分县由县职能部门向乡镇派驻人员，签订一定期限的聘用合同，实行“管理在县、服务在基层”的运行模式；派驻乡镇的机构，经费由县（市、区）主管部门统一管理，组织关系属地管理，人事任免等重要事项须征得乡镇党委同意。安徽省出台的《关于开展农村综合改革试点，建立农村基层工作新机制的意见》提倡：①“依据经济区域和服务范围设置经济技术服务中心和社会发展服务中心”；②建立以县级农技机构为主导，区域性推广机构为主体的农技推广体系；③探索统一县乡干部福利待遇的途径和办法，由县统一发放乡镇干部工资。

2. 区分公益性和经营性事业单位，分类合并，强化乡镇政府公益性服务责任

江苏省分类改革乡镇事业单位，将行政执法职能原则划归上级行政主管部门，行政管理职能划归乡镇政府。泰兴市等地对公益性职能重新整合、综合设置，除国土所、水利站、兽医站、广电站外，其他乡镇事业单位统一为乡镇全额拨款事业单位，纳入乡镇政府财政预算管理；经营性业务分离出来，走向市场。浙江省从各涉农事业服务机构抽调人员，建立乡镇经济发展服务中心，省政府各业务部门核拨给乡镇事业人员的补助经费不再下达到市级业务对口部门，统一下达到乡镇。江苏省新沂市对现有事业单位在编人员，实行竞聘上岗，按得分高低和所报考岗位等额确定录用人员。所有录用人员重新办理入编手续，签订人事代理和岗位聘任合同，聘期3年。

3. 乡镇事业单位整体转制，政府通过“以钱养事”的方式招标购买服务，强化市场机制作用

这种改革模式以湖北省为代表。其做法可概括为：①除中小学、卫生院、财政所外，其他事业单位都要逐步转为自主经营、自负盈亏的企业或中介服务机构，换牌子、换章子、换体制，走企业化、市场化、社会化之路，单位人员在政府帮助解决社会保障、并给予一次性经济补偿的前提下，买断工龄、置换身份，退出行政事业编制和财政供养序列。②转制单位的行政管理和公益性服务职能并入乡镇政府“三办一所”，行政执法职能交由县级行政主管部门，经营性服务职能完全放开。③乡镇政府承担各项公益性职能、提供资金，并按市场化原则和服务工作量化办法，采取政府招标、项目招投标和合同化管理等多种形式进行，变“以钱养人”为“以钱养事”。④县和乡政府是公益服务责任主体，乡镇政府和县主管部门负责确定服务项目，县主管部门负责项目预算，县财政按部门预算要求纳入政府预算。⑤转制后组建的农业、广播文化、畜牧兽医和计划生育等是企业组织，可参与政府服务项目招投标，“一事一议”、定项目不定人，并实行合同管理。

五　乡镇机构改革试点的主要成效及存在的困难与问题

（一）主要成效

与以往相比，农村税费改革以来进行的乡镇机构改革试点取得了一些新的成效，主要包括以下几方面。

1. 初步遏制了乡镇机构和干部“生之者寡，食之者众”的局面

无论是乡镇机关设置，还是事业单位改革，都打破了旧有的管理体制，逐步朝着精简、统一、效能目标的方向发展，初步遏制了“生之者寡，食之者众”和“收费养人，养人收费”的现象。特别是从长远看，将有利于减少财政“养人”支出。2005年启动全省乡镇机构改革的河南省，全省乡镇行政事业机构由改革前的19811个减为16694个，减少3117个，精简比例为15.7%；精简乡镇行政事业和临时人员17万人，其中乡镇机关20165人、事业单位149857人，清退临时人员20551人；全省乡镇领导职数由改革前的25119名减为17490名，减少7629名，精简比例为30.4%；全省共撤并乡镇236个，撤并后乡镇平均人口由4.07万人增加到4.49万人，平均面积由71.92平方公里扩展到79.33平方公里。内蒙古开展乡镇撤并工作后，乡镇（苏木）行政编制由29587名进一步减少到21586名，精简27.1%；事业编制由32733名进一步减到18999名，精简42%。甘肃省在2006年乡镇党委换届中，副书记比上届精简1163名；配备乡镇领导干部9257名，比上届精简了1313名，精简比例达16%。通过改革，吉林省乡镇事业站所减少了近2000个，精简30%；事业编制由原来的

3.5万余人减少为3万余人；事业单位实有人数由改革前的4.47万人减少到3.06万人，减少了31.6%。最新统计表明，全国已有32315个乡镇完成党委换届，新的乡镇党委领导班子职数比上一届减少2.28万多名；乡镇党委副书记实际配备人数比上一届减少3.58万名。[①]

2. 乡镇政府职能开始向加强社会管理和提供公共服务上转变

取消农业税后，乡镇政府的工作重心不再是“催种催收、要粮要钱”。为此，各地在改革乡镇机构、转换政府职能中，在注重减人、减事、减支的同时，大都开始有意识地将职能重点转向为农村经济发展创造环境、为农民提供更多更好的服务、为农村构建和谐社会创造条件上，更加注重加强社会管理和提供公共服务；开始将从政为民、服务社会的价值追求，体现在为农民群众提供更多更好的服务上。机构上，设置了从事社会管理和公共服务的综合机构或综合岗位，强化了社会管理“三农”服务职能；人员上，注重提高干部服务素质，增强了服务意识和服务技能；政策上，出台了各种优惠条件，采取了各项便民措施；经费上，强调了社会管理和公共服务的财政预算保障，增强了上级政府的财政职责；工作目标上，能够从农民的愿望和需求出发，满足农民的实际需要，注重解决农民生产、生活面临的实际困难和问题，促进农民增加收入。结果是农民得到了实惠，干部受到了好评，效率得到了提高，干群关系有了改善。

3. 初步创新了干部人事制度，促进了干部队伍建设

农村税费改革的深化，乡镇职能的转变，促使乡镇领导和干部职工更新了思想观念，强化了市场意识和竞争意识。特别是乡镇机构改

① 引自《中共新一轮地方党委换届捅破人事泡沫》，《南风窗》，http：//www.cec365.com2007年2月21日发布。

革中党政领导产生方式的改革探索和干部职工竞争上岗制度的建立，一方面有利于使那些素质高、能干事、民意好的优秀干部进入乡镇领导班子，优化了乡镇领导的年龄结构和知识结构，提高了干部队伍的整体素质；另一方面也有利于促使上岗干部珍惜工作机会，增强责任意识、服务意识、民主意识、素质意识，提高工作积极性；同时，还有利于从制度上规范乡镇干部行为，增强基层工作透明度，加强党风廉政建设，密切干群关系。例如，广西壮族自治区2006年完成全区乡镇党委班子换届，配备30岁以下干部2564名，占25%；大专以上学历的占97.5%，比上届高近10%。

4. 工作方式和方法有了初步转变，有效推动了农村基层工作新机制的建立

探索建立农村基层工作新机制，是多数地区乡镇机构改革试点的重要内容，并且取得了一定成效。如浙江省试行的干部"一线工作法"，就是实现干部与农民互动、增强政府公共服务效率的一种新的机制。安徽省通过实施"一个转变、三个建立、一个改进"（即转变乡镇政府职能，建立农村基层管理新体制，建立农村公共产品供给新机制，建立"三农"社会化服务新体系，改进农村工作考核评价办法），促使乡镇政府开始转变工作作风和思想观念，管理方式开始由"直接型"向"间接型"转变，工作方式开始由简单的行政命令向用市场办法引导、服务、示范转变，日常工作开始由"为民作主"向"让民作主"转变，干部考核重点开始由注重形式和过程向注重成果和绩效转变。

（二）困难与问题

由于现阶段乡镇机构改革涉及面广、情况复杂，难点多、任务艰巨，改革实践中也确实面临不少困难、存在不少问题。具体表现在以下几方面。

1. 乡镇机构改革试点范围仍较小，各地进展不平衡

从全国看，开展改革试点的乡镇只占1/3左右，乡镇机构多、人员多的状况还没有根本改变；财政支出大多或主要用于养人、养机构的状况还没有在全国得到有效改变，机构和人员走出“精简——膨胀——再精简——再膨胀”怪圈的难度依然存在，致使农村社会事业发展和基础设施建设所需投资，既缺少稳定的资金来源，也没有健全的投入机制。而且，由于区域之间、乡镇之间的发展水平和财政能力差异较大，一些财政压力不大的乡镇，一定程度上也存在改革积极性不高的问题。

2. 多数试点乡镇的改革试点工作深入不够、创新性不强、可持续性不明显

从各地试点情况看，迫于财政压力和人员分流困难，仍停留在“减人、减事、减机构”层面的居多，即使如此，人员减不动、事务减不掉、机构并不了的问题也大量存在；尤其是，多数试点乡镇政府职能转变相对滞后，社会管理和公共服务能力比较薄弱，农村基层工作新机制更没有得到有效建立。总体上说，目前的乡镇机构改革试点工作，除在乡镇撤并和人、事、机构“三减”上有一些较大的动作外，操作上障碍多、阻力大、办法少、余地小的困难和改革中力度不强、突破不足、综合不够、路径单一的问题普遍存在。

3. 乡镇政府真正转换职能面临诸多困境

尽管各试点乡镇都有上级政府比较明确的政府职能定位要求，但要真正做到转换政府职能，仍然是难上加难：一是在目前存在严重的乡镇政府责任与权力不对称、财力与事权不匹配问题的情况下，要真正调整经济管理职能、将职能重点转向加强社会管理和提供公共服务，乡镇财政支出必然增加，财政收入可能减少；如果自身没有相应的财政能力，上级政府又没有适当的财政支持，结果只能是“巧妇难为无米之炊”。二是在工业化、城镇化、现代化发展的驱使下，在政绩考核和仕途升迁的诱导下，乡镇党政领导自身就有追求经济发展和增加财政收入的内在激励，乡镇政府真正转换职能的动力不足。三是在乡镇机构改革试点过程中，由于涉及一系列极为复杂的组织关系和利益关系的制约，各部门“自上而下”用发文件、批项目、拨资金、搞评比等形式进行“条条”干预的现象大量发生，乡镇工作被动性较强，致使乡镇政府真正转换职能面临较大阻力，一些地方在机构设置上存在名改实不改、大牌套小牌现象。

4. 富余人员分流和分流人员安置都面临较大困难

人员分流与安置，因其利益关系调整最直接、影响最大而成为乡镇机构改革中最棘手的问题和最大的难点。从富余人员分流上看，受传统观念的影响和利益的驱使，追求名誉、地位和利益是最大的阻力。乡镇干部被分流，事实上往往被看作是名誉的损害、既得地位和利益的丧失。因此，多数地方在确定分流对象时，只是集中在临时聘用人员和部分年龄偏大的工作人员；一些地方还发生了分流人员闹事和集体上访事件。缺少妥善的安置渠道和优惠的分流政策，也是富余人员分流困难的一个重要原因。尤其是在诸多欠发达的乡镇，第二、第三产业落后，市场和社会服务需求不足，就业机会较少，在乡镇政府组织工作成为就业首选；而要为分流人员或健全社会保障，或创造外出就业机会，或提供继续学习深造的机会，又受到财力不足的限制。事实上，不少地方在精简乡镇人员时，都不同程度地存在着“名分实不分”、“名减实没减”的现象。

六　对乡镇机构改革中两个问题的思考

（一）关于加强乡镇机构改革试点工作的宏观指导，研究制定一揽子改革方案问题

虽然中央对乡镇机构改革试点工作反复强调，也提出了明确要求，但总体上说，原则性太强、权威性不足、操作性不够；对其涉及的一些重大原则问题，中央没有给出明确的方向性的处理意见，对地方政府尤其是乡镇政府自身难以解决的一些现实问题，中央没有给出切实可行的解决办法。这将直接影响乡镇机构改革试点工作的顺利推进和可持续发展。这些问题主要包括：①如何定位乡镇政府组织在中国政权组织体系中的地位问题。它决定了乡镇机构改革的最终目标。这个问题不解决，就不能很好地处理宪法及一系列法律法规的约束与乡镇机构改革创新的关系。②如何处理乡镇机构改革涉及的一系列极为复杂的组织和利益关系问题。包括党政关系、县乡关系、乡村关系、乡镇政府与上级部门的关系、部门与部门的关系、财权与事权的关系等等。③如何在乡镇机构改革中加强理论和宏观指导问题。推进乡镇机构改革必须有正确的理论指导和具体的、切实可行的政策措施。从目前情况看，政策界没有提出综合、成熟、具体而又切实可行的政策意见，理论界更没有形成比较一致的看法，且意见分歧很大。④如何克服乡镇机构改革中地方政府尤其是乡镇政府自身难以克服的困难的问题。如乡镇政府债务的化解问题、分流人员安置优惠政策和社会保障所需财政资金来源问题、社会管理和公共服务的财政资金保障问题等。这些问题的存在，将直接影响乡镇政府职能转换、机构精简与人员分流等问题的解决。

因此，我们认为，中央要进一步加强对乡镇机构改革的宏观指导，对深入研究解决乡镇机构改革面临的一系列重大原则问题和现实问题做出部署，并尽快制定和出台具有权威性、指导性、可操作性的一揽子改革方案。

（二）关于切实精简乡镇人员、善待乡镇分流干部问题

乡镇政府是最基层的一级政权组织，担负着《宪法》和《地方各级人民代表大会和地方各级人民政府组织法》赋予的一系列重要职能；乡镇干部是乡镇政府及有关部门的工作人员，是最基层的国家行政和事业工作者。多年来，在"压力型行政体制"的制约下，"自上而下"的干部安排、任命和人员分流，使乡镇政府组织成为国家行政事业工作者的最后接收站，机构臃肿、人浮于事的问题相当严重，是造成乡镇政府运行成本过大、农民负担过重的一个重要原因。因此，在实施取消农业税的改革后，配套进行乡镇机构改革时，就必须切实精简乡镇人员。但乡镇政府组织并不是造成机构臃肿、人浮于事问题的主要责任者，绝大多数乡镇干部也不是无正规组织人事手续的"业余工作者"；在以往的工作中，他们为政府的工作付出了巨大努力，做出了不少贡献。因此，进行乡镇人员精简改革，不能"一刀切"地"一减了之"，必须善待分流人员，认真考虑他们的再就业问题，妥善解决他们的后顾之忧。

因此，我们认为，一是要进一步强化对精简乡镇人员的长期性和艰巨性认识，要增强成本观念、提高风险意识，既不能追求一蹴而就，更不能指望无成本精简。二是要建立"新人新办法、老人老办法"的乡镇干部管理新机制，彻底改革乡镇干部人事制度，注重引入市场竞争，培养干部"能上能下"的思想意识。三是中央要加大

对精简乡镇干部工作的财政支持，妥善解决分流人员的社会保障与再就业问题；对一时难以分流、分流后也难以实现再就业的在编干部，可采取保留待遇、自然精简的办法。四是要尽快研究制定科学的乡镇干部素质、能力和业绩评价标准，制定科学的人员分流技术性指标体系。五是在开展精简乡镇干部工作中，要注重加强对分流人员的人文关怀和思想沟通，避免实施强迫手段和“打压”政策。

专题三

公共财政与农村义务教育改革

农村税费改革经历了取消屠宰税、乡村统筹提留，重新核定农业税税率，最终取消农业税和绝大多数农业特产税，取得了历史性的重大成效。农村税费改革初步规范了农村税费制度，理顺了国家、集体和农民之间的分配关系，大幅减轻了农民负担。然而巩固农村税费改革的已有成果，需要深化农村综合改革，一方面需要调整完善农村生产关系和上层建筑，消除加重农民负担的体制性因素；另一方面通过农村综合改革，调整国民收入分配结构，扩大公共财政覆盖农村范围。农村义务教育改革就是当前深化农村综合改革的重点之一。从历史的角度看，以发展农村义务教育的名义所收取的农村教育集资曾经是农民负担中的重要组成部分；从改革发展的进程看，农村义务教育又在相当多基层财政公共支出结构中占有最大的份额，这在许多欠发达地区表现得尤为明显。所以，无论是农村税费改革还是农村综合改革，农村义务教育改革始终贯穿于其中，能否建立和完善农村义务教育的财政保障机制事关整个农村综合改革的成败。

一　制度变迁：公共财政与农村义务教育

从财政的角度看，农村义务教育体制自中华人民共和国成立以来大致经历了四个阶段。

（一）第一阶段：从国民经济恢复时期至中共十一届三中全会召开

在计划经济体制下实施的是以“统收统支”为主要特征的财政管理模式。在这个阶段，无论是中央与地方、还是地方各级政府之间的财政关系都是突出了集权特征。在此背景下，教科文卫等事业单位采取了“统收统支”的预算管理模式。虽然农村义务教育的支出责任相对明确，基本实现了农村义务教育的财政供给，但是受匮乏的财政资源约束，农村义务教育发展相对缓慢。

（二）第二阶段：以 1980 年实行“分灶吃饭”的预算管理体制为起点至 1994 年分税制改革

这一阶段的突出特征是国民经济由计划经济体制向市场经济体制转型，财政体制开始打破“统收统支”的管理模式，开始实施“分灶吃饭”的分权化财政改革。基础教育的支出责任逐步下移成为地方财政的支出项目，县乡财政承担了农村义务教育的主要支出责任。1985 年出台了《中共中央关于教育体制改革的决定》，明确了地方政府对发展基础教育负有主要责任，有步骤地实行九年制义务教育，实行基础教育由地方负责、分级管理的原则。无论是在城市，还是在农村，地方政府可以征收教育费附加，用于发展当地教育事业。乡镇财政收入主要用于教育“三个增长”（各级政府教育财政拨款的增长要高于同级财政经常性收入的增长，在校学生人均教育经费逐步增长，教师工资和学生人均公用经费逐步增长）。

“分灶吃饭”的财政体制承认了地方财政利益，并逐步使之成为地方财政的既得利益。分权化改革除了放权让利外，还出现了“两个比重”的持续下降。在这种情况下，1992 年出台了《中华人民共和国义务教育法实施细则》。《细则》强调，义务教育事业要在国务院领导下，由地方各级人民政府负责，按省、县、乡分级管理。实施义务教育的学校新建、改建、扩建所需资金，在农村由乡、村负责筹措，县级人民政府对有困难的乡、村酌情予以补助。

（三）第三阶段：大致从 1994 年分税制改革至 2002 年农村税费改革

在此阶段，市场经济体制初步建立，分税制财政体制改革的效果日趋显现。通过划分中央收入、地方收入和中央与地方共享收入，明确了中央财政和省级财政的收入范围。但是就财权与事权相互匹配而言，1993 年 12 月 15 日国务院出台的《关于实行分税制财政管理体制的决定》并没有对许多事权进行明确的划分，尤其是在省以下的政府间财政关系中，财力调整而支出责任并没有重新界定。农村义务教育作为农村地区主要的公共支出项目仍然主要由基层财政承担。然而，原体制空间内农业的创收功能逐渐降低，农民收入增长也明显降低。基层财源捉襟见肘、财政入不敷出，许多基层财政支出中工资支出占很大比重，属于典型的“吃饭财政”。自 1986 年《教育法》颁布以来，义务教育投资体制事实上一直奉行

"谁办学谁掏钱"的原则，逐步形成了农村义务教育投入"以乡镇为主"的格局。由此导致一些乡镇财政预算内财政收入全部用于农村中小学教师工资尚不足以足额保障、及时发放，财政运行进一步恶化为"教育吃饭型财政"。另一方面，按照"分级管理、分工负责"的原则，国家建立以财政拨款为主、其他多种渠道筹措教育经费为辅的体制，经县人民政府批准，乡镇可以集资办学。由于基层财政运行困难，特别是乡镇财政无力承担农村义务教育经费支出，以教育集资的形式发展农村义务教育加重了农民负担，激化了社会矛盾，同时在贫困地区因子女上学致贫或返贫也逐步成为社会问题。

（四）第四阶段：从 2002 年至今

农村税费改革以来，国务院先后发布了《关于完善农村义务教育管理体制的通知》、《关于基础教育改革与发展的决定》、《关于进一步加强农村教育工作的决定》等一系列重要文件，确立了"在国务院领导下，由地方政府负责，分级管理，以县为主"的农村义务教育管理体制，逐步将农村义务教育纳入公共财政保障范围。将农村中小学教师工资全额纳入县本级财政预算；农村中小学按省级人民政府规定向学生收取的杂费，全部用于公用经费开支，不得用于平衡预算；中央和省级设立专项资金改善贫困地区的办学条件。按照新增教育经费主要用于农村的要求，各级政府进一步加大了对农村义务教育的投入力度，先后实施了国家贫困地区义务教育工程、农村中小学危房改造工程、国家西部地区"两基"攻坚计划、农村中小学现代远程教育工程、农村贫困家庭中小学生"两免一补"政策等，农村义务教育事业发展取得了显著成绩。

二　农村义务教育财政保障机制

（一）公共财政对农村义务教育投入现状

近年来，公共财政的改革取向使得各级财政的公共支出结构趋于优化。公共服务均等化逐渐成为各级财政安排预算的支出理念。随着国家财政收入的持续快速增长，各级政府也随之加大了对农村义务教育的投入力度，城乡差距、地区间差距等明显的资源分配不合理现象有望得到改善，农村义务教育支出责任在现行财政管理框架下逐渐上移也已经成为大势所趋。

表 1　各级政府预算内教育拨款*

类别＼年份	2004	2005	增长率(%)
中央地方各级预算内拨款(亿元)	4027.82	4665.69	15.84
其中:中央财政预算内拨款(亿元)	299.45	349.85	16.83**
全国普通小学预算内生均事业费(元)	1129.11	1327.24	17.55
其中:农村小学预算内生均事业费(元)	1013.80	1204.88	18.85
全国普通初中预算内生均事业费(元)	1246.07	1498.25	20.24
其中:农村初中预算内生均事业费(元)	1073.68	1314.64	22.44

* 不包括城市教育费附加；** 高于中央本级财政经常性收入 15.42% 的增长幅度。
资料来源：《2005 年全国教育经费执行情况统计公告》。

2000 年以后，农村义务教育阶段预算内事业费增长速度基本高于全国平均水平，呈高速增长态势（见图 1、图 2）。

根据中央的指导性意见，未来若干年份地方财政新增教育的预算支出主要投放到农村，用以改善农村教育条件。公共财政在投入重点

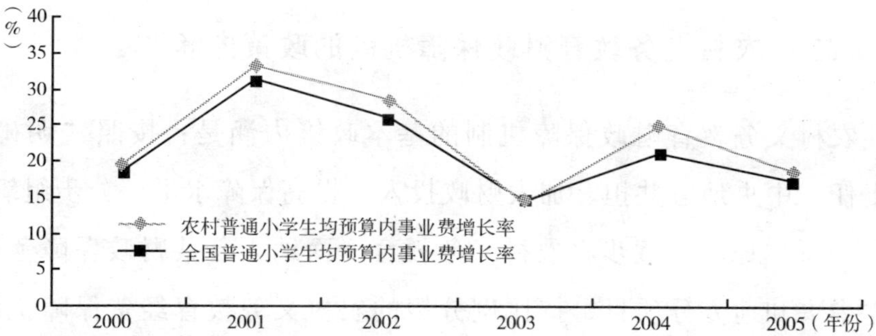

图 1　普通小学生均预算内事业费增长比较

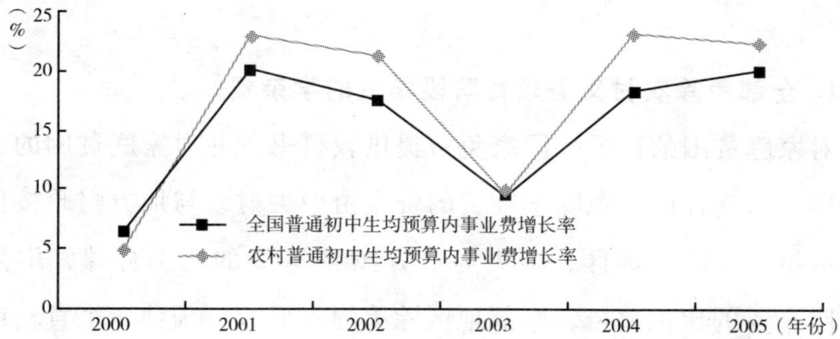

图 2　普通初中生均预算内事业费增长比较

和投入规模上向农村教育倾斜，有效提高了广大农村居民家庭享受这一基本公共福利的水平。2005 年与 1986 年相比，全国小学学龄儿童净入学率由 96.4% 提高到 99.1%；小学毕业生升学率由 69.5% 提高到 98.4%；初中毕业生升学率由 40.6% 提高到 69.7%。2005 年年底，全国“普九”人口覆盖率已经超过了 95%，义务教育阶段学生人数达到近 1.8 亿人。2006 年，西部地区春季学期落实免杂费资金近 40 亿元，惠及 4880 万农村义务教育阶段学生，当年平均每个小学生减负 140 元，初中生减负 180 元。据统计，西部地区大约有 20 万名辍学的农村孩子重新返回了学校。

（二）农村义务教育财政保障机制的政策内涵

农村义务教育财政保障机制的基本政策内涵是：按照“明确各级责任、中央地方共担、加大财政投入、提高保障水平、分步组织实施”的基本原则，逐步将农村义务教育全面纳入公共财政保障范围，建立中央和地方分项目、按比例分担的农村义务教育经费保障机制。中央重点支持中西部地区，适当兼顾东部部分困难地区。

具体而言，农村义务教育经费保障机制改革主要包括四个方面的内容。

1. 全部免除农村义务教育阶段学生的学杂费

对家庭贫困的孩子，国家免费提供教科书，并对家庭贫困的寄宿生提供生活费补助。免除学杂费的资金由中央财政与地方财政按比例共同负担。在西部地区，中央与地方按照8∶2的比例分摊，中部地区按照6∶4的比例分摊，东部地区除上海、北京、天津3个直辖市之外，中央财政根据东部各省的财力情况逐省确定分摊比例。中西部地区，贫困孩子免费教科书的资金由中央财政负担，寄宿生的生活费补助由地方财政负担。

2. 同步提高农村中小学的公用经费保障机制

改变过去财政在预算中基本不安排公用教育经费而是依赖学生缴纳学杂费的状况。为了更好地保障学校的运转，同步提高公用经费。这部分经费由中央财政和地方财政共同负担，分担的比例同免除学杂费的分摊比例相同。

3. 建立农村中小学校舍维修的长效机制

改变过去农村中小学危房改造工程实施的临时性、短期性等特点，中央和地方各级财政通过预算安排使得农村中小学校舍维修有稳定的制度性资金来源，以此建立农村中小学校舍维修的长效机制。经费支出在中西部地区，中央财政和地方财政按照 5∶5 的比例分摊，东部地区通过激励机制，根据各地的财力状况和校舍维修改造的工作效率以奖励的形式给予支持。

4. 巩固和完善农村中小学教师工资的保障机制

建立中央财政与地方财政的联动机制，中央财政对中西部地区农村中小学教师工资给予补助，以确保农村中小学教师工资能够按照规定的标准及时、足额发放。

2006 年各级财政为这次改革共安排了 361 亿元的资金，用于免除学杂费、补助公用经费、校舍维修改造、免费教科书、寄宿生的生活费补助等等。截至 2006 学年春季学期，中央财政安排农村义务教育经费保障机制改革资金 133 亿元，西部地区（含中部民族自治州和部分试点县市）落实地方分担资金 48 亿元，惠及中西部地区 40 多万所农村中小学的近 5000 万名中小学生。有关部门统计显示，从 2006 年春季学期开始，西部地区已经有 4880 万名学生受益于农村义务教育经费保障机制改革。2007 年初，中央财政预拨 92 亿元用于免除 2007 年全国农村义务教育阶段学生春季学期学杂费和提高公用经费保障水平。

（三）农村义务教育财政保障机制改革的政策走向

2005 年 12 月 24 日，国务院出台了《关于深化农村义务教育经费保障机制改革的通知》。《通知》明确了未来 5 年实施农村义务教育保障机制改革的政策走向。从 5 年的政策规划来看，农村义务教育财政保障机制改革的实施主要围绕三个方面展开。

1. 农村义务教育阶段的中小学学生的免费教育

2006 年，西部地区农村义务教育阶段中小学生全部免除学杂费。

2007 年，中部地区和东部地区农村义务教育阶段中小学生全部免除学杂费。最终实现在全国范围内农村义务教育阶段中小学生全部免除学杂费。2008 年，由中央财政安排资金进一步扩大免费教科书覆盖范围。

2. 财政预算安排农村义务教育阶段中小学公用经费补助

2006 年中央财政对西部地区农村义务教育阶段中小学安排公用经费补助资金，提高公用经费保障水平，同时启动全国农村义务教育阶段中小学校校舍维修改造资金保障新机制。2007 年，中央财政对中部地区和东部部分地区农村义务教育阶段中小学安排公用经费补助资金，提高公用经费保障水平。以此为基础，在 2008 年做实生均公用经费基本标准，当年各地农村义务教育阶段中小学生均公用经费全部达到该省（区、市）2005 年秋季学期开学前颁布的生均公用经费基本标准。2009 年，中央将出台农村义务教育阶段中小学公用经费基准定额。各省（区、市）制定的生均公用经费基本标准低于基准定额的差额部分，当年安排 50%，所需资金由中央财政和地方财政按照免学杂费的分担比例共同承担。到 2010 年，在全国范围内农村义务教育阶段中小学公用经费基准定额全部落实到位。

3. 相关改革的配套与完善

农垦、林场等所属义务教育阶段中小学经费保障机制改革，与所在地区农村同步实施，所需经费按照现行体制予以保障。城市义务教育也应逐步完善经费保障机制，具体实施方式由地方确定，所需经费由地方承担。其中，享受城市居民最低生活保障政策家庭的义务教育阶段学生，与当地农村义务教育阶段中小学生同步享受“两免一补”政策；进城务工农民子女在城市义务教育阶段学校就读的，与所在城市义务教育阶段学生享受同等政策。

三　农村综合改革进程中义务教育发展面临的主要问题与对策建议

（一）面临的主要问题

1. 县乡财政困难增加了农村义务教育经费保障的难度

尽管近年来中国财政收入持续高速增长，但受到财政资源的约束，投入不足仍将是制约农村义务教育发展的重要“瓶颈”。据统计，2005年全国教育经费8418.84亿元，比上年的7242.60亿元增长16.24%。其中，国家财政性教育经费（包括各级财政对教育的拨款、教育费附加、企业办中小学支出以及校办产业减免税等项）5161.08亿元。国家财政性教育经费占国内生产总值比例为2.82%，比上年的2.79%增加了0.03个百分点，但仍低于2002年3.41%的最高值，且远远低于4%的目标要求（见图3）。2005年财政性教育经费增长率为15.57%，低于国家财政决算收入增长率4.33个百分点（见图4）。目前的教育经费投入状况不仅跟不上教育规模的扩张速度，更难以满足教育信息化、现代化等教育发展更高水平的要求。

农村税费改革在规范农村收入分配关系的同时，在一定程度上突显了县乡财政困难。农村税费改革经历了从2000年以安徽全省作为试点的初步改革，到2003年全面推进试点改革，再到2006年“全面取消农业税”这三个阶段。中央财政对中西部地区分两个项目给予的农村税费改革转移支付只是部分地弥补了因税费改革带来的基层财政减收。尽管实施了“以县为主”的管理体制，但在一些国家级、

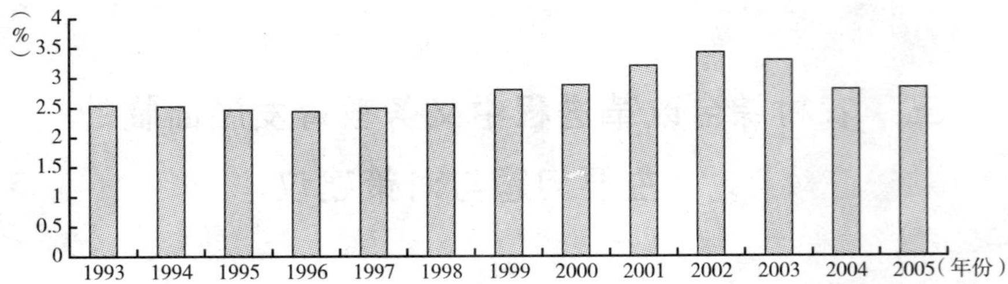

图 3　财政性教育经费占 GDP 比例

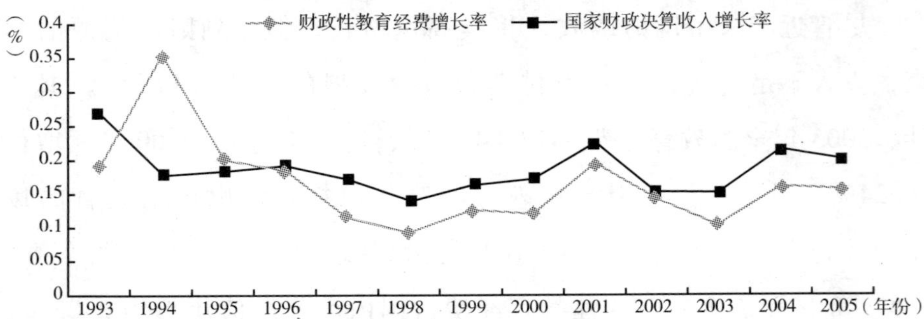

图 4　财政收入增长与财政性教育经费增长率

省级贫困县，由于县（市）级财力匮乏，基层政府可以调整的余地很小，农村义务教育的发展受到了较大制约。

2. 农村义务教育区域发展不均衡

在现行农村义务教育财政保障机制下，农村义务教育“由地方政府负责、分级管理、以县为主”。这种基层财政承担主要支出责任的财政保障模式必然导致各地区农村义务教育投入随着当地经济社会发展水平不同而存在差异，农村义务教育所获得的财政资源同地方财政，特别是基层财政财力状况高度相关。进而使全国范围内的农村义务教育供给均等化目标难以在短时期内实现。从表 2 和表 3 可以看出，东、中、西部地区的人均可支配财力总体呈现扩大趋势。

表 2　1994 ~ 2005 年东中西部地区总人口人均财力变动情况

单位：元

类别 \ 年份	1994	1997	2000	2002	2005
东部地区	465	758	1149	1655	2602
中部地区	231	351	480	678	1170
西部地区	289	405	558	806	1354

资料来源：李萍等《中国政府间财政关系图解》，中国财政经济出版社，2006。

表 3　地方农村生均预算内教育经费支出区域比较

单位：元

类别 \ 年份	小学			初中		
	1997	2001	2004	1997	2001	2004
东部地区	352.0	672.9	2189.1	542.3	835.5	2105.4
中部地区	221.0	452.5	1058.4	406.5	545.5	972.7
西部地区	286.2	579.2	1180.9	483.2	684.6	1424.5
东部比中部高%	59.3	48.7	106.8	33.4	53.2	116.5
东部比西部高%	23.0	16.2	85.4	12.2	22.0	47.8

资料来源：1995、1997、2001 年数据来自朱钢、贾康等《中国农村财政理论与实践》，山西经济出版社，2006。2004 年数据根据《中国教育经费统计年鉴 2005》有关数据整理。

3. 化解因发展农村义务教育而形成的债务问题

由于历史的原因，为了发展农村义务教育，各地通过举借债务来新建、改建农村中小学的基础设施，甚至用于发放农村中小学教师工资。有些地方发展教育而形成的债务是以基层财政的名义举借的，而有些地方是以学校的名义举借的。在这些债务当中，既有欠银行等正规金融机构的，也有欠企业或个人的。基层财政和学校无力偿还累积的巨额债务必然会引发一系列社会问题。所以，化解因发展农村义务教育而形成的债务成为农村义务教育经费保障机制顺利实施的一大挑战。

（二）进一步深化农村义务教育经费保障机制的政策建议

1. 明晰各级政府在经费保障机制中的职责

完善农村义务教育经费保障机制需要各级政府协调配合，实现中央、省、县级财政与教育管理部门的良性互动。从职责分工的角度看，中央财政负责宏观政策的制定、给予贫困地区经费保障资金支持以及通过建立有效的激励约束机制引导其他地区积极保障农村义务教育的经费支出等项工作；明确省级政府在农村义务教育经费保障机制中的统筹责任，合理安排中央财政的转移支付资金，统筹确定省及省以下各级政府的经费分担责任，在中部地区省级财政是经费保障的主要承担者；县级政府除了按照省级政府确定的比例承担经费外，还要在整合各种资金渠道的基础上提高资金使用效率，做好农村义务教育学校的规划、设置、布局调整、管理，指导学校教育教学，保障学校安全，培养教师，均衡配置师资力量等项工作。

2. 强化财政保障资金的管理

按照农村义务教育"以县为主"管理体制的要求，对农村中小学经费实行"校财局管"。建立健全农村中小学校预算编制制度，各项收支都要统一编入县级财政预算，并由县级财政部门按照财政国库管理制度的规定办理资金支付。在保障农村义务教育公用经费支出标准的同时，要严格按照政策规定开支公用经费，防止将公用经费用于人员开支等用途，加强资金使用审计，避免贫困地区因财力紧张出现截留、平调、挪用等现象。与农村义务教育经费保障机制改革同步推进农村中小学预算编制建设，在各个环节强化财政资金安全和使用效率。

3. 有效化解“普九”债务

化解地方财政债务，首先要摸清旧债，根据负债的具体来源和用途，逐笔登记造册，本着“明确责任、分类处理、逐步化解”的要求，区分轻重缓急进行化解。其次，将由学校承担的债务转由政府（财政）承担，明确财政是偿还债务的责任人，切实把学校从债务中解脱出来。尝试优先化解“普九”债务。另外，在严格控制新增债务的前提下，化解“普九”债务的总体原则是以地方解决为主，区分东、中、西部不同地区的财力状况、债务规模以及偿债效率等，中央财政参与化解“普九”债务，建立相应的激励约束机制，引导地方有序化解债务。

4. 配合农村综合改革推进农村义务教育综合改革

这主要包括三个方面：一是深化教育人事制度改革，从农村中小学教师准入和补充两个方面建立教育教学质量监测考评制度；通过预算安排的公用经费5%的师资培训经费，组织好农村教师的培训和提高工作，提高农村中小学教师素质。二是合理配置城乡教育资源，通过城乡学校对口支援、建设农村中小学现代远程教育体系等手段，使更多的优质教育资源流向农村。三是积极稳妥地推进农村中小学布局调整，按照方便学生上学、不增加学生经济负担、保证教学质量的原则，调整学校布局，改善办学条件，加强教学管理，提高教育资源利用效率。

专题四

县乡财政管理体制改革

县乡财政体制是整个国家财政体制的重要组成部分。分税制改革以来，随着县域经济的发展，县乡财政收支规模不断扩大，县乡财政的总体实力也不断增强。但由于种种原因，县乡财政的困难与日俱增。农村税费改革后，虽然中央对基层的各类转移支付趋于增加，但县乡财政困难问题并没有从根本上得到扭转。因此，改革县乡财政管理体制势在必行，并已成为农村综合改革的一项重要内容。

一　县乡财政管理体制改革的必要性

中国政府体系包括中央、省、市、县、乡在内的5级政府。县乡政府是5级政府体系中的基层政府，也是最贴近广大农民群众的政府层级。按照“一级政府、一级财政”的配置原则而与之相对应的县乡财政也是处于财政体系的基层。这些数量庞大的基层财政提供了其辖区内的主要公共产品与服务，供给种类繁杂、方式多样，其运行效率和效果与农民的公共福利水平息息相关。

（一）缓解县乡财政运行困难的需要

1994 年分税制改革以来，中国的财政收入从当年的 5128 亿元增加到 2005 年的 31627 亿元，年均增长率近 18%。然而，由于二元经济结构导致的经济社会发展不均衡，经济体制转轨导致的政策与体制不协调以及制度不健全导致的监督约束软化等多方面原因的综合作用，县乡财政运行困难的问题也逐渐暴露出来。部分地区县乡财政困难与财政收入高速增长形成鲜明的反差。县乡财政运行困难主要表现在以下三个方面。

1. 区域间基层财政差异扩大

2005 年底，全国县域内人口达 9.18 亿，占全国总人口的 70.24%；全国县域经济的 GDP 达 8.81 万亿元，占全国 GDP 的 48.10%。全国县域人均地区生产总值为 9470 元，是全国的 67.5%；人均地区生产总值最高的 100 个县域是最低 100 个县域的 16.1 倍。近年来，地区间经济发展不平衡仍然呈现出逐步加剧的趋势。1994 ~ 2004 年东部地区 GDP 年均增长 17.6%，高于中部地区 16.6% 和西部 15.4% 的增长速度，东部地区占全国 GDP 总量的比重相应从 1994 年的 50.2% 上升至 2004 年的 52.6%。由于 GDP 与财政收入高度相关，导致经济发展水平的差异传导到地区间可支配财力的差异，而财力的差异又决定了公共服务水平的区域差异，这种差异在基层财政表现的就更为明显（见图 1）。

《中华人民共和国预算法》严格限制地方财政举借债务，但从实际来看，各级地方政府，尤其是运转困难的县乡两级政府，都不同程度地存在或明或暗的政府债务。一般而言，县乡财政的直接债务主要包括外国政府贷款、国内外金融机构贷款、国债转贷资金、农业综合开发借款、解决地方金融风险专项借款、向个人或单位借款以及拖欠工资等；或有债务主要包括政府担保的外国政府贷款、国内外金融机构贷款、向个人或单位借款、粮食企业亏损挂账以及拖欠企业离退休人员基本养老金等。根据有关部门的调查统计，银行、信用社、单位、个人等4个渠道是基层财政负债的主要来源。

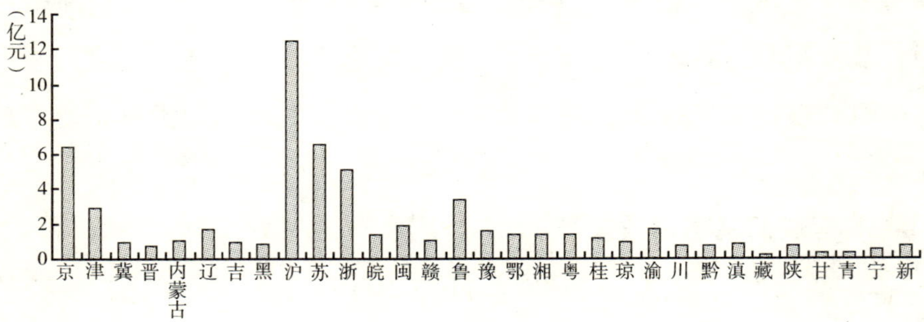

图1　2004年县级地方一般预算收入平均规模比较（以省为单位划分）

2. 县乡财政赤字与债务规模较大

根据1999年对全国乡村两级负债的抽样调查结果，乡村两级兴办的企业因破产转至财政负债占乡村债务总额的37.9%；因建学校、修道路、计划生育、民政优抚等公益性支出负债占乡村债务总额的17.7%；因弥补干部工资等日常开支负债占乡村负债总额的3.6%。在乡村两级债务总额中，逾期债务数额占债务总额的52.9%，高利贷占有相当比重，有的月息高达2%以上。到2001年根据审计署对中西部地区49个县的审计，累计债务达163亿元，相当于当年可用财力的2.1倍。近两年，基层财政债务仍然呈现恶性膨胀的增长态势。如表1所示，截至2002年底，全国地方县乡基层财政的政府债务累积余额高达7284.77亿元。

表1 2002年地方县乡级政府债务累积余额情况

单位：亿元

类 别	合 计	直接显性债务	或有显性债务
地方合计	7284.77	4255.07	3029.70
东部地区	2899.53	1959.60	939.93
中部地区	2446.27	1048.39	1397.88
西部地区	1938.97	1247.08	691.89

说明：不含拖欠工资；直接显性债务包括地方政府承借的外国政府贷款、国际金融组织贷款、国债转贷资金、解决地方金融风险专项借款、农业综合开发借款以及地方政府自行向银行、单位和个人直接借款等；或有显性债务包括地方政府担保的外国政府贷款、国际金融组织贷款、中外合资融资租赁公司贷款、地方政府自行担保借款以及拖欠国有企业离退休职工养老金、粮食企业亏损挂账等根据法律和政策规定需要地方财政兜底的支付事项。

资料来源：《2005财税改革纵论》，经济科学出版社，2005。

3. 县乡工资拖欠问题

由于县乡财政人均可支配财力不足，县乡工资拖欠现象在部分中西部地区、特别是贫困地区表现相当普遍。根据审计署对中西部10个省、市的42个县（市）财政运行状况的调查结果，截至2002年9月，42个县（市）累计欠发国家规定工资18亿元，其中当年1～9月新欠1.32亿元，累计欠发工资额是1998年底欠发额的3倍多。根据财政部的有关调查，截至2002年底，县乡累计拖欠工资408亿元，其中拖欠国家统一出台的标准工资137亿元，拖欠地方出台工资政策部分271亿元。2003年新增拖欠76亿元，其中拖欠国标工资13亿元；2004年1～5月新增拖欠34亿元，其中拖欠国标工资6亿元。应该说，在20世纪90年代后期国家出台的多次增加财政供养人员的工资标准的规定中考虑到中西部地区的财政运行状况，中央财政以增加工资专项补助的形式承担了部分或全部地方增加工资额度，即便如此，仍然出现了基层财政欠发工资现象，这说明欠发达地区的基层财政运行即便是保证“吃饭”问题也相当困难。

（二）提高农民基本公共福利水平的需要

近年来，尽管在构筑公共财政框架下各级财政加大了对农村公共产品和服务供给的财政投入，在公共支出结构调整中将支出的增量向农村重点倾斜，但由于农村公共产品和服务建设历史欠账过多，供给与需求仍然存在相当大的差距。

一是农业生产所需的公共产品和服务供给不足，水利灌溉系统、中小型水库、电网、道路等基础设施供应不足。许多地方的小型农田水利设施年久失修，存在着很多隐患；有些地方依靠中央财政或省级财政的支持修通了公路，但是因为基层财政困难，没有足够的资金进行养护，导致过快老化破损；还有些地方同样依靠上级财政的专项资金修建了路网中的乡路，农田水利设施中的干渠，但由于缺乏必要的公共资金投入很难将主干公路引入乡村，也无法修建末端渠道将水引入农田。

二是农民生活所需的基本公共产品的供给在数量和质量上也不能满足农民的需要。尽管国家着重投入财力解决农村义务教育、农村公共卫生等农村典型的公共产品和服务，但多年的历史欠账远非一朝一夕就能够解决。城乡二元结构特征在公共产品供给过程中表现的相当明显。2004年甘肃省城镇职工养老保障覆盖率达到96%，失业保险覆盖率达到77.7%，医疗保险覆盖率达到60%；而在农村，除了部分地区开展新型合作医疗、最低生活保障试点外，只有传统民政救济，相对完备的现代社会保障制度还远未建立。2005年，吉林省农村低保标准每人每年仅为625元，不足农民人均纯收入的1/4，农村最低生活保障救助比例不高，仅达到49%左右，没有实现应保尽保的目标。

（三）深化农村综合改革的需要

农村税费改革是一次农村经济利益的大调整，目的是通过对原有农村和农业领域的税费制度进行改革，理顺国家、集体和农民之间的分配关系，真正实现“耕者有其利”。始发于20世纪90年代的农村税费改革，近10年间经历了多轮改革，在减轻农民负担方面取得了巨大成效。

1996年农村税费制度改革在安徽、河北、河南、湖北、湖南、贵州和陕西7个农业大省选取近50个农业县（市）进行试点。2000年，中央选择安徽以全省为单位进行农村税费改革试点，改革后全省农民总的税费负担37.61亿元，比改革前同口径税费负担49.25亿元减少了11.64亿元，减负达23.6%；加上取消屠宰税和农村教育集资，全省农民税费负担减少16.9亿元，减幅达31%。2003年，各地按照国务院统一部署，全面推进农村税费改革试点工作，取得了积极成效。当年新增全面改革试点的10个省份农民减负总额达到123亿元，平均减负幅度为63%，农民人均减负55元，亩均减负50元。其中，广东、福建两省减负率分别高达84%和77%。2004年全国减轻农民负担234亿元，除了吉林、黑龙江两省全面免征农业税外，还有北京、天津、福建、上海、浙江、西藏6个以省（自治区）为单位和其他省份274个县（市）免征或基本免征农业税。免征地区受益农民1.5亿人，人均减负约46元；农业税税率下降3个点的地区受益农民5.4亿人，人均减负约为29元；降1个点的地区受益农民

2.14亿人，人均减负3.7元。

农村税费改革经历了规范农民税费负担、减征农业税和免征农业税等若干阶段，农民的政策性负担逐步降低直至最终彻底取消。在此背景下，农村税费改革走到了十字路口：是在彻底取消农业税后就彻底结束此项改革，还是在原有改革的基础上更进一步，建立防止农民负担反弹的长效机制？从历史的角度看，多次以减轻农民税赋的改革最终都没有巩固住取得的成果，关键的问题是治标不治本，农民负担反弹的深层次问题没有解决。2006年在全国范围内全部免征农业税的背景下，除了必要的生产性成本支出外，农民种地基本不需要承担任何负担，而且国家还会给予种粮农民一系列的直接补贴，如在粮食主产区实施的种粮直补、农机补贴、良种补贴等。农村税费改革的最初目的已经达到：减轻农民负担，增加农民收入，国家与农民在税费征缴方面的分配关系已经理顺。但是，应该清醒地认识到，即使在改革过程中中央财政给予了较大规模的农村税费改革转移支付，基层财政（包括村级组织）仍然面临着相当大的收支压力。为了巩固这次农村税费改革的成果，为解决“三农”问题创造一个良好的环境，还需要不断深化以乡镇机构改革、农村义务教育体制改革、县乡财政管理体制改革为重点的农村综合改革，探索建立农村经济社会发展新机制。

无论是乡镇机构改革还是农村义务教育体制改革都涉及基层财政的事权调整，而根据财权与事权相统一的原则改革和完善县乡财政管理体制无疑是深化农村综合改革的重要内容之一。这三项改革措施相辅相成，如完善的县乡财政管理体制可以为乡镇机构改革和农村义务教育体制改革提供更为宽松的政策环境，而后者的顺利改革可以促进基层财政管理体制的早日健全。农村税费改革之前，农业税、农业特产税、屠宰税等涉农税收是乡镇财政的主要收入来源。然而改革之后，上述税种逐步取消，乡镇财政没有了主体税种，基层政府的事权并没有进行大的调整。如何确保乡镇正常经费支出需要，这凸显了政府间财政关系调整的意义，县乡财政管理体制改革是其中的重要环节。需要明确的是，目前的县乡财政困难并不是1994年以来所实施的分税制改革所引发的问题，相反缓解县乡财政困难需要通过进一步深化省以下分税制改革，通过“省直管县”和“乡财县管”的财政管理体制创新完善基层财政的收入体系，实现财权与事权相互统一。

二　近年来县乡财政管理体制改革的探索与实践

（一）“三奖一补”政策

为了缓解县乡财政困难，2005年财政部印发了《2005年中央财政对地方缓解县乡财政困难奖励和补助办法》，出台了“三奖一补”政策。

具体而言，第一个“奖”是对财政困难县新增财政收入以及所在省、市级财政增加对这些县的财力性转移支付，中央财政给予奖励，充分调动地方各级政府缓解县乡财政困难的积极性和主动性。财政困难县是指按照2003年数据计算可支配财力低于基本财政支出需求的县。可支配财力包括本级政府一般预算收入、上级政府财力性补助收入以及可用于基本财政支出的预算外收入等，对上解上级财政的支出、一般预算收入中行政事业性收费和罚没收入中用于成本开支部分等做必要扣除。基本财政支出需求包括国家机关事业单位在职职工人员经费和公用经费、离退休人员经费和必要的事业发展支出，中央财政根据各地财政供养人数、人均开支标准和地区间支出成本差异系数具体核定。省、市级政府增加的对财政困难县财力性转移支付是指省、市政府增加的“两税”返还、所得税基数返还、一般性转移支付、民族地区转移支付、农村税费改革转移支付、调资转移支付、体制补助、其他财力性补助等。不包括省、市级政府通过下放支出责任以及减少专项拨款等方式增加的财力性转移支付。财政困难县政府增加税收收入的奖励系数为 0.3，省、市级政府增加对财政困难县财力性转移支付的奖励系数为 0.23。

第二个“奖”是对县乡政府精简机构和人员给予奖励，促进县乡政府提高行政效率，优化公共支出结构。中央财政对各地 2004 年县乡政府精简机构和人员给予一次性奖励。撤并 1 个乡镇奖励 50 万元，精简 1 人奖励 4000 元。通过省级财政将奖励资金兑现到精简机构和人员的县。

第三个“奖”是对产粮大县给予奖励，将解决县乡财政困难同国家长远的农业政策有机结合起来，调动地方政府实现国家粮食安全的积极性。为了稳定粮食播种面积和粮食产量，减轻产粮大县财政压力，中央财政对产粮大县按一定因素给予奖励。资金的分配以省为单位测算到县，并通过省级财政分配至产粮大县，由县财政统筹安排。

所谓一“补”是对以前缓解县乡财政困难工作做得好的地区给予财力性补助，切实将基层财政解困同自身财政运行的主观能动性结合起来。为体现公平原则，中央财政在对 2004 年各地缓解县乡财政困难工作实绩进行奖励的同时，对以前年度缓解县乡财政困难工作做得好的地区给予补助。对 2003 年省内人均财力较低县占全省人均财力比重超过全国平均水平地区，中央财政根据超出的额度按 0.3 的系数给予补助。中央财政按 2000～2003 年县乡政府撤并乡镇的个数和精简人员数给予一次性补助，分3年到位。撤并1个乡镇补助40万元，每精简1人补助3000元。

进入2006年，中央财政继续拿出“三奖一补”资金235亿元（比上年增加56.67%）用于缓解县乡财政困难。“三奖一补”政策一方面加强了财政体系内部各个财政层级之间的内在联系，特别是高端财政对基层财政之间的转移支付；另一方面，通过“以奖代补”政策在转移支付制度中建立激励约束机制，在基层财政解困过程中形成中央、省、市、县、乡五级财政的良性互动，充分调动基层财政优化公共支出结构、提高公共支出效率的积极性，避免上级财政转移支付资金分配和使用上的“寻租行为”和“道德风险”。

（二）“省直管县”财政管理体制改革

中华人民共和国成立初期，中国的政府行政管理体系中只有中央、省、县三级。1982年始，以江苏省为试点推行“地改市、市管县”的体制，开始在全国实行市领导县的体制。其后，随着分税制财政体制的确立，“地改市”的实行，“市管县”代之“省管县”成为地方财政管理体制的主流模式。近年来，全国部分省份又从解决县乡财政困难的角度出发，重新探索回归“省管县”财政体制。

现今阶段的“省管县”较之“市管县”并没有削弱经济发达城市在带动落后农村地区中所发挥的积极作用，反而通过转移支付等手段有效贯彻了“工业反哺农业、城市支持农村”的区域经济发展战略转型。这种管理体制上的重新架构主要是基于减少管理层级的思路考虑。通过财政管理层级的减少进而带动行政管理层级的减少，形成分税分级在省以下的实质性贯彻。政府管理体系随着财政管理层级的减少，可以有效实现政府机构的精简，降低行政运行成本，防止基层财政转移支付资金“漏出”，缓解县乡财政困难。

从各地“省直管县”实施的背景来看，可以将现行的政策划分为两种类型，一类是浙江省一直坚持的“省直管县”，另一类是以河北、江苏以及河南、安徽、广东、湖北等试点省份为代表的“省直管县”。

浙江省特有的省情是县域经济发展水平高低悬殊，且一直坚持“省直管县”体制。因此，浙江省的改革主要集中在“扩权强县”上。浙江省在1992年和1997年两次出台对县级扩权政策。1992年的放权主要是针对全省13个经济强县（市）下放审批权；1997年浙江省又进一步在萧山和余杭试行部分地级市的经济管理权限，扩权的力度明显提升。2002年浙江省将313项审批权下放给绍兴县、温岭市、慈溪市等17个经济强县（市），把地区一级的经济管理权限直接下放给县（市、区），不仅在财政体制上实行“省管县”，而且在经济上也近似省直管县。扩权与放权涵盖了计划、经贸、国土资源、交通、建设等12大类，甚至将管理权限的下放扩展到社会管理职能中的出入境管理、户籍管理、车辆管理等。

2005年，河北省选择辛集市等22个县（市）进行“扩权强县”试点。其核心内容是财政“省管县”直接结算。从2005年1月1日起，设区的地级市不再分享原所辖的扩权试点县（市）收入，扩权县（市）收入除按现行财政体制上缴中央、省部分外，其余全部缴入本级金库；扩权试点县（市）财政体制直接对省结算。涉及扩权县（市）体制上解（补助）基数、体制改革收支基数的核定，税收返还、转移支付、财政补助、资金调度等事项，由省财政直接对扩权县（市）办理。

当初实行“市管县”管理体制改革试点的江苏省，也在尝试

"扩权强县"改革，试点的主要内容，一是下放经济社会管理权限，减少行政审批层级，提高行政效率，降低行政成本，明确要求凡符合国家法律法规的，能下放的都尝试下放，逐步实现项目直报、信息直达；二是加大对县域经济发展的扶持力度，制定财政、税收等鼓励县域经济发展的财政措施，逐步解决县乡财政困难，改变县乡财政状况，增强县域经济发展能力；三是推进县域综合配套改革工作，进一步转变政府职能和经济运行方式，改变城乡二元结构与社会管理结构，探索出新的经济增长方式和城市发展模式。

尽管各地的改革措施不一，改革的力度也不一样，但是改革的思路是一致的，都是给予县一级政府以更大的发展自主权，把一些行政审批权力（主要是地级市的权力）直接下放给县一级政府，许多地区将政府间关系中的财政管理层级的减少作为改革重点，以减少中间环节，降低行政成本和提高行政管理的时效性，缓解县乡财政困难，促进县域经济更快更好地发展。

（三）"乡财县管"：基层财政内部的体制调整

2002年国务院批转财政部《关于完善省以下财政管理体制有关问题意见的通知》明确提出："要进一步加强对乡财政的管理，约束乡政府行为"，"对经济欠发达、财政收入规模较小的乡，其财政支出可由县财政统筹安排，以保障其合理的财政支出需要"。基于此，基层政府间关系的核心——财政关系发生了明显的调整。"乡财县管"也是为了配合农村税费改革在基层财政内部推出的一项改革举措，改革的目的是通过县级财政部门直接管理和监督乡镇财政收支，规范乡镇的财政收支行为，强化乡镇依法组织收入、合理安排支出，严格控制乡镇财政供养人员的不合理膨胀，防范和化解乡镇债务风险，进而维护农村基层政权的稳定。

综合各地“乡财县管”的试点改革办法，“乡财县管”实施方案中有四点主要内容是一致的。①预算共编。县级财政部门提出乡镇财政预算安排的指导意见并报同级政府批准，乡镇政府再根据县级财政部门的具体指导意见编制本级预算草案并报批。②账户统设。取消乡镇财政总预算会计，由县财政会计核算中心（县财政派驻乡镇的机构）代理乡镇财政总会计账务，核算乡镇各项会计业务。相应取消乡镇财政在各银行和金融机构的所有账户，在各乡镇金融机构统一开设县财政专户的分账户，如“工资专户”、“结算专户”、“日常支出专户”等。③收入统管。乡镇财政预算内、预算外收入全部纳入县（市）财政管理。乡镇组织的预算内收入就地全额缴入县（市）国库，预算外收入就地全额缴入县（市）财政预算外专户，县（市）财政总会计根据乡镇上缴的收入类别和科目，对预算内、预算外收入分别进行登记核算。④集中收付。乡镇财政预算内、预算外资金全部纳入预算管理，乡镇财政的各项收入统一缴入县国库，县财政会计核算中心（或县财政的监督机构）按照文件规定安排乡镇资金拨付顺序。

尽管各地实施的“乡财县管”改革的政策目的都是通过规范收支行为缓解乡镇财政困难，但是各省的改革还是有各自的特点。较早实施“乡财县管”的安徽省将这项改革的出发点定位于控制乡镇新增财政供养人员和负债。通过“乡财县管”把住“人”和“债”两个关口，堵住乡镇乱支出、乱进人的漏洞，以此缓解乡镇财政困难。吉林省实施的“乡财县管”强调乡镇财政供养人员的工资由县级财政统发。根据乡镇的实有人数将机关事业单位在职人员工资和离退休人员离退休费，由县（市）财政按月拨入乡镇财政基本支出账户，委托当地银行或非银行金融机构统一代为发放。由此杜绝工资拖欠，保证乡镇财政的基本支出需要。在河南省和吉林省的试点中都推出了“采购统办”的举措，规定凡纳入政府集中采购目录的各项采购支出，由乡镇提出申请，经县（市）政府采购管理机构审核后，交县（市）政府采购中心集中统一办理，采购资金由县（市）财政直接拨付供应商。由此降低乡镇的行政成本，提高公共支出的效率。

三　完善县乡财政管理体制的若干政策建议

现行的县乡财政管理体制是若干次财政改革累积的产物，县乡财政困难也是多方面矛盾的综合反映，因此，县乡财政管理体制改革并非一朝一夕能够完成，也不是立竿见影就能见效的。由于县乡财政管理体制改革涉及的财政利益主体相对较多，改革的难度也必然较大。总的来看，缓解县乡财政困难需要通过一系列的制度创新加以实现。

（一）扩大“省直管县”的改革试点范围

在历史上形成的城乡二元结构的大背景下，农业和农村长期为工业和城市提供资本积累。在一些地方的经济发展过程中，地级市由于不具备担当地区经济发展的带动功能，“市管县”的管理模式成为集中县级财力来加快地级市经济建设的体制工具，使得“三农”问题变得更加突出。现阶段，县乡财政运行困难同这些体制上存在的问题有很大关系。缓解县乡财政困难，在经济比较发达、省域面积适中的地区，可以进一步扩大推行“省直管县”财政体制的试点范围。省级财政在体制补助、一般性转移支付、专项转移支付、财政结算、资金调度等方面尽可能直接核算到县，减少财政管理层次，提高行政效率和资金使用效益。但是，在推广试点过程中，还要避免"一刀切"，充分考虑地区的特殊性。注意协调"省直管县"体制中县（市）同原上级地级市之间在利益关系、工作程序等方面的协调，减小体制变动对基层财政的冲击。另一方面，由于"省直管县"伴随着"扩权强县"的激励机制改革，所以要防止县乡财政短期逐利行为，避免改革试点步入"一放就乱"的误区。

（二）完善针对基层财政的转移支付制度

完善中央财政对省、省对下的转移支付制度。中央财政要进一步加大对地方的财力性转移支付力度，清理和整合专项转移支付，提高一般性转移支付的比重，将花钱的权力还给基层，增加基层财政的可支配财力。根据不同地区的经济发展水平和收入差距，以及影响财政收支的客观因素，核定各地区标准化收入和标准化支出，合理确定对各地区的转移支付规模。以中央财政缓解县乡财政困难的"三奖一补"政策为契机，建立缓解县乡财政困难的激励约束机制，引导省级财政和有条件的地级市加大对所辖县（市）实施财力性转移支付。就财政困难的县乡财政而言，也需要通过完善的转移支付制度，调动县乡自身摆脱困境的积极性，由此形成中央、省、市、县、乡五级政府联动的良好局面。

（三）完善县乡财政收入体系

进一步完善省以下分税制改革，合理划分省、市、县、乡四级财政收入，完善县乡财政收入体系。根据各地方社会、经济和财政发展情况，将房产税、城镇土地使用税、土地增值税、印花税、契税、耕地占用税等地方税种收入主要留给县乡两级，或提高县乡财政分享的比例。土地出让金等已经纳入预算内的收费项目要降低省、市集中的比例，调动县乡政府发展经济和增加收入的积极性。支持和鼓励县乡政府繁荣县域经济，做大经济财政蛋糕，按照科学发展观的要求实现县域经济自我发展、自我创新、自我积累的良性循环。

（四）化解基层财政债务

基层财政债务需要从存量和增量两个方面寻求解决。首先，考虑到县乡财政负债运行还会具有明显的惯性，所以需要严格控制增量债务。县乡财政举办公益事业，必须坚持量入为出的原则；实行严格禁止高息借贷行为，限制向金融机构借款的增量控制策略；按照政企分开的原则严格规范基层政府行为，杜绝政府为企业担保贷款，在公共财政框架下树立科学的理财观。其次，分类指导，逐步化解存量债务。对于基层财政向民间高息借款形成的存量负债，实行本息分离，不准利息转本金。对于农户拖欠税费由财政借款代交而形成的负债，需要区别对待。无能力还款的困难户，实行减、免、缓的政策；一次性还清有困难的农户，经村民大会讨论可以分期偿还；欠款大户，可以给予优惠政策鼓励其积极还款；有能力而拒不偿还的农户，需要采取诉讼程序，依法清欠。

（五）加强县乡财政管理

随着农村税费改革的逐步深化，“以县为主”的农村义务教育管理体制的逐步完善，以及其他相关的改革相继出台，县乡财政财权与事权的发生了明显的变化。在此背景下，需要按照“一级政府、一级财政、一级预算”，“财权与事权相统一”的原则加强县乡财政管理力度，明确各级政府对农村基层事务的支出责任。属于省、市政府承担的支出，同级财政应该安排足额的经费，不留资金缺口，尽量降低或避免要求县乡财政的配套额度。减少上级财政对县乡政府的达标升级考核，提高县乡财政自主理财的能力。对于县乡应该承担的事权，通过加强财政监督，满足农民的基本公共福利所需的资金要求。通过“乡财县管”改革逐步强化乡镇财政的预算约束，按照“一保工资、二保运转、三搞建设”的原则合理确定支出顺序。积极推进县乡预算管理制度改革，提高基层财政预算的完整性、透明性，构筑基层公共财政框架，实现基层财政的高效管理。

专题五
乡村债务问题

自20世纪90年代末以来，相当一部分乡村组织背上了沉重的债务。农村税费改革后，由于基层政府财力有限，难以偿还，这部分债务已经沉淀下来，成为恶化乡村组织与农民关系、威胁农村社会稳定的潜在因素。本文简要概述乡村债务的特点，解释乡村债务产生的原因，提出化解乡村债务的建议。

一　乡村组织负债的特点

根据作者对中西部地区一些乡镇、村的调查，中西部地区乡村债务具有以下几个特点。①

（一）债务规模庞大

中部被调查的6个乡镇负债余额为22689.7万元，平均每个乡镇

① 虽然本文所概述的乡村债务特点主要依据的是作者的实地调查，但从其他众多有关乡村债务问题的研究和调查的结果看，大致与本文相似。

负债3781.6万元。6个乡镇平均每年财政可支配收入396.23万元（包括预算内和预算外收入），负债是乡镇财政可支配收入的9.54倍。负债最多的乡镇债务余额为14300万元，是其财政可支配收入的46.73倍；负债最少的乡镇债务余额为328.75万元，是其财政可支配收入的0.67倍。西部被调查的5个乡镇负债余额为886.1万元，平均每个乡镇负债177.2万元。5个乡镇平均每年财政可支配收入178.3万元，负债略等于一年的财政可支配收入。西部负债最多的乡镇债务余额为385万元，为其财政可支配收入的1.4倍；负债最少的乡镇债务余额为63.6万元，为其财政可支配收入的0.3倍。

中部被调查的12个村债务余额为654.35万元，平均每村债务为54.53万元。负债最多的村的债务余额为124.19万元；负债最少的村的债务余额仅为1.3万元。西部被调查的9个村债务余额为66.18万元，平均为7.35万元。负债最多的村的债务余额是28万元；负债最少的村的债务余额为0.5万元。

（二）金融机构借款、欠工程款和财政借款构成乡镇债务的主要来源

中部被调查的6个乡镇的债务余额中，金融机构借款居首位，占57.17%；其次是财政借款，占20.21%；再次是欠工程款，占9.38%。3项合计为86.76%。西部被调查的5个乡镇的债务余额中，工程欠款居首位，占49.60%；其次是金融机构借款，占27.71%；财政借款占5.02%，略低于欠工资款。3项合计为82.33%。

（三）村级债务以金融机构和个人借款为主

中部被调查的12个村的债务余额中，个人借款所占比重最高，

达40.19%；其次为金融机构借款，占22.92%；第三为欠交税款，占12.40%。3项合计为75.51%。西部被调查的9个村的债务余额中，金融机构借款所占比重最高，达59.73%；其次为个人借款，占18.50%；第三为欠工程款，占14.15%。3项合计为92.38%。

（四）乡镇债务中相当部分是因为发展乡镇企业、小城镇和合作基金会形成的

中部被调查的6个乡镇的债务余额中，银行利息占31.16%；因发展乡镇企业拖欠的债务占27.13%；因发展合作基金会拖欠的债务占18.59%。3项合计为76.88%。因兴建教育、水利和道路拖欠的债务共计占17.76%。银行利息实际上主要是由于发展乡镇企业向银行借款和发展合作基金会向农民借款而形成的。西部被调查的5个乡镇的债务余额中，因发展小城镇拖欠债务占25.22%；因发展乡镇企业拖欠的债务占14.07%；因改善乡镇府办公设施拖欠的债务占9.13%。3项合计为48.42%。因兴办教育和水利拖欠的债务共计占35.36%。

（五）村级债务中相当部分因为发展乡镇企业、垫交税费等形成的。村一级因兴办公益事业而欠债的比例较乡镇要高

在中部被调查的12个村的债务余额中，因兴办教育、乡村道路、桥和水利拖欠的债务占27.87%。在西部被调查的9个村的债务余额中，因兴办教育、乡村道路、桥和水利拖欠的债务占37.01%。两者都高于调查的乡镇。尽管如此，村级债务中仍有相大部分是因为发展乡镇企业、代垫农业税费等形成的。在中部被调查的村中，垫交税

费、发展乡镇企业和未付利息占债务余额的56.67%；在西部被调查村，这一比例为46.97%。

二　乡村组织为什么负债

中西部地区工商业不发达，经济水平较低，乡镇财政的收入难敷支出。因此，在教育、卫生、道路、环境等方面投入严重不足。但是，从被调查乡镇和村的债务用途来看，负债主要不是因为财政收入不足。无论是中部还是西部的乡镇和村，因为兴办教育、水利、道路等公益事业而形成的债务并不占主要部分。换言之，乡村政府和组织是因为背离其财政职能、从事经济建设事务而陷入了债务泥潭。那么，乡村政府和组织为什么要背离其提供公共服务的职能而从事乡镇企业、合作基金会等高风险项目以及小城镇建设等达标工程呢？这根源于目前基层的行政管理体制和方式。

乡镇和乡镇财政是1983年底国家实行政社分设、组建乡镇政府后获得自主地位的。之前，农村推行人民公社体制，农民生产、生活、交易的方方面面受政府严格控制，公社作为一级行政组织仅是国家意志的贯彻者，没有独立的利益和职能，公社的行政运作费用也被列入县一级财政预算。成立乡镇政府是国家在人民公社体制被农民抛弃后重新整合农村政治、社会和经济而做出的一项制度安排，而组建乡镇财政则是为了保障乡镇政府能有效运作。

按照1985年国家财政部颁发的《乡（镇）财政管理实行办法》的规定，乡（镇）财政收入由国家预算内资金、预算外资金和自筹资金组成。其中，预算内资金包括上级政府划归乡（镇）财政的乡镇企业所得税、屠宰税、城市维护建设税、集市交易税、牲畜交易税、车船使用牌照税、契税和其他收入；预算外资金包括上级政府划归乡（镇）财政的农业税附加、农业教育费附加、行政事业单位管理的预算外收入，以及一些按照国家规定征收的公用事业附加；自筹资金则是指乡（镇）政府按国家政策规定筹集的收入，但乡镇政府不得随意摊派。自筹资金主要包括乡镇企业上交的利润和管理费、乡镇统筹资金、行政和事业性收费、集资、捐款，以及各种罚没收入等。《乡（镇）财政管理实行办法》规定乡镇财政支出的范围是：国家预算内部分，包括上级政府划归乡镇财政管理的行政管理费，文教科学卫生事业费，农林水事业费和其他支出；国家预算外部分，包括上述各项附加收入和行政事业单位预算外收入安排的各项支出，乡镇政府自筹资金安排的各项支出。

（1）乡镇财政体制的第一个特点是：财政体制的确定必须体现上级政府和领导人的意志。由于乡镇政府更了解其社区内居民的偏好，乡镇财政供给的地方性公共产品就更容易满足社区农民的需求，增进当地农民的福利。这是乡镇政府和乡镇财政存在的主要理由。然而，在实际中，县一级财政握有划分和核定乡镇财政收入和支出的权限，乡镇政府只是在县一级政府规定的范围内行事。由于县级政府决定着乡镇政府官员的晋升机会，凭借这种政治权力，县一级政府就可以通过不断调整收支范围和收支基数，对乡镇进行财政挤压。挤压的方式包括：①以财政考核“一票否决”的行政方式，强制乡镇政府完成财税任务；②将税源好、容易征收的优势财源留给自己，而将税源小、难以征收的劣势资源分配给乡镇政府；③将本应由自己承担的部分行政事务和财政支出摊派给乡镇政府。

（2）乡镇财政体制的第二个特点是：社区内农民没有表达偏好、监督公共产品生产和服务的渠道。乡镇财政的收入和支出都不受社区农民约束，结果，乡镇财政支出存在着效率低下甚至滥用财政资金的问题。表现在：①农民需要的生产性公共产品供给方面明显不足，而非生产性公共产品供给膨胀，如兴建各种楼堂馆所、娱乐设施、及显示政绩的达标工程；[①] ②涉及农村可持续发展的公共产品严重短缺，如医疗卫生、环境保护等；[②] ③名为提供公共产品，实为向农民伸手，聚敛钱财。提供的公共产品或者索价明显超出了市场价格，或者在农村中根本就没有需求，如以提高公共卫生水平为名进行的乱罚款等；[③] ④将一些本应由市场机制提供的产品作为公共产品，强制农民购买，如农村医疗保险、报纸杂志的订阅。

（3）乡镇财政体制的第三个特点是：财政收入与支出仍属包干性质。1994年中国财政体制实行了分税制改革。分税制进一步界定了中央政府与地方政府的财权和事权。但是，乡镇财政体制的变化并未与整个财政体制变革同步。分税制改革后，尽管部分地区仿效分税制的做法，将税种和税收比例在县（市）与乡（镇）之间进行了划分，但是县与乡在财政收支上仍实行包干结算。县（市）根据乡镇的税源多少和支出状况决定各个乡镇的收支基数，对收大于支的乡镇要求按一定比例上缴，而对支大于收的乡镇则进行补助。上缴可能是固定比例，也可能是递增比例；补助则一般按比例递减。这种包干式的结算体制产生了一系列弊端。首先，它具有较强的随意性或人为

① 吴士健、薛兴利、左臣明：《试论农村公共产品供给体制的改革与完善》，《农业经济问题》2002年第7期。

② 熊巍：《我国农村公共产品供给分析与模式选择》，《中国农村经济》2002年第7期。

③ 魏建：《"公共产品"的强制性供给与农民负担的谈判制度》，《南开经济研究》1998年第1期。

性。在包干结算体制中，乡镇财政实际的分配收入取决于乡镇负责人的谈判能力、他与掌握收入分配权的官员之间的正式或非正式关系等。其次，收支包干制使乡镇政府始终处于被动的不平等的地位上，因为实际的游戏规则（包括年初乡镇财政任务的确定、责任书制订、年终的财政如何结算、业绩的评价和奖励等）的制订权掌握在上级政府手中。因而，它始终是有利于上级政府，以保证上级政府收支为基本前提。[①] 第三，这种包干结算体制属短期合约，最多一定三年，不少地方是一定二年甚至一定一年。这就破坏了乡镇政府努力发展经济、培养税源的预期，加剧了其掠夺性行为。

乡镇财政体制的缺陷带来了一系列经济和社会、政治问题。最明显的是：一是加重了农民负担。当县（市）级财政向乡（镇）一级索取、乡镇财政难以承受时，乡镇政府不可避免地要加大对农民的摊派。二是干预了乡村治理。根据宪法，村民委员会属社区农民自治组织，不纳入国家行政系列。然而，大部分地区村委会实际上已经行政化了。村委会承担着大量行政事务，如计划生育、催粮征款、社会稳定等；村委会主任的产生由乡镇政府控制；村委会主要干部的工资也由乡镇政府决定。通过在行政上对村委会进行控制，乡镇政府更容易完成上级政府下达的税收和各项行政任务。三是加剧了乡镇政府的短期化行为。为了完成上级政府的财政收入指标，以保住官职或求得晋升，乡镇主要负责人不可能考虑乡村的长期发展，提供社区所需的公共产品。他们更偏好于投资高风险项目，以掠夺的方式抽取项目税收，即使这种短期化行为将乡镇拖入债务泥潭也无所顾忌。

---

① 吴理财、李芝兰：《乡镇财政及其改革初探——洪镇调查》，《中国农村观察》2003 年第 4 期。

三　对目前地方政府化解乡村债务的做法的评价

农村税费改革后，许多地方都在积极探索化解乡村债务的途径和办法，有的地方也取得了一些成效。但由于乡村债务问题涉及的利益主体较多，一些实践中的实际做法或提倡的做法，如果处理不好，会产生新的或潜在的矛盾，需要给予重视。

（一）降息

将乡村债务中以前高息借款的利率降至金融部门规定的同期同档利率。降息实际上是乡村组织事后单方面撕毁债务合同。如果高息借款来自信用社和银行，降息招致的损失由政府承担；或者，高息借款是部分乡村干部为谋取私人利益而有意为之，采取降息减轻债务这一措施便是合理的。但是，如果高息借款纯属乡村组织与私人的债务合同，是以前乡村组织迫于上级政府的税费征收压力而与私人形成的信用关系，降息则破坏了政府在民间的信誉。

（二）债权、债务冲抵

由于税费尾欠等原因，部分负债的乡村组织拥有债权。乡村组织将这部分债权出售给借给自己款项的债权人，由债权人向乡村组织的债务人追讨债务。如果债权、债务人自愿认可，这种结对互抵、冲销集体负债的方式便是可行的。相反，如果乡村组织凭借行政权力强行将债权、债务人捆绑在一起，以逃避自己的责任，则这种方式说明乡村组织在单方面撕毁合同，破坏社会信用关系，终将引发新的矛盾。而且，以前的税费尾欠是不宜追讨的。

（三）拍卖、出租集体资产

当前，部分乡村组织通过拍卖闲置厂房、机械设备、四荒地，或通过出租集体茶场、窑厂、原来留有的机动地的方式来偿还乡村债务。但是，集体财产由社区内农民共同所有，属于社区内全体农民的利益。如果以前的乡村债务不是因为兴办公益事业而形成的，而是因为政策失误、兴办乡镇企业、兴办合作基金会、甚至腐败导致的，则没有理由认为这些债务应该由社区内全体农民来偿还，这种做法显然损害了社区内农民的利益。

（四）清缴欠交的税费

负债的乡村组织都有部分债权，以农民欠交的税费为主。特别是村级组织，欠交的税费占其债权的比重较高。在被调查的中部地区12个村中，这一平均比重为78%；在被调查的西部地区9个村中，平均比重为46%。因此，乡村组织很希望将这部分欠交的税费收上来以解燃眉之急。收缴的理由是，如果允许部分农户不交税费，那么，已交税费的农户会觉得不公平，很受委屈。问题是，农村税费改革以前，向农民征收的税费有相当部分属于部门和地方政府搭车收费。关于收缴多少税费、这些税费有何用途等，地方政府从不和农民商议。部分农民拒交税费的行为应视为对地方政府滥用权威的抗争，是对自己利益的保护。

（五）发展集体经济

在被调查乡镇和村，相当多的基层干部希望通过发展集体经济，开辟财政收入来源来偿还债务。这是不宜提倡的。因为乡村债务、尤其是乡镇一级债务有相当高的比例是由于以前兴办乡镇企业欠下的银行贷款。在20世纪七八十年代，由于市场竞争不充分，兴办乡镇企业可获得高额回报。90年代以来，随着国有企业改革，私人企业迅速发展，外资不断增加，市场竞争非常激烈，乡镇企业再无任何优势。发展集体经济来偿还债务的主张之所以值得怀疑，还因为，首先，乡村债务是以前留下的问题，本届乡村组织负责人并没有激励将财政收入用于还债；其次，由于既有的乡村债务数额不清、债权债务关系复杂，乡村组织有可能将发展集体经济形成的新债务增加到旧债务上，导致乡村债务问题恶化；第三，乡村组织以发展集体经济偿还债务为名出卖土地，损害社区内农民利益。

四　如何解决乡村债务问题

（一）重点解决乡村组织对农户个人和企业的债务

在乡镇一级债务中，有相当高的比例是对银行和上级财政的欠款，这主要是兴办乡镇企业和合作基金会引发的。对这部分债务，乡村组织是不会偿还的，有的基层干部甚至根本就不承认这部分债务。因为：①合作基金会问题是政策失误引起的，乡镇企业呆坏账是由于企业经营亏损和金融体制缺陷造成的；②由于银行、信用社的公有制性质，再有国有企业滥用贷款和银行剥离呆坏账事例在先，公有产权人皆有之的观念已深入人心。部分乡村组织申请贷款时一开始就没有想到今后需要偿还。所以，银行贷款和上级财政的欠款只能最终通过国家财政解决。

但是，乡村组织对个人和企业的债务是必须偿还的。“欠债还钱”是维持社会关系和谐的基本准则之一。长期拖欠债务不仅使政府丧失信用，而且将引发新的社会冲突。在被调查乡镇和村，已发生农民为追讨债务上访申斥、锁教室不让学生上课的事例。我们建议政府制定偿还个人和企业债务的时间表，分阶段地偿还民间债务，以取信于民。

（二）解决乡村债务应由中央政府主导

当前流行的一个观点是，如果通过财政转移支付解决乡村债务，基层政府存在多报债务、争取财政转移支付的道德风险问题。因此应该首先进行调查，摸清乡村债务的真实数额。但是，乡村组织的各项债务往来，只有乡村组织自己清楚，银行、企业、农户、学校等都不可能知道乡村债务的全面情况。这就是说，要真正调查清楚乡村债务情况是不可能的，基层政府谎报债务的问题是无法避免的。

乡村债务是由基层政府和组织引发的，由中央政府负责是否合理？我们是这样考虑的。首先，基层政府是没有激励偿还乡村债务的，他们可以轻松地将债务问题归结为历史问题，由乡村债务导致的负面影响，如政府信用丧失、社会不满、上访申诉等，最终要由中央政府承担；其次，乡村债务的确有一部分是由于政策失误和体制缺陷的原因造成的，如兴办合作基金会和乡镇企业企业；第三，因为普及“两基”教育而形成的债务则说明基层组织财政收入不足，由其偿还并不现实；第四，在行政体制上，中国不是联邦制，地方政府并不是完全独立的一级政府。尽管中央和地方在财政上进行了初步分权，但在省一级政府以下，这种分权并不存在，即使存在分权，也没有制度保证。

由中央政府主导乡村债务问题解决并不是说乡村债务完全由中央

政府偿还，地方政府责任是不能推卸的。建议：①由地方政府上报乡村债务数额；②确定中央财政和地方财政各自应分摊偿还的债务比例%；③将中央和地方用于偿还债务的资金建立专门账户，专款专用，严格监督；④偿还债务后的结余资金上缴中央财政。由于结余资金归中央财政所有，地方政府不会谎报债务数额套取中央财政转移支付。

（三）严明偿还乡村债务的纪律

应该首先偿还农户和企业的民间债务。将中央政府偿还乡村债务的政策措施通过电台、广播、报纸、小册子告诉农民，欢迎农民监督。

2003年国务院《关于全面推进农村税费改革试点工作的意见》和2007年中共中央、国务院一号文件都明确了不许基层政府追缴尾欠的农业税费。中央政府还应该明确规定，不许以偿还乡村债务为名变卖土地等集体资产，不许以偿还债务为名新建集体经济，以此防止新的债务产生和损害农民利益。

·农村经济绿皮书·

2006～2007年：中国农村经济形势分析与预测

著　　者／中国社会科学院农村发展研究所
国家统计局农村社会经济调查司

出 版 人／谢寿光
总 编 辑／邹东涛
出 版 者／社会科学文献出版社
地　　址／北京市东城区先晓胡同10号
邮政编码／100005
网　　址／http：//www. ssap. com. cn
网站支持／（010）65269967
责任部门／皮书出版中心（010）85117872　pishubu@ ssap. cn
策　　划／范广伟
责任编辑／丁　凡
责任校对／丁雪恒
责任印制／盖永东
品牌推广／蔡继辉

总 经 销／社会科学文献出版社发行部
（010）65139961　65139963
经　　销／各地书店
读者服务／市场部（010）65285539
排　　版／北京中文天地文化艺术有限公司
印　　刷／北京季蜂印刷有限公司

开　　本／787×1092毫米　1/16开
印　　张／20
字　　数／231千字
版　　次／2007年4月第1版
印　　次／2007年4月第1次印刷

书　　号／ISBN 978－7－80230－558－8/F·117
定　　价／39.00元（含光盘）